STUDIES IN EDUCATIONAL DEVELOPMENT IN LONDON

伦敦教育发展研究

闫温乐 等 著

总　　序

　　国际大都市(International Metropolis)的概念可以追溯到19世纪,甚至更为久远,但法国地理学家戈特曼(Jean Gottman)的研究是二战后的重要起点。国际大都市的认定至少基于三大考量:一座城市是否具有巨大持久的规模效应,既要有庞大的人口与地域体量,又要有广阔的虹吸与辐射能力;是否具备强劲有力的城市综合功能,包括在政治、经济、文化、交通等方面的中心枢纽作用;最为关键的是,是否具备广泛深远的国际影响力,即在若干领域具有全球显著优势、引领并影响世界,且具备跨境服务能力。自1950年以来,学术界对国际大都市的研究热情持续高涨,1991年萨森(Saskia Sassen)又提出了更关注全球经济影响与资源配置能力的全球城市(Global City)理论。于是,超级城市(Megacity)、世界城市、全球卓越城市、全球城市群等概念相继出现,关于这类城市评选分级的指标体系研究,关于这类城市的社会结构和治理问题的研究,以及关于这类城市的人类经济与社会生活影响的研究,也都随着全球城市化进程和全球治理诉求的不断高涨而持续深化与延展。

　　编写这套丛书的起因首先来自我们的学术困惑。我们在研究中发现,一方面,多个被誉为国际大都市的城市,如纽约、伦敦、巴黎,都是具有全球影响力的教育中心城市,它们既以海纳百川的包容,吸纳着来自所在国家、区域乃至全世界的学生、教师、学者和人才,又以其通达五洲的网络,对所在国家、区域和全球在人力资源和知识传播上具有巨大的辐射效应;但另一方面,系统研究和比较分析国际大都市教育发展的宏论巨作却寥寥无几、难以寻觅,即便在几大世界城市评估体系和排行榜中也难觅系统公认的教育指标,这就使我们难以评判这些城市的教育对所在城市乃至全球的社会、经济、科技和文化发展的贡献。这样的状况也使我们难以认清国际大都市教育自身的独特问题与历史价值,更难以把握这类城市教育发展所需的契机和内在规律。受到学术好奇心的驱使,我们愿将此列为一个知性问题(Intellectual Issue),并为探索国际大都市教育的发展及其贡献作出努力。

编写这套丛书的第二个缘由与上海城市及城市教育的发展战略相关联，也与我们这个身处国际大都市的教育研究团队应尽的义务相关联。从21世纪初起，特别是党的十八大以来，党中央、国务院为上海逐步确立了经济、贸易、金融、航运和科技创新"五个中心"以及打造全球卓越城市的长期战略发展目标。《教育强国建设规划纲要（2024—2035年）》颁布之后，上海积极配合国家建设"具有全球影响力的重要教育中心"的战略，确立了建设国际教育中心城市的目标。然而，如何才能将上海建设成一个既有中国特色，又可与纽约、伦敦、巴黎、东京相媲美的"全球城市"？如何统筹教育科技人才建设，使上海教育能够为上海社会经济发展和产业转型升级、为现代化强国建设提供人才和智力支撑？如何办好让上海市民满意、全国人民称赞的上海教育？又如何集聚天下之英才，将中国教育经验传播至世界，把上海建成一个具有全球影响力的教育中心城市？所有这些，都是21世纪以来我们经常被问及，需要我们探索和解答的问题。对纽约、伦敦、东京等国际大都市教育的比较研究，或许可以为我们提供可资借鉴的历史线索、路径策略、成功经验和失误教训，助力我们走出一条中国特色全球教育中心城市的建设之路。

编写这套丛书的第三个想法是希望再作一次学术尝试。以往，比较教育研究通常以国家为基本单元，或者对某一教育问题开展跨国比较分析。恩师王承绪先生与朱勃、顾明远先生合著的《比较教育》是新中国首部比较教育教材，最初就是以六国教育为基本的概述单元，再对基础教育、高等教育和师范教育等进行专题跨国比较。欧美学者的多部比较教育名著也多以不同国家的教育为对象。但在全球化来临之际，我的另一位导师，世界比较教育学会联合会前会长、香港大学的马克·贝磊（Mark Bray）教授提醒比较教育工作者，对教育的比较研究可以且应该在各个人口地域层次展开，不仅可以有全球层面、洲际层面、国家层面的比较，也可以是省域、城市和区县层面的研究。人口地域选择的依据完全在于研究的问题与目的，学者们无须将比较教育研究自囿于国别比较中。我们发现，除了少数如新加坡等城市国家或袖珍小国，各国的中央政府普遍更关注贫困落后和乡村偏远地区的教育发展，而各国的城市教育，特别是国际大都市的教育，则往往留给该城市的地方政府去依法自主管理。而每个国际大都市的教育虽然有着各不相同的历史境遇，都曾面临性质迥异的挑战，但国际大都市的教育发展仍然具有"可比性"。比较国际大都市教育的共性与差异，发现它们的传统与创新，不仅可以为上海和我国其他城市的教育发展提供借鉴，具有"善"的应用价值，而且这样的比较研究本身又能探索这类独特生活空间中人类教育发展的实践和规律，有助于丰富人类的教育知识，具有追求"真"的学术意涵。

上海师范大学比较教育研究团队希望将"国际大都市教育"作为一个相对稳定的研究对象，逐步推进相关研究。我们会先从纽约、伦敦、东京等几个著名的"全球城市"的个案入手，进而开展"大都市教育国际化比较"等专题研究，不断深化我们对国际大都市教育的认识，尝试拓展比较教育研究的学术疆界。我与研究院的同事一起为丛书的编写拟定了基本框架，丛书的撰写主力则是我们团队的专家和青年学者。没有学者们的专业学养、研究热情和深耕细作，就不可能有这套丛书的问世。国际大都市教育的比较研究所涉领域众多，卷帙浩繁，语言各异，而我们是初次尝试且学识有限，书稿难免有疏漏失误，恳请读者朋友们批评指正。

这套丛书的出版，得益于上海教育出版社的大力支持！没有出版社领导的鼎力相助，没有每本专著责任编辑的通力合作，这套丛书也不可能顺利"诞生"。而没有上海市教委对我们团队的"高水平地方大学创新团队建设"财政资助，我们就无法让学者们专心治学、出国考察和著书立说。在此，我与同事们深表感谢！

最后，我们真诚希望，这套丛书能成为我国教育工作者认识国际大都市教育的一个窗口，也能为我国国际大都市教育的建设发展提供借鉴和启示。

2025年端午

目　　录

第一章　伦敦的城市与教育 ··· 1
　　第一节　伦敦城市教育研究的背景与意义 ······················· 1
　　第二节　伦敦作为全球城市的特征与优势 ······················· 9
　　第三节　伦敦城市历史与教育制度演变概述 ················· 16
　　本章结语 ·· 21

第二章　伦敦学前教育 ·· 24
　　第一节　伦敦学前教育的理念与体系架构 ····················· 25
　　第二节　学前教育的政策与资金支持 ······························ 38
　　第三节　幼儿园、家庭与社区的协同共育 ····················· 45
　　第四节　学前教育的实践案例——可持续发展战略 ···· 51
　　本章结语 ·· 57

第三章　伦敦初等教育 ·· 59
　　第一节　初等教育体系架构 ··· 59
　　第二节　初等教育的课程与活动设置 ······························ 67
　　第三节　教学方法创新与信息技术的运用 ····················· 73
　　第四节　教师的聘任与专业发展 ·· 77
　　第五节　初等教育的特色项目 ··· 82
　　本章结语 ·· 85

第四章　伦敦中等教育 ·· 87
　　第一节　中等教育体系架构 ··· 87
　　第二节　不同类型学校课程与活动设置 ·························· 93
　　第三节　教学方法创新与信息技术的运用 ····················· 97
　　第四节　学校督导与专业发展 ··· 101

第五节　中等教育的特色项目 ·· 105
   本章结语 ··· 108

第五章　伦敦高等教育 ··· 110
   第一节　伦敦高等教育机构的整体布局 ·· 110
   第二节　伦敦高等教育机构的教学科研创新 ···································· 116
   第三节　伦敦高等教育服务城市发展 ·· 124
   本章结语 ··· 128

第六章　伦敦职业教育 ··· 129
   第一节　伦敦职业教育培养体系与路径选择 ···································· 130
   第二节　伦敦学校与企业的合作模式 ·· 138
   第三节　伦敦职业教育的发展战略 ·· 141
   第四节　伦敦职业教育的特色实践 ·· 146
   本章结语 ··· 149

第七章　伦敦终身教育 ··· 151
   第一节　终身学习社会的建构 ·· 152
   第二节　终身学习机会的获得 ·· 159
   第三节　社区教育机构设置及课程体系 ·· 166
   本章结语 ··· 171

第八章　伦敦国际理解教育 ·· 173
   第一节　国际理解教育在伦敦的内涵 ·· 173
   第二节　国际理解教育在伦敦各类教育中的体现 ···························· 179
   本章结语 ··· 189

第九章　伦敦城市教育治理 ·· 192
   第一节　伦敦文化多样性与教育机会不平等的现状 ························· 194
   第二节　大伦敦政府与自治市教育部门在教育治理中的作用 ········· 198
   第三节　非营利性组织的功能 ·· 202
   第四节　促进教育公平发展的成功案例 ·· 208
   本章结语 ··· 211

第一章 伦敦的城市与教育[①]

第一节 伦敦城市教育研究的背景与意义

英国的全称是大不列颠及北爱尔兰联合王国，英文全称为 The United Kingdom of Great Britain and Northern Ireland，通常简称为联合王国（The United Kingdom, UK）或不列颠（Britain）。英国实行的是地区自治的教育体制，英国中央政府教育行政部门主管英格兰地区。除英格兰外，威尔士、苏格兰和北爱尔兰地区的教育管理则分别由这三个地区各自的议会和地方教育行政部门负责。本章所描述的英国关于国际理解教育的内容更多的是英格兰教育部的政策及实践，伦敦所在地区的教育管理所依据的也是英格兰教育部的教育政策。

伦敦作为全球多元文化交汇的核心都市，其教育体系的演进始终与城市发展、人口结构变迁及社会思潮紧密交织。自19世纪公立教育制度萌芽至今，伦敦教育经历了工业化催生的普及化运动、二战后福利国家主导的教育机会均等化实践，以及新自由主义影响下的市场化改革三大历史阶段。然而，全球化与本土文化认同的张力、区域教育资源分配失衡、移民社群教育融合的复杂性等问题，仍旧是当代伦敦教育发展面临的核心挑战。本书旨在系统梳理伦敦教育发展的历史脉络，深入剖析其政策实践背后的内在逻辑，精心解构教育变革的分析框架，以期全面了解伦敦教育发展的历程与现状，为解决我国当下教育问题提供一定的国际借鉴和实证支持。同时，对于全球其他面临类似教育发展困境的城市而言，伦敦的经验与教训也具有重要的参考价值，有助于推动全球教育事业的进步与发展。

一、研究伦敦教育发展的理论意义

（一）深化教育社会学理论的解释维度与实证基础

在教育社会学领域，对伦敦教育体系展开深入研究具有重要意义，能够

[①] 本章作者为上海师范大学闫温乐。

拓宽该理论的解释维度，夯实其实证基础。作为工业化的发源地及全球移民汇聚的枢纽城市，伦敦教育体系历经漫长岁月，在不同历史阶段呈现出显著的演变特征，与社会各因素相互交织、相互作用，为教育社会学理论的发展贡献了极为丰富且宝贵的实证案例。回溯至19世纪，工业革命蓬勃兴起，为满足工业化进程对大量具备基础技能劳动力的迫切需求，工厂学校制度应运而生。彼时，学校的主要任务是为工厂培养能够熟练操作机器、具备一定读写算能力的工人。这一教育制度的出现，深刻地影响了劳动力的分层结构。那些接受了工厂学校教育的工人相较于未接受教育的群体，拥有了更多进入工厂工作的机会，从而在社会经济结构中占据了不同的位置。这一现象有力地证实了教育与社会经济发展之间的紧密联系，为教育社会学中关于教育对劳动力分层影响的研究提供了早期的实证依据。

二战后，英国步入福利国家建设阶段，伦敦的教育领域也随之发生重大变革，综合中学改革便是其中一项重要举措。政府秉持社会公平与正义的理念，加大对教育的财政投入，致力于为不同阶层、不同背景的学生提供平等的教育机会。新建了众多综合中学，试图打破传统精英教育的壁垒，让更多学生能够接受全面的教育。在这一过程中，教育制度对社会福利分配产生了深远影响。免费学校餐计划的实施，使得贫困家庭的学生能够在学校获得基本的营养保障，全身心地投入学习中。这不仅体现了教育在促进社会公平方面的积极作用，也为研究教育与社会福利分配之间的关系提供了生动的实证案例。同时，从文化资本再生产的角度来看，综合中学改革在一定程度上改变了社会文化资本的传承模式。以往，精英私立学校凭借其独特的教育资源和社会网络，垄断了文化资本的再生产。而综合中学的出现，为更多学生提供了接触优质教育资源、积累文化资本的机会，尽管这一过程并非一帆风顺，但也为教育社会学研究文化资本在不同教育制度下的再生产机制提供了丰富的研究素材。

到了20世纪末，在新自由主义思潮的影响下，伦敦教育进入市场化改革阶段，教育市场化政策得以推行。学校之间展开激烈竞争，以吸引更多的学生和资源。私立学校蓬勃发展，凭借其优质的教育资源和灵活的教学模式，吸引了众多家长的目光。与此同时，公立学校也在不断改革创新，尝试引入企业管理理念，提高教育质量和办学效率。这一时期，教育制度对社会结构的影响更为复杂。从劳动力分层来看，市场需求导向的教育模式促使学校更加注重培养符合市场需求的专业技能人才，不同专业领域的教育资源分配和学生就业情况发生了显著变化。例如，在科技领域迅速发展的背景下，相关专业的教育资源得到大量投入，培养出的专业人才在就业市场上具有明显优势，但也进一步加剧了劳动力在不同行业之间的分层。从文化资本再生产角度分析，教育市场化使得文化资本的获取途径更加多元化。除了传统的学校教育，各类市场化的教育培训项目、在线学习资源等也成为人们积累文化资本的方式。这一现象对布迪厄（Bourdieu）的文化资本理论和伯恩斯坦（Bernstein）的符码理论在超大城市语境下的适用边界提出了挑战，促使学者们重新审视和完善这些理论。

此外，伦敦作为多元文化的大熔炉，其多元文化教育政策与少数族裔学业成就差异的实证数据，也为批判教育社会学理论的发展提供了新的视角。在伦敦，来自世界各地的移民及其子女带来了丰富多样的文化背景。为促进多元文化的融合与发展，政府出台了一系列多元文化教育政策，旨在为少数族裔学生提供平等的教育机会，帮助他们融入当地教育体系。然而，实证研究数据显示，尽管实施了这些政策，少数族裔学生在学业成就方面仍然与本土学生存在一定差距。这一现象对批判教育社会学中的结构性压迫理论，如鲍尔斯（Bowles）和金蒂斯（Gintis）提出的对应原理（Correspondence Principle），提供了反例。对应原理强调教育系统是社会阶级结构的复制机制，然而伦敦的案例表明，教育政策的干预并非完全被动地复制社会结构，少数族裔学生在教育过程中展现出了一定的抗争与协商能力。他们通过积极参与学校活动、争取教育资源等方式，试图打破教育中的不平等结构。这一现象推动了批判教育社会学理论范式从传统的"决定论"向"抗争—协商"框架转型，为该领域的理论发展注入了新的活力。

综上所述，通过对伦敦教育体系在不同历史阶段与社会各因素相互作用的深入研究，我们能够更加清晰地洞察教育与社会经济、政治、文化之间错综复杂的内在联系和作用机制。这不仅丰富和完善了教育社会学的理论体系，为该学科的理论发展开拓了新的研究思路，还为全球范围内的教育社会学研究提供了具有重要参考价值的历时性样本和实证依据，助力推动教育社会学理论在实践中不断发展与创新。

（二）促进跨学科理论融合

伦敦教育发展涉及历史学、经济学、社会学、文化学等多学科知识。本研究尝试整合这些学科理论，打破学科壁垒，促进学科间的交叉融合。例如，从历史学角度梳理教育发展历程，从经济学视角分析教育资源分配与经济发展的关系，从社会学层面探讨教育公平与社会阶层流动，从文化学方面研究文化认同与教育融合。这种跨学科研究不仅能为解决教育问题提供综合性的理论支持，还将推动各学科在教育研究领域的协同发展，为相关学科理论创新注入新活力。

从历史学角度来看，在梳理伦敦教育发展历程时，可追溯到19世纪公立教育制度的萌芽。当时工业革命兴起，为满足工业化对劳动力的需求，公立教育应运而生，这一时期学校数量逐渐增加，开启了教育普及化进程。在本书第一章"伦敦的城市与教育"部分，详细阐述了这一历史背景下教育制度如何在工业革命的推动下逐步建立，为后续各教育阶段的发展奠定基础。而学前教育的发展也与当时的社会环境变迁息息相关，从其理念与体系架构的演变，能看到不同历史时期对幼儿教育重视程度及方式的变化（见第二章）。初等教育和中等教育体系架构在不同历史阶段的变革，同样反映了社会发展对人才培养要求的转变（见第三章和第四章）。通过对这些历史脉络的梳理，可以清晰地看到教育如何随着时代的发展而不断演进。

从经济学视角分析，教育资源分配与经济发展紧密相连。在伦敦不同区域，经济发展水平的差异导致教育资源分布不均。富裕地区凭借雄厚的经济实力，能够为学校配备先进的教学设备、吸引优秀的师资队伍、开设丰富的课程，而贫困地区则因经济相对落后，面临设施陈旧、师资短缺等困境导致教育资源区域性失衡问题（见第九章）。从职业教育的发展战略及政府与企业的合作模式（见第六章），可以看出经济发展需求如何引导职业教育的走向，企业为了自身发展参与职业教育人才培养，以满足市场对专业技能人才的需求，体现了经济因素对教育资源分配和教育发展方向的重要影响。

从社会学层面探讨，教育公平与社会阶层流动是关键议题。二战后英国福利国家建设时期，伦敦教育追求平等，政府加大财政投入，新建学校、改善设施、推行免费教育政策，试图为不同阶层学生提供平等教育机会，这在缩小社会贫富差距、促进阶层流动方面发挥了重要作用，如在初等教育和中等教育阶段，学生无论家庭背景如何，都有机会接受教育并获得发展。而随着当代社会结构的变化，移民社群的教育融合问题凸显，这涉及不同社会群体在教育体系中的融入与发展，是社会学研究在教育领域的重要体现。通过对教育公平相关内容的深入研究，能更好地理解社会阶层与教育之间的复杂关系。

从文化学方面研究，文化认同与教育融合在伦敦这个多元文化交会的都市尤为重要。在全球化浪潮下，伦敦多元文化深度交融，学生在接触世界各地文化时，如何坚守和传承本土文化成为挑战。国际理解教育在伦敦各类教育中的体现，正是文化学在教育领域的实践（见第八章）。学校通过课程设置、教学活动等方式，帮助学生在多元文化环境中找到文化归属感，实现文化认同。例如，在学前教育阶段，幼儿园、家庭与社区共同营造的教育环境，会融入本土文化元素，培养幼儿的文化认同感；在中等教育和高等教育中，通过国际交流项目、多元文化课程等，促进不同文化背景学生之间的交流与融合，增进学生对多元文化的理解和包容。

这种跨学科研究不仅能为解决伦敦当下教育问题，如教育资源分配不均、移民社群教育融合、全球化与本土文化认同等提供综合性的理论支持，还将推动历史学、经济学、社会学、文化学等各学科视角在教育研究领域的融合。通过跨学科研究，我们能够更全面、深入地理解伦敦教育发展的本质和规律，为全球城市教育发展提供更具价值的参考。

（三）拓展全球城市理论的教育维度

城市，作为一个具有明确边界的空间，人口密集且数量相对较多，同时文化呈现多元状态。按照美国人口普查较为宽泛的定义，城市可以是任何拥有 2 500 人及以上且被合并为自治市的区域。在欧洲，战后"megapolis"与"metropolis"这两个词曾交替使用，用以描述诸如伦敦、巴黎等不同城市。如今，这些术语已被"城市区域"（Metropolitan Area）所取代。这一变化在一定程度上反映出大都市发展受到规划限制的特性。也就是说，诸多城市的界限是由政府人为规定并维持的。例如，伦敦的绿化带就对大都市区的向外拓展起到了限制作用。维持伦敦绿色环带的绿化带政策，虽可防止区域的无序扩张，却也滋生了"邻避效应"。

城市的重要性，主要体现在其政治影响力方面。在美国，作为建制市的城市，不仅有权征税，还能够通过债券及其他金融工具筹集资金。从法律层面来讲，城市可以组建自己的警察队伍，并为居民提供全部社会服务。城市拥有自治权，且有自己选举产生的官员。正是由于后者的存在，城市管理当局在全国范围内具备了政治权力。

在欧洲，因政府和管理体制与美国不同，市政状况也大不相同。在法国，巴黎、里昂、马赛、里尔和波尔多这五大城市，拥有极大的正式与非正式权力。在德国，汉堡、不来梅和柏林的州政府采用地区政府体制，相较于其他城市，这一体制提升了它们的地位。在英国，伦敦是占据主导地位的城市，其正式与非正式的权力及影响力均超过其他城市。城市的政治力量，与其作为经济活动场所的地位相关联。例如，尽管全球化和数字化的步伐势不可挡，但大型跨国公司的活动，依然大量集中于世界上的一些主要城市。集聚经济以专业劳动力市场、交通便捷以及共享生活方式等形式，展现出共处一地的优势。伦敦正是得益于这些集聚效益，金融中心得以迅猛发展，至今仍是世界领先城市之一。

此外，从教育视角切入，伦敦案例揭示出教育系统在超大城市发展中的四方面重构作用：

第一,教育层面。教育作为城市发展的重要组成部分,对其深入研究有助于拓展城市发展理论的研究范畴。揭示伦敦教育体系的演变如何影响城市的人口结构、经济发展模式以及文化特质,能够为城市发展理论提供新的研究维度,丰富城市发展理论中关于教育与城市关系的内容,使城市发展理论更加全面、系统。伦敦的教育体系演变可以为城市发展理论提供新的研究维度。例如,伦敦在城市中心人口外迁过程中,针对不同阶段的教育问题采取了相应的对策。在"郊区化"阶段,针对郊区教育资源紧缺和教育管理权争议,英国政府在新城建设中制定了合理的学校用地规划,并颁布《伦敦政府法案》,重新划分教育权,提出了针对流动学生的教育方案。[①] 在"逆城市化"阶段,针对伦敦等大城市内城教育困境,英国政府推动"教育优先区计划"(Education Priority Areas Scheme)的实施以促进教育机会均等,之后又颁布了《内城政策》白皮书,重视地方政府角色,加强学校与社会的联系。这些措施不仅解决了当时的教育问题,还为城市发展理论提供了实践案例。

第二,人口结构层面。国际学生流动政策扩大了学生流动范围,影响城市技能构成。英国在"后脱欧时代"为实现"全球英国"愿景、促进学生国际流动,退出欧盟"伊拉斯谟+(Erasmus+)计划"并推出"图灵(Turing)计划"。[②] "图灵计划"将学生流动范围从欧洲扩大至全球,聚焦高校学生的国际流动。这种政策变化使得英国可能吸引来自不同国家和地区的学生,这些学生带来了多样化的技能和知识。一方面,国际学生可能具备特定领域(如科技、工程、医学等)的专业技能,他们的到来可以从劳动力角度丰富城市的技能构成;另一方面,国际学生在学习和生活中与当地学生和居民交流互动,促进知识和技能的传播与融合,进一步影响城市的技能构成。"图灵计划"将输入型与输出型双向流动转变为单向输出型流动。这种政策变化可能对英国城市的技能构成产生复杂的影响。同时,国际学生的流入也可能带来新的思维方式和创新能力,促进城市技能构成的多元化。研究发现,国际学生的满意度与一些因素有关,如金融援助、生活条件和服务设施等。

第三,空间生产层面。伦敦的国王十字知识园区通过伦敦大学学院(University College London, UCL)、中央圣马丁(Central Saint Martins)等院校集群,实践了列斐伏尔(Lefebvre)"空间三元辩证法"中的教育空间生产机制。列斐伏尔的"空间三元辩证法"包括空间实践、空间的表征和表征的

---

① 曲梅.城市中心人口外迁中的教育问题与对策——以伦敦为例[J].比较教育研究,2014(7):51-55.

② 阚阅,娜迪拉·阿不拉江.后脱欧时代英国学生国际流动政策转向[J].比较教育研究,2023(4):46-51.

空间。在教育空间生产机制中，国王十字知识园区体现了这三个方面的相互作用。首先，空间实践方面，园区内的院校通过教学、科研和社会实践等活动，不断塑造着教育空间的物质形态和功能布局。例如，教学楼、实验室、图书馆等设施的建设和使用，以及学生和教师的日常活动，都是空间实践的具体表现。其次，空间的表征方面，知识园区通过教育理念、课程设置、学术研究等方式，构建了一种特定的教育空间形象和意义。这种表征不仅反映出社会对教育的期望和需求，还影响着人们对教育空间的认知和体验。最后，表征的空间方面，国王十字知识园区成为学生、教师和社会公众表达自我、创造文化和参与社会变革的场所。在这里，人们可以通过艺术创作、学术讨论、社会实践等方式，打破传统的教育空间界限，创造出具有差异性和批判性的教育空间。

国王十字知识园区实践列斐伏尔"空间三元辩证法"中的教育空间生产机制具有重要的现实意义。一方面，它为城市的发展提供了新的动力和活力。知识园区的建设和发展吸引了大量的人才和资源，促进了区域经济的繁荣和社会的进步。另一方面，它为教育的创新和改革提供了新的思路和方法。通过打破传统的教育空间界限，融合不同学科领域的知识和文化，知识园区为学生提供了更加多元化和个性化的教育体验。同时，它也为教师和研究人员提供了更加广阔的学术交流和合作平台，促进了教育教学质量的提高和学术研究的创新。[1]

第四，文化认同层面。伦敦的多元文化教育网络验证了萨森（Sassen）全球城市理论中"地方性嵌入"与"全球流动性"的辩证关系。[2] 全球城市理论一直是城市研究领域的重要议题。萨森在其著作《全球城市：纽约、伦敦、东京》中提出了全球城市的概念，强调了全球城市的"地方性嵌入"与"全球流动性"的辩证关系。在当今全球化的时代背景下，城市不再仅仅是一个地理空间，更是一个充满多元文化和复杂社会关系的场所。伦敦 217 所社区语言学校形成多元文化教育网络，这一现象为我们深入理解萨森的全球城市理论提供了生动的案例。社区语言学校作为一种教育机构，不仅承担着传授语言知识的任务，更重要的是，它成为不同文化交流和融合的平台。这些学校的存在，使得来自不同国家和地区的人们能够在一个城市中学习和交流，促进了文化的多样性和交流。这种多元文化的教育网络，正是萨森所强调的全

---

[1] 杨宇振.日常生活批判宣言　亨利·列斐伏尔的"空间生产"理论关键线索[J].时代建筑，2021（5）：6-13.
[2] 刘悦笛."北京·记忆"公共艺术：全息都市美学与地铁互动艺术[J].北京规划建设，2024（4）：31-33.

球城市的"地方性嵌入"的体现。社区语言学校扎根于当地社区，为居民提供了学习不同语言和文化的机会，增强了地方社区的文化活力和凝聚力。同时，这些社区语言学校也体现了全球城市的"全球流动性"。随着全球化的加速，人员、信息和资本的流动日益频繁。社区语言学校吸引了来自不同国家和地区的学生和教师，他们带来了各自的文化和语言，促进了不同文化之间的交流和融合。这种流动性使城市成为全球文化交流的中心，不同文化在这里相互碰撞、融合，形成了独特的城市文化景观，这一现象为我们深入理解全球城市的发展提供了新的视角和启示。

二、研究伦敦教育发展的一般性意义和个体化意义

研究伦敦教育发展的一般性意义主要有三方面。第一，指导教育政策制定与改革。全面梳理伦敦教育发展的历史脉络和深入剖析当下问题，能够为教育政策的制定与改革提供有力依据。通过总结不同历史阶段教育政策的经验与教训，结合当前教育发展面临的挑战，为政府部门制定更加科学、合理、有效的教育政策提供参考，以促进教育公平，提升教育质量，推动教育资源均衡分配，解决移民社群教育融合等问题，满足城市发展对教育的需求。第二，助力教育实践改进。对教育一线的教育工作者而言，本书的研究成果具有重要的实践指导意义。了解教育发展的历史规律和理论依据，有助于教师更好地理解教育目标和教学方法的演变，从而在教学实践中做出更恰当的决策。例如，在应对全球化与本土文化认同的问题上，教师可以借鉴研究成果，设计出更符合学生需求的课程和教学活动，帮助学生在多元文化环境中实现本土文化的传承与创新。同时，对于学校管理者来说，研究成果能为学校管理模式的优化提供思路，促进学校提高办学效率和管理水平。第三，为全球城市教育发展提供借鉴。伦敦作为全球城市的典型代表，其教育发展过程中遇到的问题和采取的应对策略具有一定的普遍性和代表性。对于全球其他面临类似教育发展困境（如教育资源分配不均、移民教育融合等问题）的城市，伦敦的经验与教训能够提供宝贵的借鉴。其他城市可以根据自身实际情况，参考伦敦的教育发展模式和改革路径，探索适合本城市的教育发展道路，从而推动全球城市教育事业的整体进步与发展。

研究伦敦教育发展对同为国际大都市的中国上海具有个体化意义。第一，在推动教育公平进程方面，上海和伦敦一样，城市内部区域发展存在一定差异。伦敦在促进教育公平方面的举措，如二战后通过财政投入新建学校、改善设施以及推行免费教育政策等，为上海提供了宝贵经验。上海可进一步加大对教育资源相对薄弱区域的投入，缩小城乡、区域之间学校在硬件设施、

师资配备等方面的差距。例如,通过教师轮岗制度,促进优质师资在全市范围内的合理流动,让不同区域的学生都能享受到高质量的教育,提升整体教育公平程度。第二,在优化教育资源配置方面,伦敦在教育市场化改革阶段,学校间的竞争机制促使资源优化整合。上海可在保障公立教育主体地位的基础上,适度引入市场机制,激发教育活力。比如,鼓励社会力量参与教育资源建设,在职业教育领域,与企业合作共建实训基地,根据市场需求调整专业设置,提高教育资源的利用效率,培养符合上海产业发展需求的专业人才,推动教育与经济的紧密结合。第三,在促进教育国际化与多元文化融合方面,上海作为国际化大都市,与伦敦面临相似的多元文化教育融合挑战。伦敦在应对全球化与本土文化认同的矛盾方面的做法,如在学校课程中融入多元文化内容,开展跨文化交流活动等,可为上海提供新思路。上海可进一步丰富国际化课程体系,在中小学阶段加强国际理解教育,培养学生的全球视野和跨文化交流能力。同时,对于移民和留学生群体,设立专门的语言培训和文化适应项目,帮助他们更好地融入上海的教育环境,促进多元文化在校园内的和谐共生。第四,在提升教育管理水平方面,伦敦在教育发展过程中不断调整教育管理体制,从不同历史阶段的政策变革中积累了丰富的管理经验。上海近年来一直探索建立科学完善的教育质量评估体系,不仅关注学生的学业成绩,还注重综合素质评价,可在现有基础上借鉴伦敦经验,加强教育部门与企业、社区等社会力量的合作,共同参与教育治理,为学生创造更丰富的学习实践环境,提升上海教育的整体管理水平和治理效能。

第二节　伦敦作为全球城市的特征与优势

城市学家一直在关注因战争、饥荒、政治压迫、宗教迫害和长期贫困而造成的特定人群的大规模迁移。这种现象被称为"去领土化",而这些人往往被称为"难民"。当这种大规模的人口流动持续进行,且人们依旧围绕原居住地的文化习俗来组织日常生活时,城市规划专家们将这种现象称为"再领土化"。自第二次世界大战以来,现代政治动荡、全球经济变革和战争对当地居民产生了深远的影响,这两个方面是理解世界各地城市地区种族构成变化的重要课题。[1] 在英国,城市和城镇是独立的法律实体。郡议会管辖的区

---

[1] Appadurai, A. Modernity at Large: Cultural Dimensions of Globalization [M]. University of Minnesota Press, 1996.

域是覆盖乡村及部分郊区的行政区。郡议会创建于19世纪,目的是制衡不断崛起的城镇势力,并阻止政治哲学家杰里米·边沁所提议的区域性职能管理机构的发展。区域的定义随着时间推移而有所变化。早期的标准区域包括:东南部地区、西南部地区、东安格利亚地区、东米德兰兹地区、西米德兰兹地区、西北部地区、约克郡和亨伯赛德郡地区、北部地区、威尔士地区和苏格兰地区。现行的区域划分是:大伦敦地区、东南部地区、东部地区、西南部地区、东米德兰兹地区、西米德兰兹地区、西北部地区、约克郡和亨伯赛德郡地区、东北部地区。然而,在某些情况下,区域边界并不相同。例如,东部地区包含了旧标准区域中的东安格利亚地区,但也涵盖了旧东南部标准区域的部分地区。[①]

百余年来,伦敦都市政府大致经历了伦敦郡议会时期、大伦敦议会时期、大伦敦议会被废除时期和大伦敦政府时期四个阶段。1899—1965年伦敦郡议会时期,伦敦实行的是"伦敦郡议会—自治市议会"的松散的二级管理体制,都市政府和地方政府分工合作、共同承担具体的地方管理职能。1966—1985年大伦敦议会时期,伦敦建立起"大伦敦议会—自治市议会"双层管理体制,明确了都市作为一个整体的概念,伦敦都市地区的统一性得到加强,地方当局依旧承担直接管理与服务的职能,然而大伦敦议会的职能从直接服务向战略规划的层次转移。1986—1999年,原本具有一体化意义的"都市政府—大伦敦议会"被废除,城市层级消失,伦敦变为33个协调能力薄弱的自治行政区,重新陷入了分权化、碎片化的地方治理状态,都市政府的大多数职能被下放到地方政府或转移至新当局。2000年以来,伦敦市进入大伦敦政府时期,新的都市政府统辖整个伦敦都市区范围的战略管理,形成了"大伦敦市政府—自治市议会"双层治理新格局,伦敦都市政府的战略地位得到强化。[②]

一、伦敦的城市发展历程与面对的挑战

在第二次世界大战末期,战争的阴霾仍未完全消散,英国政府已前瞻性地着眼于伦敦等主要城市的重建规划。作为英国的核心枢纽,伦敦彼时面临着人口过度集聚与工业布局过密的困境。如何合理疏散伦敦地区过剩的人口与工业,以缓解城市的承载压力,成为英国政府亟待解决的关键议题。1946

---

① Anderson, J.J. The Territorial Imperative: Pluralism, Corporatism and Economic Crisis [M]. Cambridge University Press, 1992.
② 吴晓林,贾志艺. 百年来伦敦大都市政府职责体系的演化[J]. 国家现代化建设研究,2024(1): 146-152.

年，英国政府颁布了具有深远意义的《新城法案》(New Town Act)。① 该法案标志着英国新城运动的正式启动，其重要性不言而喻。新城的规划与开发工作由政府主导的新城开发公司统一负责，这一模式确保了新城建设在宏观层面的协调与把控。自1946年至20世纪80年代初，英国分三个阶段系统地推进了新城建设工作。1946—1950年开展的第一轮新城建设完成后，新建城镇在阻止人口向中心城市大规模涌入方面发挥了显著作用，有效地缓冲了城市人口增长的压力。然而，随着时间推移，伦敦经济陷入衰退，这一经济形势的变化引发了一系列社会空间结构的调整。就业机会的减少成为推动人口迁移的重要因素，大量居民为寻求新的就业机会，不得不离开中心城市，向郊区转移。与此同时，汽车的普及提升了居民出行的便捷性，而郊区相对优越的居住环境也吸引了更多人口流入，这些因素共同推动了人口的郊区化迁移。

人口的外迁在一定程度上缓解了伦敦市中心的人口压力，为城市更新创造了有利条件。正如相关研究指出，这一过程使得城市更新能够在较低人口密度下进行，从而为大城市的持续发展注入新的活力。② 但不可忽视的是，郊区人口的迅速增长和城市人口结构的剧烈变动，也带来了诸多复杂的问题，如基础设施压力增大、公共服务供给不均衡等，这些问题对城市的可持续发展构成了新的挑战，值得深入研究与探讨。

在教育领域的挑战主要呈现出以下两项显著特征。其一，郊区教育资源呈现匮乏态势。郊区教育资源紧张主要有两方面原因：一方面，大量人口持续涌入郊区，使得郊区原有的教育基础设施根本无法满足日益增长的教育需求；另一方面，非计划性的城市扩散使居民居住范围不断扩大，稀疏的人口分布状况大幅增加了教育基础设施建设成本以及教育服务成本，进而对居民获取教育资源的便利性造成了不利影响。其二，教育管理权方面产生了争议。随着新城运动的逐步推进，至20世纪60年代初期，以伦敦市及其卫星城镇共同构成的大伦敦地区已初步形成一定规模。城市结构的演变迫切需要政府在管理范畴上做出适应性调整。在此背景下，教育管理权的归属问题成为亟待化解的关键难题。

伦敦"郊区化"的应对举措主要集中在解决教育资源短缺这一问题，早在伦敦开展新城建设规划之时便已被预见到，而教育管理权争议则是伴随"郊区化"发展进程逐步衍生的。面对这两大问题，伦敦政府做出了及时且全面的应对。首先，着重关注并合理规划学校用地。在新城建设规划体系中，学

---

① 戴学来. 论英国大城市人口郊区化过程[J]. 城市，1997(1): 26.
② 同上书: 27.

校用地规划占据着重要地位。在伦敦周边率先开发的 8 座卫星城镇内，住宅建设遵循"邻里单位"模式。各邻里单位之间以大片绿地相互间隔，并且在每个邻里中心均配备小学与幼儿园。以斯蒂文乃奇新城为例，该城划分为 6 个邻里居住区，每个邻里单位规划容纳 1 万—1.2 万人，同时设立 2—3 所小学。此外，为有效解决因人口稀疏导致的教育资源获取不便问题，在邻里单位设计过程中，通过放射状道路与环路将各单位连接，并将中学设置于快车道两侧的绿化带区域。①1967 年的新城建设中，伦敦周边又有 3 个旧镇得以扩建，其中密尔顿·凯恩斯新城极具典型性。在规划学校用地时，该新城摒弃了将学校安置于大街区（居民居住区）中心的传统做法，而是紧密结合公共汽车站、人行及车行系统、立交等设施，将学校布局于城市干道两侧。这一创新性举措不仅在一定程度上缓解了由人口稀疏引发的教育资源利用率低下问题，还为大街区内居民在使用相关设施时提供了更为多元的选择。其次，重新界定教育权，高度重视流动学生教育事宜。为适应城市结构与规模的变化，英国议会于 1963 年颁布了《伦敦政府法案》（London Government Act 1963），明确了大伦敦地区的行政地位，并将大伦敦划分为内伦敦（Inner London）与外伦敦（Outer London）两个部分。内伦敦指的是位于大伦敦核心区域的 12 个自治市（borough），而此区域以外的自治市则被定义为外伦敦。

  21 世纪初，随着婴儿潮一代以及年轻专业人士大量涌入伦敦市中心区域，而中产阶级家庭却迁移至乡村边缘地区，伦敦的郊区行政区正面临衰退困境。造成这种变化的一个重要原因在于，从伦敦周边地区往返市中心的交通成本居高不下。同时，英国的种族分化现象极为显著，这深刻反映出地区间发展的不平衡。在伦敦，种族集中现象通常出现在大型公共住宅区，或者业主占主导的区域，尤其是在亚裔人口聚居的郊区城镇，如索索尔和温布利等地。这些地区与高度国际化的城市精英聚集区形成鲜明对比。以狗岛为例，作为旧码头区的一部分且毗邻伦敦金融区，这里有富裕的金融专业人士居住的高标准的封闭式社区，而其周边则是一战后建成的大型住宅区，主要居住着贫穷的孟加拉人。20 世纪 80 年代末，随着伦敦金融城崛起为全球金融中心，大量孟加拉移民涌入伦敦，在东区从事底层的服务业工作。当时英国政府的一份报告显示，孟加拉裔群体健康状况较差、教育水平较低，很可能是公共住房中最贫困的居民群体。

  公共教育危机与城市危机相互交织、紧密关联。劳动力的再生产在很大程度上依赖于社会成员的相对富裕程度。那些具备经济实力，能够在较富裕

---

① 张冠增.西方城市建设史纲[M].北京：中国建筑工业出版社，2011：260.

地区居住或者负担得起私立教育费用的人,往往会将子女送入能为其未来优质工作作好准备的学校。在英国的多数城市,中学教育质量、学生学业成绩与房价之间呈正相关关系。房产中介在发布房屋广告时,会特别强调房屋是否处于当地优质学校的招生覆盖范围内。和美国一样,在英国,住房同样是财富以及未来潜在个人收入的重要构成部分。住房与受教育机会之间的相互影响,进一步加剧了城市内部的不平等状况。在诸多内城区域,青年失业率居高不下,在少数民族群体中尤为突出。这些充分表明,在英国的城市和郊区,教育作为促进社会流动的手段,成效相对有限。20世纪60年代末至70年代初,英国大城市的内城区域已显露出衰退迹象。自20世纪70年代起,英国政府针对伦敦等大城市启动了一场城市更新行动,并推行了一系列城市更新政策。在教育领域,"教育优先区"计划始终与状况不佳的内城区域紧密相连。"教育优先区"这一概念,最早由贺尔西(A.H.Halsey)教授于1967年在《卜劳顿报告》(The Plowden Report)中提出。① 该方案秉持"积极差别待遇"(Positive Discrimination),即对弱势群体给予优待的理念,建议英国政府主动干预,挑选一些在物质条件或经济层面最为贫困的区域,为其提供特殊补助或优惠政策,优先改善这些地区的校舍和校区环境,以实现教育机会平等。此方案一经问世,迅速获得了广泛认可与支持。"教育优先区"政策主要涵盖以下几个方面:开展教育基础设施建设工作,诸如翻新校舍,完善硬件设施配备,增设托儿所等;致力于提升教师素质,比如配备教师助理,充实师资力量,强化教师在职培训,构建"教育优先区"与各师范院校之间的联络网络,给予教师额外津贴等;加强学校与社会之间的互动,并对"教育优先区"的建设规划展开细致评估等。

二、伦敦作为全球城市的特征与潜力

城市战略家皮特·格里菲斯指出,伦敦拥有的天然优势是其他城市难以企及的。比如,伦敦使用世界上使用范围最广的语言之一——英语,以及世界标准时间格林威治时间,为联系亚洲和美洲提供便利。大量的移民和全球投资者纷纷涌入,是伦敦近30年来人口持续攀升、经济增长的主要原因。同时,由于高等院校众多,教育体系发达,科研实力雄厚,极具创新力,伦敦也成为吸引全球投资者和各领域专业人士的磁极城市。伦敦被认为是欧洲最大的城市,同时它也是世界上主要的全球中心之一,这些全球中心被称为"全球城市",这个术语由社会学家萨斯基亚·萨森于1991年首次使用。全球

---

① 高卉,左兵.英国"教育优先区"政策对我国少数民族地区教育的启示[J].民族教育研究,2007(6):112.

城市一词指的是作为全球经济指挥和控制中心的特定城市，如纽约、伦敦、东京。事实上，由于这些城市对世界其他地区的吸引力和影响力，它们是全球经济中的重要节点。

全球城市和全球化这两种现象并不一定相关，而且往往意味着两种不同的进程。因此，有必要使用多个词条来表述世界资本主义经济结构调整给城市带来的变化。全球城市是一个仿佛全世界都汇聚于此的地方。在商业和金融领域的世界参与者们所在的城市，比如伦敦、纽约、巴黎、东京、香港和新加坡市。这些历史悠久且地位稳固的城市不得不与孟买、里约热内卢和拉各斯等新兴的、蓬勃发展的全球城市竞争并存。作为不断增长的经济体，它们作为商业之地吸引着全球的关注。在最新的全球城市报告中，伦敦展现出多维度的独特发展态势。国际营销顾问公司 Resonance 与市场调查机构 Ipsos 联合发布的"2025 年全球最佳城市报告"显示，伦敦连续第 9 年被评为世界上最好的城市。尽管人们对英国脱欧后带来的地缘政治不确定性和经济挑战感到担忧，但伦敦依然被誉为"首都之都"，位居全球 100 个城市的榜首。该报告依据城市宜居性、宜人度、繁荣程度等多维度指标进行评分，涵盖 30 个国家近 2.2 万人的民调数据。伦敦作为历史悠久的大都市，其历史可追溯至罗马帝国时代，尽管面临诸多经济挑战，但其精彩纷呈的夜生活、底蕴深厚的文化景点及博物馆，对游客依旧魅力非凡。在 2023 年，伦敦的国际游客收入超 165 亿美元，在全球排名第三。①

牛津经济研究院发布的《全球城市指数 2024》指出，若以"人力资本"（城市人口的集体知识与技能）为衡量标准，伦敦堪称世界最佳城市。伦敦拥有全球顶尖的高素质、高学历劳动力，这得益于众多世界一流大学、总体健康的人口状况以及大量国际企业总部的汇聚。不过，在生活质量指数方面，伦敦表现欠佳。该指数的衡量维度包括预期寿命、财富平等程度以及文化资源获取等。在这一指数排名前十的城市中，仅有澳大利亚的堪培拉位于欧洲之外，法国的格勒诺布尔位居榜首，其后依次是澳大利亚首都堪培拉与瑞士城市伯尔尼。伦敦仅位列第 292 名。然而，综合考量经济、生活质量、人力资本、治理质量和环境这五大类指标时，伦敦仅次于纽约，位居全球第二。该报告还将伦敦的大学、GDP 以及企业总部数量列为其三大显著优势，而高昂的住房成本和较低的经济平等程度则制约着伦敦的发展。② 全球化与

---

① 星岛环球.2025 年全球最佳城市［EB/OL］.（2024-12-01）［2025-03-26］.https://m.stnn.cc/c/2024-12-01/3939083.shtml.

② McNamees, A. London is officially the world's cleverest city [EB/OL]. (2024-05-25) [2025-03-26]. https://www.timeout.com/london/news/london-is-officially-the-worlds-cleverest-city-052524.

世界城市研究网络（GaWC）尝试运用多样指标对世界城市进行综合评价与分级，结果表明，伦敦多年来稳居世界一线城市等级中的第一。

从城市规划视角来看，伦敦有着清晰的演变脉络。20世纪中期的"大伦敦规划"提出在伦敦城区外设置8公里绿带，此后绿地系统持续完善，如今环城绿带已占伦敦土地面积的22%，既有效避免了城市的无序扩张，又营造出高品质的生态环境。2012年，伦敦政府推出"全伦敦绿色网络"计划，通过构建生物迁徙廊道、城市绿廊、休闲绿道等，推动伦敦环城绿带与内部公园体系全面连通，甚至计划让40%的房屋拥有绿色屋顶。在夜间经济领域，早在1995年，伦敦就将其纳入城市发展战略。相关研究表明，伦敦的夜间经济在2004—2016年间创造了近11万个新工作岗位。2017年，夜间经济占全英国GDP的6%，同年伦敦市的夜间经济收入达263亿英镑，预计到2030年将增至300亿英镑。全球知名旅游评论网站TripAdvisor的调查显示，伦敦是欧洲夜间生活最理想之地。为推动夜间经济发展，伦敦全面延长文化场所开放时间，举办夜间展览、讲座以及"博物馆之夜"等文娱活动，还在城市中心区域规划多个夜间经济集中发展区，并成立"夜间经济活动委员会"，设置专门的夜间主管，启动中央线、朱比利线等地铁主干线周末"通宵运营"计划。① 作为排名第一的全球城市，伦敦显示出其在吸引商业方面的主导地位，它是企业发展的沃土，并且与大型跨国公司建立了牢固的关系。正如报告中所说，在过去十年里，"英国每3个新工作岗位中就有一个是在首都伦敦创造的。伦敦是一个变革之地，从谷歌到脸书再到优步，那些定义我们这个时代的公司正在这里迅速扩张"。

伦敦的经济有力地驱动着这座城市在诸多方面蓬勃发展。在金融方面，伦敦长期作为全球金融核心之一，拥有伦敦金融城这样在世界金融版图中占据举足轻重地位的区域。这里汇聚了全球众多顶尖的金融机构，全球前500强金融企业中有大量在此设立总部或重要分支机构。金融产业的高度集聚不仅带来了巨额的资本流动，创造了海量的高收入就业岗位，还吸引了世界各地的金融精英汇聚于此。在文化方面，伦敦经济的繁荣为文化产业的发展提供了坚实的物质基础。大量的资金投入文化艺术的创作、展示与传播。伦敦拥有众多世界闻名的博物馆，如大英博物馆，馆藏文物跨越数千年历史，吸引着全球各地的游客慕名而来。每年，伦敦举办的各类艺术展览、戏剧演出、音乐盛会数量繁多且质量上乘。文化产业相关研究报告显示，伦敦文化产业的年产值在英国国内生产总值中占据相当可观的比例，且其文化产品与

---

① 伦敦：从"雾都"到"绿城"，"世界城市标杆"如何炼成？[EB/OL].（2025-03-11）[2025-03-26]. https://www.12371.gov.cn/Item/669777.aspx.

服务的出口额逐年递增。这不仅丰富了城市居民的精神文化生活，也使伦敦成为全球文化交流与创新的重要枢纽，极大地提升了城市的文化软实力与国际影响力。就零售实力而言，伦敦的经济优势吸引了全球众多知名品牌纷纷入驻。牛津街、邦德街等购物街区，汇聚了从高端奢侈品牌到大众时尚品牌的各类商家，商品种类丰富多样，满足了不同消费层次人群的需求。这些商业街区不仅是购物的天堂，更是城市商业活力的象征。根据市场调研机构的数据，伦敦零售行业的销售额在欧洲各大城市中名列前茅，且呈现出持续增长的态势。其强大的零售实力不仅体现在销售额上，还体现在零售模式的创新以及对全球时尚潮流的引领作用上。

伦敦作为欧洲大都市带的"龙头"，在人口密度与经济活动方面展现出超强的集聚效应。在人口密度方面，伦敦以每平方公里数万人的高密度人口分布，成为欧洲人口最为集中的城市之一。大量人口的汇聚为城市提供了丰富的劳动力资源，涵盖各个行业领域。同时，不同背景、不同技能的人才在此相互交流、协作，激发了创新活力。在经济活动方面，伦敦的GDP总量与欧盟城市相比，位居前列，且其经济结构多元化，金融、科技、创意产业、教育、医疗等多个领域协同发展。这种强大的经济实力使得伦敦在全球城市竞争格局中脱颖而出，成为当之无愧的主要全球城市。众多国际组织、跨国公司将伦敦视为开展全球业务的重要据点，进一步巩固了其在全球经济、文化、政治等诸多领域的影响力。

第三节 伦敦城市历史与教育制度演变概述

伦敦这座拥有两千年历史的大都市，从古代罗马时期的商贸据点起步，历经中世纪的发展、工业革命的洗礼，直至成为当今全球化时代的核心枢纽，其城市定位不断演变，而教育制度始终在城市发展的进程中扮演着举足轻重的角色。

在古代，伦敦作为罗马帝国不列颠尼亚行省的重要城市，承担行政、贸易与军事职能，初步建立起了适应当时社会需求的教育体系，为城市培养了一批能够从事基础行政、商贸活动的人才，教育成为城市有序运转的重要支撑。随着罗马帝国的衰落，伦敦虽历经动荡，但教育的火种并未熄灭，在中世纪时期，逐渐兴起的教会学校承担起了知识传承与人才培养的重任。教会学校不仅教授宗教教义，还涵盖了语法、修辞、逻辑等古典学科，为伦敦培养了一批具有一定文化素养的神职人员和贵族子弟，在一定程度上确保了社会的文化传承和知识体系的延续。工业革命的浪潮彻底改变了伦敦的面貌，也为教育制度带来了根本性变革。18 世纪 60 年代，工业革命在伦敦蓬勃兴起，机器生产取代了手工劳动，工厂制度得以确立。这一巨大变革对劳动力素质提出了全新要求，传统的教育模式已无法满足工业发展的需求。为适应工业化进程对具备基础读写算能力和专业技能劳动力的迫切需求，一系列公立学校如雨后春笋般涌现，学校数量从最初的寥寥无几逐渐发展到覆盖城市各个区域，越来越多的儿童得以走进课堂接受基础教育。同时，职业教育也开始崭露头角，为培养适应工业生产的专业技术人才发挥了重要作用。这一时期的教育制度变革，为伦敦的工业化发展提供了源源不断的人才动力，推动城市经济飞速发展，使伦敦迅速崛起为世界制造业中心。

进入 20 世纪，两次世界大战对伦敦的城市发展和教育制度产生了深远影响。二战后，英国步入福利国家建设阶段，秉持着社会公平与正义的理念，伦敦的教育也踏上了追求平等的道路。政府加大对教育的财政投入，致力于为不同阶层、不同背景的学生提供平等的教育机会。新建了众多学校，改善了教育设施，同时推行免费教育政策，让更多孩子能够无负担地接受教育。这一时期，教育不仅是知识传授的过程，更成为缩小社会贫富差距、促进社会阶层流动的有力工具。随着时代的发展，全球化浪潮席卷而来，伦敦在全球城市体系中的地位不断提升，其教育制度也在持续演变。

伦敦的城市历史与教育制度演变相互影响、相互促进。回顾这段漫长的历史，能够清晰地看到教育制度如何在不同历史时期适应城市发展的需求，不断变革与创新。而深入探究这一演变过程，对于我们理解当今伦敦教育现状，以及为其他城市的教育发展提供宝贵借鉴，都具有极为重要的意义。20 世纪 80 年代至 21 世纪 20 年代的 40 余年间，伦敦经历了深刻的城市定位变迁，从传统的制造业中心逐步转型，在不同阶段呈现出鲜明的发展特征。这一过程中，经济、社会等诸多因素不断演变，对伦敦的教育治理产生了极为显著的驱动作用，促使教育体系在各个层面进行适应性调整与变革。

一、后工业转型期（1980—2000）：从"制造业中心"到"'金融＋创意'双引擎"

20 世纪 80 年代，伦敦开启了从传统制造业向现代服务业转型的进程。其中，码头区（Docklands）的改造成为关键举措，这一改造工程成功催生了金融城。1986 年，具有深远影响的"大爆炸"金融改革正式实施，极大地推动了金融服务业的迅猛发展。据伦敦政治经济学院（The London School of Economics and Political Science，LSE）2000 年的数据，金融服务业在 GDP 中的占比从改革前的15%迅速攀升至32%。① 随着金融等新兴产业的崛起，专业人才的需求结构发生了根本性变化。为满足这一需求，职业教育领域率先作出响应。东伦敦理工学院（现伦敦大学玛丽女王学院）敏锐地捕捉到市场动态，及时开设了金融科技课程，并且积极与花旗银行建立深度合作关系，共建实训基地。② 通过这种校企合作模式，学生能够在学习理论知识的同时深入企业实践，积累实际操作经验，为毕业后顺利进入金融科技行业就业做好充分准备。这种职业教育的重构不仅满足了当时经济发展对专业人才的迫切需求，也为伦敦后续在金融科技领域的持续发展奠定了坚实的人才基础。

在经济转型的同时，伦敦的社会结构也发生了重大变化。20世纪90年代，大量移民涌入伦敦，其中东欧移民在新增人口中占比高达40%。移民的大量涌入给伦敦的基础教育带来了严峻挑战，引发了基础教育公平危机。不同文化背景、语言能力和教育基础的移民子女进入伦敦的基础教育体系，使得教育公平问题愈发凸显。为应对这一危机，1988年英国政府颁布了《教育改革法》，强制伦敦学区推行"多元文化课程"，旨在促进不同文化背景学生之间的相互理解与融合，为所有学生提供平等的教育机会。然而，从实际效果来看，英国国家统计局1999年的数据显示，少数族裔学生在普通中等教育证书（General Certificate in Secondary Education，GCSE）考试中的通过率比白人学生低18%。③ 这表明，尽管政府采取了积极的政策措施，但在实践过程中，由于各种复杂因素的影响，如语言障碍、文化差异以及教育资源分配不均等，实现基础教育公平的目标仍然任重道远。

二、全球城市崛起期（2001—2016）：从"欧洲城市"到"世界枢纽"

2001—2016年，伦敦致力于提升其在全球城市体系中的地位，文化战略成为其重要发展策略。2012年伦敦成功举办奥运会，以此为契机，伦敦明确了"创意伦敦"的城市定位。这一定位的实施取得了显著成效，创意产业蓬勃发展，对GDP的贡献率达到了15%。④ 随着创意产业的兴起，对创新型、复合型人才的需求急剧增加，这对伦敦的高等教育提出了新的挑战和

---

① Renshaw D.Migrant History: A New History of London [J]. Culture & Social History, 2021, 18(5):124.
② McGaha, K.The King's City: A History of London During the Restoration; The City That Transformed a Nation.[J].Library Journal.2018,Vol.143(No.1): 110.
③ Demie, F. Tackling educational inequality: Lessons from London schools [J].Equity in Education & Society.2023,Vol.2(No.3): 243-266.
④ IMRIE R, LEES L. Sustainable London? The future of a global city [M]. Bristol: Policy Press, 2013.1.

要求，倒逼高等教育进行创新改革。① 伦敦艺术大学（University of the Arts London）积极顺应这一趋势，设立了"创意产业孵化中心"。该中心为学生提供了创业孵化的平台和资源支持，鼓励学生将创意转化为实际的商业项目。据统计，2014年UAL毕业生的创业率达到了27%，并且成功孵化出了肖尔迪奇（Shoreditch）科技艺术区。肖尔迪奇科技艺术区汇聚了众多创意企业和创新人才，成为伦敦创意产业发展的重要基地，进一步推动了伦敦作为全球创意中心的建设，同时也彰显了高等教育创新对城市文化产业发展的强大推动作用。②

这一时期，伦敦的人口结构也呈现出明显的变化趋势，老龄化问题逐渐凸显，65岁以上人口占比达到16%。③ 老龄化社会的到来对劳动力的知识更新和技能提升提出了新的要求，推动了终身教育的发展。为满足这一需求，2015年英国颁布《伦敦成人学习法案》，该法案要求企业将1.5%的利润投入员工再培训中，以提升员工的职业技能和适应市场变化的能力。④ 巴克莱银行与伦敦城市大学积极响应这一政策，共建"金融科技终身学习平台"。该平台整合了高校的学术资源和企业的实践经验，为在职人员提供了便捷的金融科技学习渠道，帮助他们及时更新知识，提升技能，适应金融科技行业的快速发展。通过这种企业与高校合作的模式，不仅满足了员工个人的职业发展需求，还为企业培养了高素质的人才，促进了企业的可持续发展，同时也推动了伦敦终身教育体系的完善和发展。

三、后脱欧调整期（2017—2025）：从"开放枢纽"到"韧性城市"

伦敦的开放枢纽主要体现在金融、交通和文化3个层面。伦敦金融城是全球重要的金融中心，聚集了大量银行、证券交易所、黄金市场等金融机构。伦敦的银行、证券、外汇、保险等交易与服务十分密集，在全球金融市场中占据重要地位，如伦敦证券交易所挂牌上市的外国企业数量居世界主要证券交易所之首，外汇交易量占全球总量的37%，既是全球资讯交流中心，也是

---

① Patrizia Casadei CA;David Gilbert.Material and symbolic production of fashion in a global creative city. Industry's perception of the 21st century London [J].Creative Industries Journal.2022：1–22.

② 王明明.伦敦艺术大学在艺术教学中的创新与实用[J].时尚设计与工程，2017（4）：29–31.

③ Hall, S. & Appleyard, L. Commoditising Learning: Cultural Economy and the Growth of for-Profit Business Education Service Firms in London [J].Environment and Planning A: Economy and Space.2011,Vol.43(No.1)：10–27.

④ Tyson, S., Vega, L. & Watson, V. Editorial: New directions in lifelong learning: A special feature for the London Review of Education. [J].London Review of Education.2019,Vol.17(No.3)：316–317.

世界金融网络、贸易网络、信息网络的核心节点。伦敦拥有多个重要的交通枢纽，如国王十字中心区，坐拥圣潘克拉斯站、国王十字站两大 A 类枢纽火车站和 6 条地铁线路，可在 1 小时内直达伦敦的五个国际机场，2 小时 15 分钟直达巴黎，成为伦敦最重要的交通枢纽之一，是欧洲之星列车的终点站，在欧洲的铁路交通网络中具有关键地位，促进了人员和物资的流动。

伦敦有着极强的文化竞争力和包容性，文化创意产业是伦敦近年来增长最快的产业之一，约占城市总就业的 1/6，2018 年经济产出达到 470 亿英镑，吸引了来自世界各地的艺术家、创意人才和文化机构，成为全球文化交流和创意产业的重要枢纽。城市是文化的容器，文化是城市的灵魂，伦敦被视为全球文化艺术之都。这里有众多闻名世界的艺术画廊，如英国国家美术馆、英国国家肖像美术馆、泰特现代美术馆。置身其中，仿佛体验一场穿越艺术世界的特殊旅程。此外，在伦敦西区，遍布具有百年历史的剧院、高校、艺术馆和博物馆，以及酒吧、画廊、俱乐部，世界各地的文学、美术、历史、音乐的理念在这里碰撞。流光溢彩的艺术之美与时尚氛围感不浮于表面，早已成为这座城市的底色与温度。伦敦人口多元，街头随处可听见来自不同国家地区的语言。这些不同信仰、不同背景的人汇聚在一起，在多元文化的碰撞和多样化的国际交流中塑造了伦敦中心城区繁华丰富的城市内涵。

二战结束后，伦敦凭借自身能力抵御各种风险挑战，减少损失，至今仍然保留着世界中心城市的地位。在面对冲击和压力时，伦敦展现出了预测、防范、应对冲击并从灾害中快速恢复的超强能力，让这座极具韧性的城市引发关注和思考。城市韧性框架于 2013 年由洛克菲勒基金会在所启动的全球 100 韧性城市项目（100 Resilient City Project）中提出。该项目在全球选择 100 个城市进行实践探索，通过对世界各地城市经验的广泛研究和评估，总结出城市韧性框架包括健康和福祉、经济和社会、基础设施和环境、领导力和战略 4 个维度，涵盖提高城市在逆境中的生存、适应和发展能力等 12 个主要目标。2020 年 3 月，大伦敦市政府基于城市韧性框架对包括大伦敦规划（草案）、环境战略、交通战略、职业技能战略、社会融合战略等 9 个市级重要战略进行了分析评估，作为对伦敦城市韧性战略编制的支撑。其中，大伦敦规划（草案）覆盖了大部分韧性目标，未覆盖的部分则通过环境战略、交通战略等市级战略和其他政府工作计划解决，如技能、社会融合和平等、多样性和包容性战略。这些市级战略和政府部门的计划都在相关韧性领域起到了一定的作用。该评估结果表明，目前的城市政策已全面覆盖建设城市韧性框架的 4 个维度，伦敦韧性战略的编制可以进一步通过跨部门、跨领域的规划策略来增强城市的韧性。

伦敦韧性战略认为"韧性城市"应包括包容、整合、适应、反思、变通、稳健、余量 7 个方面。其中，"包容"指的是基于利益相关方的广泛咨询和参与；"整合"指的是建立系统、学科和机构之间联系的最大化战略，从而带来更多收益；"适应"指的是灵活的设计和意愿，并提供可应对多场景的替代方案；"反思"指的是汲取过去的经验，为未来的决策提供依据；"变通"指的是考虑替代方法以利用现有资源实现目标。"稳健"指设计良好、经久耐用，通过建设和管理方式减少失效的风险。"余量"也叫冗余，是指内置余量应对可能的灾害造成的城市崩溃。伦敦韧性城市的建设中，教育发挥了重要作用。在东伦敦的内城地区，高等教育机构有潜力在塑造经济发展和城市环境建设方面发挥更具影响力的作用。

韧性城市要求城市居民具备应对各种风险的能力。教育可以通过提供防震减灾宣传教育等方式，提高居民的风险意识和应对能力。例如，从防震减灾角度谈韧性城市建设中提到，基于防震减灾角度，可通过宣传教育等举措保障城市韧性。伦敦面临各种风险，如气候变化、金融危机等，教育可以帮助居民更好地理解和应对这些风险，从而增强城市的韧性。

社区建设是韧性城市建设的重要组成部分。在伦敦，一些社区项目如布里克斯顿的过渡镇寻求发展一个共同努力实现当地可持续性的社区。创始人霍普金斯解释说，韧性的概念是该社区的核心，被视为一个系统（从个人到整个经济）在面对外部变化和冲击时保持团结并维持其功能的能力。教育可以通过培养社区居民的合作精神和创新能力，促进社区建设和社会韧性的提升。例如，高等教育机构可以开展社区服务项目，让学生参与社区建设，提高社区的凝聚力和应对风险的能力。

综上所述，伦敦韧性城市建设与教育有着密切的关系。高等教育机构可以通过对城市经济发展和城市建设的影响、培养城市居民应对风险的能力、参与城市规划和发展以及对社区建设和社会韧性的贡献等方面，为伦敦的韧性城市建设提供支持。

本章结语

本章对伦敦城市与教育发展进行了探究，尝试从多维度展现了伦敦教育体系与城市发展间千丝万缕的联系。在理论层面，对伦敦教育的研究可以深化教育社会学理论内涵。通过对 19 世纪工业革命时期工厂学校制度如何影响劳动力分层，为教育与社会经济关联研究提供实证；二战后福利国家阶段综合中学改革在促进社会公平、改变文化资本再生产模式等方面的实例分析,以及新自由主义思潮下教育市场化对社会结构复杂影响的探讨,都揭示了教育与社会经济、政治、文化相互交织、相互作用的复杂关系。同时,整合历史学、经济学、社会学、文化学等多学科理论,打破学科壁垒,促进了学科间的交叉融合,为教育研究领域注入新活力。在全球城市理论方面,通过分析伦敦教育系统在人口结构、空间生产、文化认同等层面的重构作用,拓展了全球城市理论的教育维度,为相关理论发展提供了坚实的实证支撑与创新研究思路。

伦敦作为全球城市的典型代表,其教育发展历程中遭遇的问题及应对策略,为全球其他面临类似教育发展难题的城市提供了宝贵借鉴,有助于推动全球城市教育事业整体进步。

但不可忽视的是,伦敦教育发展之路仍荆棘丛生。在区域层面,教育资源分配不均问题表现为富裕地区与贫困地区在教学设施、师资力量、课程资源等方面差距悬殊,如文中提及的郊区教育资源匮乏,因人口涌入和非计划性扩散导致教育基础设施建设与服务成本增加,居民获取教育资源困难。在不同群体间,少数族裔学生与本土学生在教育机会、学业成就上存在显著差距。另外,尽管实施多元文化教育政策,20 世纪 80 年代末英国政府报告仍指出弱势群体学生健康水平欠佳、教育成就较低,多为贫困公共住房居住者。移民社群教育融合面临重重困难,不同文化背景、语言障碍、宗教信仰差异等因素,使得移民子女在融入当地教育体系过程中困难重重,难以充分享受优质教育资源,实现学业成功。并且,教育在促进社会流动方面成效有限,在诸多内城区域,青年失业率居高不下,少数民族群体尤为突出,中学教育质量、学生学业成绩与房价正相关,住房与受教育机会相互影响,加剧城市内部不平等,阻碍社会流动。随着全球经济格局深度调整,新兴经济体崛起,传统产业转型升级,对人才技能和知识结构提出新要求;文化多元性持续增强,不同文化碰撞交融更为频繁,如何在教育中平衡本土文化传承与多元文化接纳成为挑战;科技快速发展,人工智能、在线教育等新技术不断涌现,给教育教学模式创新带来机遇与难题,伦敦教育未来将面临更为复杂多变的形势。

伦敦教育体系犹如一座庞大且复杂的大厦,其涵盖的学前教育、基础教育、中等教育、终身教育等各个组成部分,都在城市发展进程中扮演着独特而关键的角色。接下来的各章内容,将深入这座大厦的各个层面,逐一剖析伦敦在不同教育阶段的发展历程、现状特征、面临问题及应对策略,为读者呈现一幅更为细致、全面的伦敦教育画卷,助力我们进一步探寻城市与教育协同发展的深层逻辑与未来方向。

　　需要说明的是，本书在描述伦敦教育的整体情况或与其他国家地区教育进行比较时，使用"英国教育""英国学前教育"等表述。当涉及政策实施、数据统计、学校管理等具体事务时，会提及和使用"英格兰教育部"等表述，因为英国没有统一的教育部，是英格兰教育部负责管理伦敦教育。

第二章 伦敦学前教育①

学前教育作为终身教育体系的奠基阶段,其重要性在全球范围内逐渐形成共识。联合国教科文组织(United Nations Educational, Scientific and Cultural Organization, UNESCO)在《2030年教育行动框架》中强调,早期教育是促进社会公平、消除贫困代际传递的关键环节。②同时,经济合作与发展组织(Organisation for Economic Co-operation and Development, OECD)的早期保教项目组在发布的《强势开端》(strong start)报告中指出,早期教育与保育不仅有助于提升儿童的认知能力,促进其社会情绪的良好发展,为儿童的学习生涯奠定最优起点,还能有效减少贫困的代际传递。③英国作为发达国家,其学前教育的发展也居于世界前列。在2012年的《良好开端》(The Best Start of Life: A Vision for the 1001 Critical Days)报告中,英国学前教育的综合质量排名世界第三,仅次于芬兰和瑞典,得分86.9。④伦敦作为英国多元文化的缩影,其学前教育体系既遵循国家政策框架,又因城市特性形成独特实践。

在伦敦,学前教育的制定主要依赖于英格兰的国家政策框架,如《早期基础阶段教育框架》(Early Years Foundation Stage, EYFS),以及伦敦市政府和教育监管机构,如英国教育标准局(Office for Standards in Education, Children's Services and Skills, Ofsted)对学前教育质量的评估。EYFS指出学前教育是为3—5岁儿童创设适宜的活动,从而促进儿童在教育的早期阶段社交、情感、语言、身体以及创造力得到全面而均衡的发展。⑤Ofsted强调,

---

① 本章作者为上海师范大学杨晓艺、王友缘。
② UNESCO. Education 2030: Incheon Declaration and Framework for Action for the implementation of Sustainable Development Goal 4 [M]. Paris: UNESCO, 2015.
③ OECD. Starting Strong IV: Monitoring Quality in Early Childhood Education and Care [M]. OECD Publishing, 2015: 23.
④ 刘焱,史瑾,潘月娟. 世界学前教育排名比较研究与启示[J]. 比较教育研究,2013(2): 6.
⑤ Department for Education. Early years foundation stage statutory framework for group and school-based providers [R]. Department for Education, 2024. https://www.gov.uk.

学前教育的目标不仅是提供早期的学习和发展机会,还要确保儿童的健康、安全和幸福。依据 Ofsted 公布的数据,截至 2019 年,伦敦有大约 11 000 家注册的学前教育机构,包括儿童保育机构、托儿所和家庭式托育机构。其中,儿童保育机构有 6 323 家,提供 38 071 个学位;非家庭场所的托儿所有 4 034 家,学位数量达 183 282 个;家庭场所的托育点有 58 家,能提供 1 145 个学位;还有 4 244 家家庭儿童护理机构。此外,不在早期教育注册名单上的机构数量也不少,如儿童保育机构有 667 家,非家庭场所托育机构有 1 004 家。不同类型机构数量的差异,反映出伦敦学前教育机构多样化的供给格局,提供从婴幼儿到学龄前儿童的教育和保育服务,满足了不同家庭的需求。同时伦敦大约有 50 000 人从事学前教育,包括教师、助教和护理人员,共同推动伦敦学前教育的发展。[①] 在伦敦这样一个多元性极高的城市,其学前教育体系还特别注重对多元文化背景儿童的支持,教育政策也更加注重包容性和公平性。

本章旨在通过探讨伦敦的学前教育,探寻其早期教育理念的起源和发展,梳理伦敦教育传统的脉络,理解其教育理念在当代的演变。从微观视角来看,能够帮助我们更好地理解学前教育对儿童发展、家庭以及社区的影响,以及这些影响如何延续到儿童后期的学习和生活中。从宏观视角来看,学前教育是整个教育体系的基础环节,研究伦敦学前教育也有助于评估教育政策的效果,理解它与后续基础教育的衔接方式。

因此,本章将从伦敦学前教育的理念与体系架构,政策与资金支持,幼儿园、家庭与社区协同共育以及学前教育的实践案例等方面进行系统阐述。

第一节　伦敦学前教育的理念与体系架构

伦敦的学前教育体系建立在一套完整的理念与架构之上,为儿童早期发展提供了系统性的支持。学前教育的"理念与体系架构"通常涵盖教育目标、课程设计、机构类型及评估机制等维度。2011 年,联合国儿童基金会(United Nations Children's Fund, UNICEF)提出,学前教育应基于儿童权利视角,强调"发展适宜性"与"文化响应性",以满足不同社会背景下儿童的需求。[②] 在全球范围内,不同国家在体系架构上采取不同策略,例如德国强调

---

① Greater London Authority. London education report: Early years [R/OL]. London: Greater London Authority, 2021 [2025-03-08]. https://www.london.gov.uk.

② UNICEF. UNICEF Annual Report 2010[M]. UNICEF, 2011.

地方自主权,允许各州制定符合本地需求的课程,^①而法国则通过全国统一课程确保教育的一致性与规范性。^②伦敦的学前教育理念与体系架构既承袭英国的传统,又融入了现代城市的多元文化特色。在理念层面,其核心包括"全人发展""游戏学习"和"社会包容",这些理念根植于洛克、卢梭等启蒙思想家的教育哲学,并融合当代多元文化需求。体系架构上,伦敦以 EYFS 为纲领,通过课程目标分层、机构类型细分及 Ofsted 监管机制,形成"政策—实践—评估"闭环。这种分层设计既满足儿童阶段性发展需求,又通过标准化评估确保教育公平。这一体系的不断发展和完善,不仅反映了教育政策的演进,也体现了伦敦作为国际化都市对学前教育的高度重视。

一、伦敦学前教育理念

伦敦的学前教育秉承着英国学前教育的一贯理念,在英国学前教育总体框架,特别是 EYFS 指导下发展,具有地方特色和多元文化背景。作为全球最大和最具多样性的城市之一,伦敦的学前教育理念不仅继承了传统的教育理论,还融合了社会公正、文化包容、儿童福祉和教育公平等多方面的理念。

(一)全人发展

伦敦的学前教育系统近年来逐渐形成了以"全人发展"为核心的教育理念。全人教育反对那种只重视知识传授和技能学习的观点,倡导塑造全面发展的人,使人在身体、知识、技能、道德、智力、精神、灵魂、创造性等方面都得到发展,成为一个完整的人,一个真正的人,一个具有尊严和价值的人。^③在伦敦,学前教育中的全人发展理念已经深刻地影响了教育政策和课程设计。英国政府的 EYFS 为学前教育提供了明确的指导,强调对儿童全面发展的关注。该框架要求教育机构关注儿童的 7 个发展领域:沟通与语言、身体健康、个人社会与情感发展、识字、数学、理解世界以及艺术与设计。具体到伦敦的教育实践,许多学前教育机构也在深入贯彻全人教育的理念。在伦敦的一所名为"明亮视野"(Bright Horizons)的学前教育机构中,他们开设的音乐特色课程 Boogie Mites 不仅促进了孩子们艺术能力和素养的提高,同时孩子们通过听和唱歌来提高对声音的感知,这有助于他们更好地习得新单词,为语言发展奠定基础。Boogie Mites 的歌曲和押韵使用固定的模式、

---

① 陈时见,杨茂庆.高中课程改革的国际比较——侧重 2000 年以来的经验、问题与趋势[M].重庆:西南师范大学出版社,2010:157-164.
② 郝德永.课程治理体制改革的法国经验及启示[J].课程·教材·教法,2024,44(7):138-147.
③ 刘宝存.全人教育思潮的兴起与教育目标的转变[J].比较教育研究,2004(9):17-22.

节奏，有助于提升孩子们计数、顺序等数学思维能力。①

（二）以儿童为中心

"以儿童为中心"是学前教育中的核心理念之一，强调教育活动应根据儿童的需求、兴趣和发展阶段进行设计，旨在促进儿童全面而均衡的发展。伦敦作为一个多元文化和高度城市化的教育环境，其学前教育政策和实践深受这一理念的影响。1967年的《普劳登报告》使人们认识到每个孩子都是独一无二的，要确保他们有独立学习的机会、课程具有灵活性、能够利用环境以及通过发现来学习，让教师意识到不是只有可衡量的事物才有价值。② EYFS通过规划多个学习与发展领域，确保教育活动紧密围绕儿童的需求设计，注重培养儿童的独立性和批判性思维。教师在活动过程中扮演着引导者和支持者的角色，促进儿童在感兴趣的领域中深入探索。伦敦著名的托儿所The Garden House，其课程理念是将孩子视为他们自己学习的中心，而不仅仅是一个等待被填满知识的空容器。孩子们能够追求自己的兴趣，并按照自己的节奏重新审视和构建想法。为了能充分凸显幼儿的主体性，环境的创设受到了重视。在这所托儿所中，环境作为"第三位老师"是开放和自由流动的，幼儿可以在环境中轻松获得免费的刺激性资源，环境支持幼儿不间断地探索、游戏和学习。与此同时，伦敦的学前教育政策也充分体现了"以儿童为中心"的理念，尤其是在教育资源的分配和政策执行方面。伦敦市政府通过提供学前教育补贴和免费的学前教育服务，确保来自低收入家庭的儿童也能接受高质量的学前教育。③这一政策体现了对儿童平等教育机会的承诺，并通过实际支持让更多儿童能够在早期教育中受益。此外，Ofsted的评估框架也强调教育机构要为儿童提供个性化的教育服务，确保每个孩子都能根据自己的需求获得发展机会。

（三）重视游戏价值

游戏在伦敦学前教育中占据重要的地位。基于游戏的学习强调通过游戏和活动来促进儿童的认知、社交、情感和身体发展。在早期教育中，游戏被描述为一种学习的工具④，它被视为幼儿发展和教育的基础，并被描述

---

① Bright Horizons. Our curriculum [EB/OL]. London: Bright Horizons UK, 2025-02-22 [2025-03-15]. https://www.brighthorizons.co.uk/family-zone/curriculum.

② Blackstone, T. The Plowden Report [J]. The British Journal of Sociology, 1967, 18: 291-302.

③ Greater London Authority. Early years in London [EB/OL]. London City Hall. [2025-02-22]. https://www.london.gov.uk/programmes-strategies/education-and-youth/support-families-and-early-years/early-years-london.

④ Howard, J. & McInnes, K. The Essence of Play: A Practice Companion for Professionals Working with Children and Young People [M]. London: Routledge, 2013.

为"孩子的工作"①,孩子们能在游戏中丰富自身的经验。位于伦敦东南部的 Little Cherubs 托儿所深入贯彻了基于游戏学习这一理念,托儿所工作人员参与儿童游戏,敏锐地支持和拓展孩子们的学习,让孩子们对正在发生的事情充满好奇,使他们成为"思考者和实干家",为孩子们提供时间和空间来创造自己的游戏。如今,游戏在早期发展和学习中的重要性被纳入英格兰的政策和课程框架之中。为了从游戏中获得最大收益,课程框架实施过程中要遵循3个要点。第一个是游戏和探索,将游戏和学习结合在一起,幼儿在游戏中进行探究。第二个是主动学习,通过主动的探索性游戏,幼儿可以获得知识。第三个是创造性和批判性思维。② 在 EYFS 中,教师的角色是引导者和支持者,教师通过有效运用游戏教学法和游戏设置来鼓励儿童游戏,提供高质量体验。教师在幼儿游戏过程中协助儿童游戏,给予指导和支持,观察儿童游戏,根据观察结果规划游戏环境和活动。同时,教师应运用持续共享思维,引导儿童批判性思考,促进儿童学习和发展。③

(四)强调自然教育

自然教育是以自然为课堂,将儿童的学习与自然环境紧密结合的一种教育理念。该理念的核心在于,通过直接接触自然环境,例如森林、公园、花园等,激发儿童的好奇心、探究能力和生态意识。④ 英国幼儿园起源于 19 世纪上半叶,正是自由主义理论盛行的黄金年代。20 世纪著名教育家尼尔在创办夏山学校时也秉承着将基础知识与生活实践相结合的原则,鼓励教师及学生在自然中探索、在生活中学习。著名生物学家赫胥黎强调自由教育就是在自然规律方面的智力训练。现在,英国政府的 EYFS 明确强调了通过户外活动和自然环境促进儿童发展的重要性。EYFS 鼓励学前教育机构为儿童提供探索自然的机会,强调游戏和体验式学习的重要性。⑤ 同时伦敦作为第一个国家公园城市拥有充分的自然资源,为儿童提供了丰富的学习和探索机会。伦敦的森林学校(Forest Schools)将自然教育理念融入课程设计与教学实践,

---

① Isaacs, S. The nursery years[M]. London: Routledge and Sons, 1929.
② Department for Education and Skills (DFES). The Early Years Foundation Stage[M]. London: DFES, 2007.
③ Karaoğlu, S. The importance of play in pedagogy in curriculum delivery and play provision for young children's learning and development[J]. Erciyes Journal of Education, 2020, 4(2): 18-34.
④ Louv, R. Last child in the woods: Saving our children from nature-deficit disorder[M]. Algonquin Books, 2008.
⑤ Department for Education. Early years foundation stage statutory framework for group and school-based providers [R/OL]. London: Department for Education, 2024 [2025-03-15]. https://www.gov.uk.

儿童需要定期前往城市森林、公园或自然保护区进行学习和探索。这种方式鼓励儿童在真实的自然环境中发展解决问题的能力和团队合作精神，促进了儿童的身心健康、认知能力和环境意识的发展。

（五）注重教育公平

伦敦学前教育理念充分体现了教育公平的价值。作为一座充满社会和经济差异的城市，伦敦的学前教育为低收入家庭、有特殊需求的儿童以及少数族裔群体提供公平的教育机会。早在17世纪时，英国教育家洛克提出"白板说"，在他的建议下，政府设立纺织学校和贫困儿童劳动学校，为教区内接受救济的贫民子女提供受教育的机会。随着工业革命的发展，大量工人阶级家庭生活在贫困之中。因此，慈善组织和宗教团体率先设立了针对贫困儿童的学校。19世纪初，罗伯特·欧文等社会改革家创立了第一批幼儿学校，这些幼儿学校以贫困家庭儿童为对象开展全日制教育，旨在通过早期教育改善贫困儿童未来的生活机会。工党政府为了进一步保障贫困地区儿童获得早期教育的机会，于1999年在"确保开端计划"下启动了以社区为基础的"确保开端地方计划"（Sure Start Local Programmes）和"确保开端儿童中心"（Sure Start Children's Centre），"确保开端地方计划"特别强调儿童福祉和惠及最弱势群体的必要性。如今，针对低收入家庭的儿童，伦敦早期教育基金会（London Early Years Foundation, LEYF）为贫困家庭提供更多可及的教育机会。在其运营的40所幼儿园中，超过77%位于伦敦"最贫困"和"贫困"地区，与伦敦平均水平相比，其更多地覆盖了贫困区域。基金会提供"仅资助"学位，2022—2023年度有1 300名儿童获得，且不收取额外餐费，保障了贫困家庭儿童接受早期教育的权利。在政府资助政策覆盖不足的情况下，基金会自行承担部分运营成本，让更多孩子能进入幼儿园。不仅如此，LEYF采用差异化收费模式，在贫困地区降低收费，在富裕地区合理定价，用富裕地区幼儿园的盈余补贴贫困地区。基金会为员工提供70%的幼儿园费用折扣，设立困难基金，为员工和家长提供最高500英镑的补助。它还通过多种方式减轻家长经济压力，如提供灵活收费方式、给予兄弟姐妹折扣等。[①] 为了帮助有特殊教育需求和残障（Special Education Needs and Disabilities, SEND）儿童，2019年伦敦市长在伦敦早期教育活动项目中提供了高达20 000英镑的赠款，该项目帮助父母以及教师更早识别SEND儿

---

① London Early Years Foundation. Annual Report and Accounts 2022/23[EB/OL]. [2025-03-15]. https://www.leyf.org.uk/wp-content/uploads/2024/01/LEYF_ARA-2022_23_web_AW-Folder.pdf.

童。① 在伦敦的各个幼儿园中，满足 SEND 儿童的需求也体现在课程理念和实践方面。如森林幼儿园为那些有公认的特殊教育需求或在整个课程中遇到学习困难的幼儿提供支持。通过短期或者长期的方法来帮助幼儿克服阅读障碍、计算障碍、组织和工作记忆等问题。Little Cherubs 托儿所也对教师进行了相应的培训和要求，教师能够快速识别出 SEND 儿童。2021 年的人口普查数据显示，不以英语为主要语言的人中，超过 300 000 名成年伦敦人表示他们不能说一口流利的英语；大约 52 000 人表示他们根本不会说英语。国家开展了 ESOL Plus 试点计划，以帮助大多数抵达英国时不会说英语的移民提高英语语言技能。同时为帮助这些儿童克服语言障碍，伦敦的学前教育机构为以英语作为附加语言（EAL）的儿童提供了专门支持。② 伦敦的 Dwight 学校鼓励幼儿在社区中使用各种各样的母语，维护学生在发展母语和识字技能的基础上发展幼儿的英语，帮助儿童克服语言上的障碍。

二、伦敦学前教育体系

伦敦的学前教育体系在保障儿童早期发展方面发挥着重要作用，它建立在完善的课程体系与严格的监管体系之上，以确保高质量、包容性和可及性的教育服务。伦敦的学前教育体系通过科学的课程框架，为儿童提供丰富的学习体验，同时通过有效的监管机制，保障教育质量和公平性。本部分将重点探讨伦敦的学前教育课程体系和监管体系，分析其核心内容、实施方式及其对儿童成长和社会发展的影响。

（一）伦敦学前教育课程体系

伦敦的学前教育课程体系旨在为儿童提供全面而均衡的早期学习体验，以促进其认知、社交、情感和身体方面的发展。该课程目标明确了儿童在关键发展阶段应取得的学习成果，内容涵盖语言、数学、社交能力和创造力等核心领域。课程的实施依赖于多种学前教育机构，如托儿所和学前班等。

1. 课程目标与课程内容

20 世纪 90 年代末，英国政府意识到高质量的早期教育对于儿童后续发展的重要性，于是决定开始制定统一的课程和指导框架。2000 年英国政府资格与课程局（Qualifications and curriculum Authority）颁布了《早期学习目

---

① Greater London Authority. Supporting Children with SEND in the Early Years[EB/OL]. [2025–03–02]. London: Greater London Authority, https://www.london.gov.uk/programmes-strategies/education-and-youth/support-families-and-early-years/supporting-children-send-early-years.

② London City Hall. Supporting the ESOL sector [EB/OL]. [2025–02–22]. London: London City Hall, https://www.london.gov.uk/programmes-strategies/communities-and-social-justice/migrants-and-refugees/english-esol-classes-london/supporting-esol-sector.

标》(Early Learning Goals，下文简称《目标》)，这是英国学前教育框架的重要组成部分。该文件重视儿童语言、认知和科学三大领域的发展，是英国学前教育逐步走向标准化的标志。课程内容的标准化使得课程评价不得不改变以前自由放任的态度，开始针对课程要求设立一系列正规、标准的评价指标，比如儿童读写、数学能力方面的评价。《目标》实施后，存在的问题也逐渐凸显出来，比如过于注重读写算等知识技能的培养，造成学前儿童学业压力过大。另外，《目标》仅是规定了学前教育课程所要达成的基本目标，并没有针对领域的内容进行阐释，造成了学前教育机构和幼儿教师对于目标框架一知半解，不能很好地落实目标所规定的内容。基于上述原因，《基础阶段课程指南》(下文简称《指南》)应运而生[1]，其颁布奠定了英国学前教育规范化发展的基础。《指南》提供了学前教育的框架，明确了儿童在各个领域的发展目标；简要阐述基础阶段幼儿教育的基本原则，并说明教育机构及教师在基础阶段的课程教学中如何应用这些原则；在儿童5岁结束幼儿阶段的学习时对其进行整体的发展水平评价，包括人格、社会性及情绪、语言、读写、数学能力方面的水平评价。在整合《指南》《0—3岁的重要性》(Birth to Three Matters)以及《8岁以下儿童托育标准》(National Standards for Under 8 Daycare and Child Minding) 3个国家标准化政策的基础上，2008年英国教育部发布EYFS并开始正式实施，面向0—5岁儿童的综合统一课程标准初步形成。2021年英国教育部综合早期教育实践者、研究机构和家长的意见后对EYFS进行了最新的修订，旨在优化早期教育框架，确保其更加符合儿童发展的需求和当前教育的最佳实践。

EYFS作为英格兰0—5岁婴幼儿学习、发展与保育标准，划分了7个领域，前3个领域被称为基本领域，分别是"沟通与语言""个人、社会与情感发展"和"身体发展"，是幼儿学习与发展最根本的方面，需要其他所有领域协同工作并贯穿始终；后4个领域被称为特定领域，分别是"识字""数学""理解世界"以及"表现艺术与设计"，是幼儿成功参与特定的社会活动所需要的基本技能和知识。这种标准化确保了伦敦各类学前教育机构的课程具有一致性，从而为儿童提供相近的学习机会。

（1）沟通与语言领域主要分为两个部分：倾听、注意力与理解；表达。

在倾听、注意力与理解方面，儿童应能在听故事、课堂讨论和小组互动中认真倾听，并用相关问题、评论和行动回应所听到的内容；对听到的内容

---

[1] Curriculum guidance for the foundation stage [EB/OL]. London: Department for Education and Skills, 2004 [2025-03-15] http://webarchive.nationalarchives.gov.uk/20040117082828/http://dfes.gov.uk/foundationstage/pdfs/foundation_stage.pdf.

发表看法，提出问题以澄清理解；在与教师和同伴交流时展开对话。

在表达时儿童要积极参与小组、班级和一对一讨论，分享自己的想法，运用新学词汇；对事物发生的原因进行解释，恰当地使用故事、非虚构作品、韵律诗和诗歌中的新词汇；在教师的示范和支持下，用完整的句子表达经历、想法和感受，正确使用过去、现在和将来时态以及连词。

（2）个人、社会和情感发展领域主要分为3个部分：自我调节、自我管理和建立关系。

儿童的自我调节体现在：需理解自己和他人的感受，并据此调节行为；设定并努力实现简单目标，适当等待自己想要的东西，控制即时冲动；专注倾听教师讲话，即使在活动中也能做出适当回应，听从包含多个想法或行动的指令。

在自我管理方面，儿童应自信尝试新活动，在面对挑战时展现出独立性、韧性和毅力；明白规则的意义，明辨是非并努力遵守；管理个人基本卫生和需求，如穿衣、上厕所，了解健康饮食的重要性。

在建立关系方面，儿童要学会与他人合作玩耍，轮流做事；与成人建立积极的依恋关系，与同伴建立友谊；对自己和他人的需求保持敏感。

（3）身体发展领域主要由大肌肉技能和小肌肉技能构成。

儿童的大肌肉技能表现为：在活动中能安全地应对空间和障碍物，考虑自己和他人的安全；在玩耍时展现出力量、平衡和协调能力；充满活力地进行跑、跳、跳舞、单脚跳、跳绳和攀爬等活动。

在小肌肉技能方面，儿童要能有效地握笔，为流畅书写作准备，通常采用三脚架握笔法；会使用剪刀、画笔和餐具等各种小工具；在绘画时开始表现出准确性和细心。

（4）识字领域主要分为3个部分：理解、单词阅读和书写。

儿童的理解是指能用自己的话复述故事和叙述，运用新学词汇，展示对所读内容的理解；在适当的时候预测故事中的关键事件；在讨论故事、非虚构作品、韵律诗和诗歌以及角色扮演时，使用并理解新学词汇。

儿童在单词阅读方面要能说出字母表中每个字母的发音，至少掌握10个字母组合的发音；根据语音知识拼读单词；大声朗读与语音知识相符的简单句子和书籍，包括一些常见的例外单词。

关于书写，儿童应能写出可辨认的字母，且大多书写正确；通过识别单词中的发音并用字母表示来进行拼写；写出能被他人读懂的简单短语和句子。

（5）数学领域主要分为数字和数字模式两部分。

在数字方面，儿童要能深入理解 10 以内的数字，包括每个数字的组成；一眼识别 5 以内的数量；自动回忆起 5 以内的数字组合（包括减法）和一些 10 以内的数字组合，如加倍运算。

在数字模式方面，儿童要能口头数到 20 以上，识别计数系统的模式；在不同情境中比较 10 以内的数量，比较数量的大小；探索并表示 10 以内数字的模式，如奇数、偶数，加倍运算以及数量的均分。

（6）理解世界领域主要分为 3 个部分：过去与现在；人物、文化和社区；自然世界。

关于过去与现在，儿童要能谈论周围人的生活和社会角色；结合自身经历和课堂所学，了解过去和现在事物的异同；通过课堂阅读的书籍和故事来理解过去的情境、人物和事件。

在人物、文化和社区方面，儿童要能用通过观察、讨论、故事、非虚构文本和地图获得的知识来描述周围环境；了解本国不同宗教和文化社区的异同；解释本国与其他国家生活的异同。

儿童要探索周围的自然世界，进行观察并绘制动植物图片；了解周围自然世界与不同环境的异同；理解自然世界的重要过程和变化，如季节变化和物质状态的改变。

（7）表现艺术与设计领域由材料创作、想象与表达构成。

在材料创作方面，儿童能安全使用和探索各种材料、工具和技术，尝试颜色、设计、纹理、形状和功能；分享创作成果，解释创作过程；在角色扮演中使用道具和材料。

在想象与表达方面，儿童要能与同伴和教师一起创作、改编和讲述故事；会唱一系列知名的童谣和歌曲；与他人一起表演歌曲、韵律、诗歌和故事，在合适的时候跟着音乐节奏舞动。

2. 机构类型与课程实施

在伦敦，EYFS 作为学前教育的核心指导方针，为儿童的全面发展提供了结构化的教学框架，涵盖了从语言和沟通到身体发展等多个领域。同时该框架还充分考虑了不同社区和儿童的多样性需求，赋予教育机构一定的灵活性，以便根据当地文化特色、社会背景和儿童具体需求制订个性化的课程方案。然而，仅仅依靠课程体系的设计是不足以确保教育目标的实现的。学前教育机构，特别是伦敦的托儿所和学前班，作为这一框架的具体执行者，必须通过精心设计的教学活动和互动方式，确保 EYFS 的理论转化为实践。

伦敦的托儿所和学前班都遵循 EYFS，但由于服务对象的年龄段和发展需求不同，两者在落实 EYFS 课程体系时有一定差异。伦敦的托儿所主要为

0—3岁儿童提供托育服务，部分托儿所也会接收3岁以上的儿童；目的是为幼儿提供基础照护，同时通过游戏和探索促进早期学习与发展。在课程实施特点方面，托儿所注重照顾儿童的日常需求，包括饮食、睡眠和安全，并提供开放式的学习环境，鼓励儿童在玩耍中探索，例如感官区、积木区和角色扮演区。托儿所的教师依据EYFS课程，在沟通与语言、身体发展和个人、社会与情感发展三大领域，将游戏与发展学习相结合并开展一系列活动，如唱歌、跳舞、听故事、涉及沙水元素的感官游戏以及户外游戏，等等。在教学与评估方面，教师通过观察了解每个孩子的兴趣、能力和需求，并记录其发展进程。同时用轻松的方式记录儿童的进步，例如用照片、视频或日记记录他们在活动中的表现。

伦敦的学前班主要面向4—5岁的儿童。部分机构会安排儿童4岁时进入学前预备班（Pre-Reception Classes）学习，以帮助孩子从更自由的托儿所或家庭环境过渡到更结构化的学前教育机构中。学前班的设立是为了儿童从EYFS过渡到国家课程（Key Stage 1）打下基础。在课程实施上，学前班与托儿所的差别在于学前班更加注重为小学学习奠定基础，活动设计以EYFS为依据，同时开始引入早期识字和数学内容，在发展三大领域的基础上扩展具体领域的学习，尤其是读写能力和数学。在教学形式上也从非结构化、游戏与探索为主逐步过渡到结构化教学与自由探索结合。在教学与评估方面，学前班在儿童满5岁时进行EYFS总结性评估，评估其是否达到了《目标》的要求。伦敦的托儿所和学前班都以EYFS为核心，但在实践中因年龄和目标不同而各具特色，托儿所更关注情感、探索与基础发展，而学前班更强调学术准备和结构化学习。这种差异确保了儿童在不同发展阶段获得合适的支持和教育。

伦敦除了托儿所和学前班，还有其他类型的机构作为补充为适龄儿童提供保育和教育，如确保开端儿童中心和游戏小组。确保开端儿童中心面向5岁以下儿童及其家庭，在他们需要的时间和地点为其提供综合、广泛的托儿服务，旨在确保英国各地的儿童有平等的机会获得早期学习和托儿服务。[1] 确保开端儿童中心通过整合早期教育、社会服务、健康服务、培训就业服务以及信息咨询服务等，为幼儿和家长创造便利。其核心目的是改善幼儿及其家庭的状况，减少家庭间的不平等，尤其关注最需要支持的家庭，并在儿童发展、育儿技能提升、健康和生活机会等方面发挥积极作用。中心需要确保数

---

[1] House of Commons Children, Schools and Families Committee. The Early Years Single Funding Formula: Fifth Report of Session 2009-10[EB/OL]. [2025-03-03]. https://publications.parliament.uk/pa/cm200910/cmselect/cmchilsch/130/13006.htm#note3.

量满足当地需求，服务高质量且安全，同时通过与多种机构合作，为家庭提供全面、有针对性的支持。①

游戏小组是由6—40名学龄前儿童组成的，每周开展2—5次活动，每次活动持续2—4小时，组织者通常在社区、儿童中心或宗教建筑中举办这些活动。在活动过程中父母可以留下来与儿童一起游戏。游戏小组中的"机会小组"是为有各种有发育障碍的儿童创建的，该小组的工作方式类似于游戏小组，但儿童数量较少，该小组有特殊的游戏和教育材料，这也拓宽和提升了特殊儿童的托育途径和质量。无论是托儿所、学前班还是社区型学前教育机构，它们的核心使命都是为儿童提供全面、均衡的教育体验。

（二）伦敦学前教育监管体系

在课程体系的实施过程中，监管机制如同一张安全网，不仅有利于提升教育质量、推动行业持续改进，同时也为家长和社区增加了信心，确保儿童的发展目标能够通过高质量的教育实践得以实现。该体系主要包括对儿童发展和教师资质的评估，以及对教育机构的监管。儿童发展评估关注幼儿的认知、社交、情感和身体素质，以确保他们在入学前具备必要的能力和适应力；教师资质评估能确保从业者具备专业素养和实践能力，以提供高质量的早期教育。此外，政府机构和相关组织会对学前教育机构进行严格监管，确保其符合政策要求和质量标准。

1. 对儿童发展及教师资质的评估

在EYFS中，对儿童的评估旨在全面了解儿童的学习和发展情况，为教学和支持提供依据。教育者需要具备专业能力和素养，通过了解儿童的兴趣、知识和能力，在日常观察以及家长分享的观察结果基础上进行持续性的评估。评估主要分为3种类型：第一种是在儿童2岁时进行的评估，关注儿童进展良好的领域、可能需要额外支持的领域，特别关注可能存在发育迟缓（可能表明有特殊教育需求或残疾）的领域，评估结果以书面形式与家长分享，并鼓励家庭积极参与，共同支持儿童的全面发展；第二种是基线评估，这是一项针对即将入园的幼儿进行的简短评估，主要对儿童早期数学、识字、沟通和语言进行评估，评估结果用于形成学校群体层面的进展衡量指标；第三种是早期基础阶段档案评估，这通常是在儿童完成学前阶段（Reception Year，通常是5岁）时进行的，评估的目的是总结儿童在7个学习领域的发展状况，以衡量他们是否达到了《目标》的要求，同时这份评估

---

① Department for Education. Sure Start Children's Centres: Statutory Guidance April 2013[R]. London: Department for Education, 2013. [2025-03-05]. https://assets.publishing.service.gov.uk/media/5a74564ced915d0e8bf18901/childrens_centre_stat_guidance_april-2013.pdf.

还能为小学教师提供信息，帮助其了解儿童的起点，并制定适应儿童需求的教育策略。① 伦敦政府依据早期基础阶段档案对伦敦所有 5 岁儿童的发展水平进行评估，调查结果显示：伦敦 5 岁儿童达到良好发展水平的比例达到 74%，高于全国平均水平（72%），且在 2015—2019 年间该比例提升了 6 个百分点②，显示出伦敦在促进儿童早期发展方面的积极成果，为儿童未来学业和个人发展奠定了较好基础。但不同性别、经济状况和族裔的儿童间存在明显发展差距，如女孩发展水平高于男孩，华裔儿童发展水平领先，黑人儿童相对落后，贫困地区儿童发展水平低于富裕地区，以及享受免费校餐儿童发展水平低于其他儿童等。这反映出伦敦早期教育在公平性方面所面临的挑战，政府需要采取针对性措施促进教育公平。

无论是课程的实施还是对儿童的评估，都需要教师具备相应的素质与能力。关于教师的资质要求，EYFS 对其进行了规定，在早期教育注册登记的机构中，管理者必须持有 3 级或以上的认可资格证书；至少一半的其他工作人员需持有至少 2 级认可资格证书。教师应具备如合格教师资格（Qualified Teacher Status）、早期教育教师资格（Early Years Professional Status）等相应的专业资质。具有早期教育教师资格的工作人员，还须取得相应的 2 级英语资格；自 2024 年 1 月 4 日起任命的管理者，必须已取得相应的 2 级教学资格，或在任职两年内取得，以确保能够有效实施 EYFS 课程。在教师的职责要求上，教师需要履行 3 个职责。首先是作为关键人员的职责，教师根据儿童的个体需求提供个性化的照顾，帮助儿童熟悉环境，与家长建立良好关系，并在必要时协助家庭获得更专业的支持。其次是教学与指导的职责，教师要依据儿童的兴趣和发展阶段进行教学规划，通过游戏、互动等多种方式激发儿童的学习兴趣，引导他们探索和学习，在教学过程中注重培养儿童的各种能力，如沟通能力、解决问题的能力等，促进儿童全面发展。最后是保障儿童安全的职责，工作人员要时刻关注儿童的安全，确保场所、设备等符合安全标准，对可能出现的安全隐患及时排查和处理，在活动中合理安排人员，保障儿童的活动安全。除了对教师的资质和职责要求外，教师还必须遵守《平等法 2010》，公平、平等地对待所有从业者，杜绝对年龄、残疾、性别等的歧视，营造公平、包容的工作环境。

---

① Department for Education. Early years foundation stage statutory framework for group and school-based providers [R/OL]. London: Department for Education, 2024 [2025-03-15]. https://www.gov.uk/government/publications/early-years-foundation-stage-framework-2.

② Greater London Authority. London Early Years Report [R/OL]. London: Greater London Authority, 2021. [2025-03-15] https://www.london.gov.uk/sites/default/files/ler_early_years_aug2021.pdf.

2. 对学前教育机构的监管

Ofsted 发布的《早期教育检查手册》(Early Years Inspection Handbook)为学前教育机构(包括托儿所和学前班)的工作提供了指导。① 政府的检查人员从对机构的实地考察、文档审查以及家长与社区反馈中进行评估,主要围绕 4 个核心领域展开:在教育质量方面,评估课程的设计、实施和影响,确保儿童在 7 个学习领域的全面发展;在行为与态度方面,观察儿童的行为、自律、参与度以及与同伴和教师的互动;在个人发展方面,关注儿童的自信心、情感发展、文化意识和健康习惯;在领导与管理方面,评估机构管理者履行责任的情况,包括员工培训、资源分配以及儿童安全。每个领域的表现都需要达到"良好"或以上,才能获得较高的总评等级。《伦敦教育报告·早期教育篇》的数据显示(图 2-1),96% 就读于学校的学前儿童在被评为"良好"或"杰出"的机构中接受教育,而在早期教育注册机构中的托管名额,97% 都属于"良好"或"杰出"机构。② 这表明伦敦的学前教育机构整体质量较高。此外,自 2019 年以来,学校中接受优质学前教育的儿童比例保持不变,但"良好"或"杰出"机构的可用名额增长了 1%。同时,伦敦的学前教育机构质量与英格兰其他地区持平,97% 的名额都处于高质量机构中。整体来看,伦敦的学前教育机构在质量评估方面表现稳定且良好。

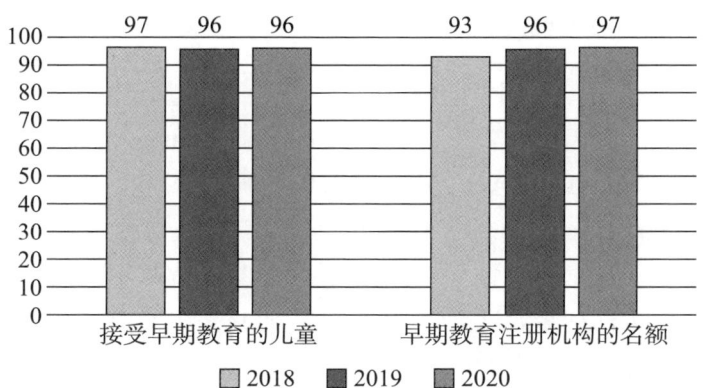

图 2-1　伦敦良好或优秀环境中儿童/名额的百分比(2018—2020)

---

① Department for Education. Early Years Inspection Handbook for Ofsted-Registered Provision for September 2023[EB/OL]. [2023-09]. https://www.gov.uk/government/publications/early-years-inspection-handbook-eif/early-years-inspection-handbook-for-ofsted-registered-provision-for-september-2023.

② Greater London Authority. London Early Years Report [R/OL]. London: Greater London Authority, 2021. [2025-03-15] https://www.london.gov.uk/sites/default/files/ler_early_years_aug2021.pdf.

第二节　学前教育的政策与资金支持

英国作为一个重视教育的发达国家，其学前教育的发展水平位居世界前列。2012 年，在新加坡连氏基金的支持下，经济学人智库（The Economist Intelligence Unit）发布了《良好的开始：全球学前教育的标杆》（Starting Well: Benchmarking Early Education Across the World）报告。报告指出，英国学前教育在社会背景、可获得性、可负担性、保教机构方面表现较好，其中在可获得性和保教机构质量方面均位居第三，在可负担性方面排在第六位，仅次于比利时、挪威、瑞典等几个欧洲国家。[①]英国学前教育综合排名比较靠前，这离不开学前教育政策的引导与资金的支持。

政策和资金是学前教育体系发展的核心驱动力。政策设定了学前教育的框架和方向，为儿童发展提供目标和指导，例如英格兰的早期基础阶段框架，明确了学前教育阶段应达到的学习与发展成果。同时，资金是政策落地的保障，直接影响着学前教育机构的运营、师资培训、设施改善以及儿童和家庭的可及性。

一、伦敦学前教育政策

在过去 20 年中，英国学前教育政策经历了几次重要的改革，例如 2004 年颁布"儿童十年保育战略"（Ten Year Childcare Strategy），2006 年颁布《儿童保育法案》（Childcare Act 2006），2010 年颁布《儿童、学校与家庭法案》（Children, Schools and Families Act 2010）以及新冠疫情后的早期教育支持政策。这些政策保持了连贯性、一致性，将学前教育改革不断推进。在伦敦，这些政策的落实具有更为显著的现实意义，尤其是在支持弱势群体儿童、提高城市区域间资源公平性方面。

二、伦敦学前教育政策

（一）早期政策——关键发展时期（2000—2010）

这一时期是形成英国现代学前教育体系的关键时期，"儿童十年保育战略"《儿童保育法案》等政策主要聚焦普及教育、促进家庭就业以及提供公

---

① Economist Intelligence Unit. Starting well: Benchmarking early education across the world [M]. London: Economist Intelligence Unit, 2012.

平的教育机会。

"儿童十年保育战略"的宗旨是确保每个孩子获得最佳的生命开端，并为家长平衡工作和家庭生活提供更多的选择。该报告主要从4个方面论述学前教育阶段的家庭支持：家长在工作与家庭生活之间的选择和灵活性、学前儿童保育和教育服务的适用性、学前儿童保育和教育的质量、家庭的支付能力。《儿童保育法案》则明确规定了地方政府必须承担的责任，要求地方政府规划和保障服务供应的数量和质量，确保本地所有家庭都能够获得合适的托儿服务。[1] 同时，该法案对托儿服务的质量提出更高的要求，规定了托儿服务提供者（如托儿所、学前班等）必须遵循 EYFS，加强对托儿服务机构的检查和监管，提升了整体学前教育的质量。在家长参与方面，地方当局会向父母以及养育者提供相关的信息，强化了家长参与学前教育的责任，确保学前教育能够与家庭需求和孩子的整体发展目标相匹配。

伦敦在政策落实方面关注到边缘家庭。伦敦人口的家庭构成复杂，包括大量的单亲家庭、低收入家庭和移民家庭。这些家庭迫切需要高质量、负担得起的托儿服务。"儿童十年保育战略"和《儿童保育法案》的实施确保了这些家庭可以获得合适的教育和照护服务。如地方政府通过增加儿童中心数量来落实政策，优先覆盖经济困难社区。同时政府还为家庭提供免费的托儿服务和教育咨询，从而提高了低收入家庭的参与率。

（二）中期改革——扩大范围时期（2010—2015）

这一阶段的重点在于扩大政策覆盖范围，《儿童、学校与家庭法案》和《更负担得起的儿童保育》确保了教育质量，并支持 SEND 儿童。

2010年颁布的《儿童、学校与家庭法案》主要围绕儿童、学校和家庭相关事务作出规定，涵盖特殊教育需求儿童、学校管理、家庭诉讼等多个方面。其中部分内容延续并扩展了2004年的《儿童法案》（Children Act 2004），针对有特殊教育需求的儿童，该法案要求首席督学在报告主流学校教育时，着重考虑残疾及特殊教育需求学生的情况[2]；家长若对地方当局不修改特殊教育声明的决定不服，可向法庭上诉；还对为患病或被开除等儿童提供特殊教育的相关规定进行了调整。这些规定进一步加强了儿童保护和特殊教育需求的保障机制。《儿童、学校与家庭法案》的颁布使得伦敦市政府及各区加强了对学前教育机构的监管，从而提升了教育质量；同时低收入家庭儿童更容易获得免

---

[1] Great Britain. The Childcare Act 2006 [EB/OL]. (2006) [2025-03-15]. https://www.legislation.gov.uk/ukpga/2006/21.

[2] Great Britain. Equality Act 2010[EB/OL]. (2010) [2025-03-03]. https://www.legislation.gov.uk/ukpga/2010/26/pdfs/ukpga_20100026_en.pdf.

费或补贴的托儿服务，从而缩小贫困儿童与富裕家庭儿童之间的学习差距。

2013年的《更能负担得起的儿童保育》是近年来英格兰颁布的具有典型普惠性特征的学前教育新政。① 相比于2006年的《儿童保育法案》，该政策更侧重减少监管负担、提高服务灵活性以及增加市场化竞争，以此降低家长的儿童保育成本。其主要内容包括：通过4种方式，直接或间接地提高民众对学前教育的支付能力；降低学前机构的办学成本，为民众提供能够负担得起的学前教育；完善学前教育信息服务系统，以满足家长的需求。在伦敦的一些地区，高房租导致托儿机构难以持续运营，市政府因此加强了对私营和公益托儿机构的扶持，并推动允许在租赁住宅中提供托儿服务。

（三）后期改革——提高质量时期（2015年至今）

这一时期，新冠疫情暴露了学前教育系统的脆弱性以及政府对获得高质量的早期教育与托育服务的迫切性，促使政策进一步创新和调整。

伦敦政府制定了"家庭和早期教育支持政策"战略框架，该政策的核心目标是提升伦敦地区学前教育的质量和可及性，确保所有儿童都能获得公平的教育机会，尤其是来自弱势背景的儿童。② 首先，伦敦的低收入家庭可以享受政府资助的免费早教名额，例如每周15—30小时的免费学前教育（取决于儿童年龄和家庭收入）。其次，该计划加强了对SEND儿童的支持，以确保他们能获得适当的资源和教学环境。同时伦敦市政府与教育机构积极展开合作，提升早教机构的教育质量，确保符合Ofsted的高标准。

伦敦的托儿费用比英国其他地区更高，许多托儿机构要求高达1 500英镑的预付款，导致许多家庭因资金短缺而无法负担儿童保育，影响就业机会。为应对现状，英格兰政府颁布了《儿童保育押金计划》（Childcare Deposit Scheme），以帮助伦敦的父母克服高额的儿童保育初始费用。该计划在大伦敦政府系统内部实施，包括伦敦交通局、大都会警察局和伦敦消防局。这些机构的员工可以申请无息贷款，以支付托儿机构的押金或初始费用。③ 同时市长呼吁更多企业效仿这一计划，为员工提供类似的无息贷款支

---

① Department for Education. More Affordable Childcare[R/OL]. London: Department for Education, 2013 [2025-03-20]. https://assets.publishing.service.gov.uk/media/5a7c7150ed915d48c240fc28/More_Affordable_Childcare.pdf.

② Greater London Authority. Support for Families and Early Years[EB/OL]. London: Greater London Authority [2025-03-06]. https://www.london.gov.uk/programmes-strategies/education-and-youth/support-families-and-early-years.

③ Greater London Authority. GLA Childcare Deposit Loan — Toolkit [EB/OL]. London: Greater London Authority, 2019[2025-03-08]. https://www.london.gov.uk/sites/default/files/gla_childcare_deposit_loan_-_toolkit_25_10_2019.pdf.

持，以提高劳动力市场的包容性，使家长更易重返工作岗位。政府通过鼓励私营企业采取类似举措，提高了雇主在员工福利方面的投入，增强了企业对员工家庭需求的关注。

二、资金支持

伦敦的保育教育在城市发展中占据重要地位，对儿童成长、家长就业及城市经济均有深远影响。但目前其发展面临困境，主要体现在成本高昂、可及性不足以及资源分配不均等方面。2021年儿童保育调查（Childcare Survey 2021）显示，英国3岁以下儿童保育费用涨幅超通胀，如2岁以下儿童每周25小时的托儿所保育平均费用为137.69英镑，比前一年上涨4%；2岁儿童费用为132.56英镑，上涨5%。① 其中伦敦的儿童保育费用最高，比整个英国高出25%—33%。② 越来越多的伦敦父母将收入用于育儿，而这些费用是导致在伦敦抚养孩子越来越昂贵的因素之一。与英格兰其他地区相比，伦敦的父母在获得托儿服务方面也更加困难。对于残疾或有特殊教育需求儿童的父母，或者工作时间不稳定的父母来说，这种托儿服务的短缺尤其严重。针对现状，我们需要研究伦敦政府对儿童保育教育资金支持的举措。

国家对于学前教育的资金支持主要有两种形式：一是政府直接资助服务机构；二是对于受资助者进行税收减免以及制定和落实福利政策。一些学者将这两种形式形象地称为供给侧投入和需求侧投入。③ 英格兰政府通过一系列资金支持的方式减轻了受资助者的负担，大大提高了学前教育的普及率，为学前教育的稳步发展奠定了坚实的物质基础。

（一）供给侧投入

国家资金支持政策始于1996—1997年的托儿所教育券计划（Nursery Education Voucher），该计划为4岁儿童提供每年1 100英镑的幼儿教育券，以提供免费的非全日制服务。托儿所教育券计划首先在4个地方试点，并于1997年4月在全英实施。该券涵盖了每年33周、每周至少5次2.5小时

---

① Coram Family and Childcare. Childcare Survey 2021 [R/OL]. London: Coram Family and Children, 2021 [2025-03-15]. https://www.familyandchildcaretrust.org/sites/default/files/Resource%20Library/Childcare%20Survey%202021_Coram%20Family%20and%20Childcare.pdf.
② London City Hall. Childcare in London Report [R/OL]. London: Greater London Authority, 2024 [2025-03-15]. https://www.london.gov.uk/sites/default/files/2024-01/Childcare%20in%20London%20Report_0.pdf.
③ 陈欢，王小英.英格兰高质量普惠性早期保育教育的发展及其对我国的启示[J].学前教育研究，2019（3）：41-53.

（共 12.5 小时）的课程。家长可以用这些教育券全额支付孩子在公共机构的教育费用或支付私立幼儿园的部分费用，有一定经济能力的家长可以在教育券的基础上额外付费以获得更高质量的服务。该项目的初衷是通过提高家庭的购买力来刺激服务机构质量和数量上的增长，最终通过家长的选择来提升服务质量，这"可能是这个国家首次尝试建立全民早期教育系统"。① 然而，该计划在实施过程中引发诸多争议，产生了很多负面影响，如它并不能保证每个孩子都能获得教育机会，部分资金被地方政府挪为他用；② 补贴金额总体偏少，经济基础不同的家庭对于学前教育资源的选择上有所差异，从而导致教育资源分配的不公；创造了人为市场，干预了经济运行的体制，等等。③④

随着弊端的日益凸显，工党政府上台后随即终止了托儿所教育券计划，以"免费学位"项目（Entitlement To Free Early Education）取而代之，宣布所有 4 岁儿童都有权获得每周一定时数的免费早期保育教育。其政策目标是提高托儿服务的可用性、质量和可负担性。1998 年该项目开始实施，最初面向 4 岁儿童；2004 年扩展到 3 岁儿童；2006 年从每年 33 周增加到 38 周；2009 年惠及 15% 最弱势的 2 岁儿童⑤；同时，针对 25% 最弱势的三四岁儿童，免费时长从每周 12.5 小时增加到 15 小时。⑥ 在此过程中，政策的资金分配机制也发生了变化，资金从中央政府分配给地方当局，再从地方当局分配给服务提供者。通过试点"早期保育教育统一拨款公式"（Early Years Single Funding Formula，EYSFF）改革，要求地方政府在原有人均补贴的基础上依据实际情况进行具体赋值与增补，以进一步改变现存的不公平性。

2013 年，英格兰教育部的报告《更好的育儿——提高质量，让父母更多选择》（More Great Childcare—Raising Quality and Giving Parents More Choice）指出，地方政府每年拥有高达 1.6 亿英镑的预算，专门用于为 3—

---

① UK Parliament. HC Deb 25 June 1997 col 788[EB/OL]. [2025-03-03]. http://www.publications.parliament.uk/pa/cm199798/cmhansrd/vo970625/debtext/70625-08.htm.
② West, A. & Noden, P. Nationalising and transforming the public funding of early years education (and care) in England 1996–2017[J]. British Journal of Educational Studies, 2018, 67(2), 145–167.
③ Randall, V. The Politics of Child Daycare in Britain[M]. Oxford: Oxford University Press, 2000.
④ Sparkes, J. & West, A. An evaluation of the English nursery voucher scheme 1996-97[J]. Education Economics, 1998, 6(2): 171–184.
⑤ DEPARTMENT FOR CHILDREN, SCHOOLS AND FAMILIES. Core principles: implementing the early years single funding formula practice guidance[R]. London: DCSF, 2009.
⑥ Clarke, C., Frearson, M., Hills, K., et al. Extended Flexible Entitlement for Three and Four Year Olds Pathfinder Evaluation [M]. London: DCSF, 2009.

4岁儿童提供优质的早期教育。① 根据英格兰教育部在2016年12月发布的《政府关于学前教育基金公式和3—4岁儿童照护权利资金投入的方式变化的说明》(Government Response: Early Years National Funding Formula and Changes to the Way the Three-and Four-year-Old Entitlements to Childcare are Funded)，以往靠地方政府拨款的方式会导致地方政府间补贴额度差异变大，无法满足工薪家庭30小时的免费学位需求。② 因此，政府在2017年提出了新的资金支持方案——全国早期教育拨款方案(Early Years National Funding Formula, EYNFF)。③

EYNFF主要介绍了地方当局资金分配的详细方法，涵盖了3—4岁儿童的普遍权利资助、3—4岁儿童工作父母额外时长资助，以及残疾儿童入学基金(Disability Access Fund)、早期教育学生补贴(Early Years Pupil Premium)、公立托儿所补充资金(Maintained Nursery School)和2岁儿童资助的分配计算等内容。该方案规定，在中央政府向地方政府拨款方案中，每小时补贴不仅要考虑基础补贴和额外需求，还需要考虑地区成本差异。同样，在地方政府向各机构补贴时，也需要按照基本补贴和额外需求的方式进行计算与再分配。这两次资金分配的方式使资金支持更加公平和透明，更广泛地普及到适龄的学前儿童中。2025年国家对EYNFF的政策内容进行了调整，在保持现有资助框架的基础上，扩大2岁及以下儿童的资助范围，并优化资助计算方式，以适应通胀和教师薪资上涨带来的成本压力，从而提升整个早期教育的可及性和质量。④

（二）需求侧投入

通过梳理1996年至今的资金支持政策，能够较为清晰地展现出政府在

---

① Department for Education. More Great Childcare: Raising Quality and Giving Parents More Choice [R/OL]. London: Department for Education, 2013 [2025-03-03]. https://assets.publishing.service.gov.uk/media/5a7c10fee5274a7202e1956b/More_20Great_20Childcare_20v2.pdf.

② Department for Education. Early Years Funding: Government Consultation Response [R/OL]. London: Department for Education, 2018 [2025-03-03] https://assets.publishing.service.gov.uk/media/5a7f87eee5274a2e8ab4cbc2/Early_years_funding_government_consultation_response.pdf.

③ Department for Education. Technical Note — Early Years National Funding Formula [R/OL]. London: Department for Education, 2016 [2025-03-03]. https://consult.education.gov.uk/early-years-funding/eynff/supporting_documents/Technical%20Note%20%20Early%20Years%20National%20Funding%20formula.pdf.

④ UK Government. 2025 to 2026 Early Years National Funding Formulae: Technical Note [R/OL]. London: UK Government, 2025 [2025-03-03]. https://www.gov.uk/government/publications/early-years-funding-2025-to-2026/2025-to-2026-early-years-national-funding-formulae-technical-note#early-years-national-funding-formulae-eynff-methodology.

供给侧投入中所面临的挑战以及采取的一系列改革措施。在需求侧投入方面，英格兰政府通过税收减免以及制定相关的福利政策来简化投入方式，增强补贴力度。

英格兰政府的税收减免主要体现在儿童税收抵免和工作税收抵免。关于儿童税收抵免，全国公民咨询局协会（National Association of Citizens Advice Bureaux）提到，即使家长不去工作，每年每个孩子能获得3 455英镑，同时残疾儿童还会获得额外的儿童税收抵免，包含残疾生活津贴（Disability Living Allowance）、个人独立津贴（Personal Independence Payment）、儿童残疾津贴或成人残疾津贴，直到儿童年满17岁。[1]工作税收补贴是家庭在支付了托儿费用之后可享受的一定金额的福利，具体来说，养育一名儿童的家庭每周可获得不超过122.5英镑，养育两名及以上儿童的家庭每周共可获得210英镑。在福利政策方面，英格兰教育部指出，16岁及以下儿童的家庭可以获得儿童福利金来帮助支付孩子的相关费用，独生子女或家中第一个孩子每周可获得25.6英镑，之后的孩子每周可获得16.95英镑。高收入家庭需要支付更多的儿童福利金费用才能享受与原来相同的补偿金额。从这方面来看，有利于中低收入家庭获得相对公平的教育资源。

在政府不断加大对学前教育资助的背景下，获得政府资助的儿童范围也在不断扩大。1998年起，所有4岁儿童都可以获得政府资助的早期教育。2004年，获得资助儿童的年龄下限扩展到3岁。从2010年9月起，所有3岁和4岁儿童都可以一年获得570小时政府资助的早期教育，即一年不少于38周，每周可获得15小时。2013年起，政府将每周15小时的早期教育扩展到符合某些资格标准的2岁儿童；2014年9月，又进一步扩展到符合其他资格标准的2岁儿童；至2018年，又进一步扩展到所有2岁儿童。也就是说，截至2018年底，所有2—4岁儿童都可以获得每周15小时的政府资助早期教育。从2024年4月起，如果符合资格标准，有2岁儿童的工薪家庭将能够在一年38周内申请15小时的资助；到2024年9月，有9个月以上符合条件的儿童的工薪家庭也能够申请一年38周、每周15小时资助托儿服务，这笔新资金旨在使家庭更负担得起并获得托儿服务。[2]同时政府正在积极扩展儿童保育计划，旨在为更多儿童提供优质的学前教育，并确保来自不同

---

[1] Citizens Advice. Child Tax Credits: How Much You Can Get[EB/OL]. [2025-03-03]. https://www.citizensadvice.org.uk/benefits/help-if-on-a-low-income/working-and-child-tax-credits/working-and-child-tax-credit/child-tax-credits-how-much-you-can-get/.

[2] Childcare Choices. 15 and 30 Hours Childcare Support: Working Families[EB/OL]. [2025-03-07]. https://www.childcarechoices.gov.uk/15-and-30-hours-childcare-support/working-families.

背景的儿童都能获得最佳的起点。

第三节 幼儿园、家庭与社区的协同共育

2012 年，OECD 在《强势开端Ⅲ：早期保育和教育质量工具箱》(Starting Strong Ⅲ—A Quality Toolbox for Early Childhood Education and Care)报告中提出了保障保育和教育质量的 5 个政策杠杆，即设定质量目标与规章制度；设计并实施课程与标准；提升从业人员资格、培训与工作条件；促进家庭与社区的参与；推进数据收集、研究与监测。①OECD 在《早期教育和保育质量问题：英国（英格兰）2012》[Quality Matters in Early Childhood Education and Care: United Kingdom (England) 2012] 的报告中指出，在这 5 个学前教育政策杠杆中，英国选择了家庭和社区参与作为当前学前教育政策关注的焦点，认为家庭和社区参与学前教育可以提高父母和家庭学习环境的质量。②

近年来，伦敦市政府和英国中央政府推行了一系列政策，以加强家庭与社区在学前教育中的作用。例如，2018 年伦敦市长为了支持伦敦早期教育部门倡导"市长早期教育中心计划"(Mayor's Early Years Hubs)，在早期教育中心，家庭可以享受到早期教育和托儿服务、支持和指导育儿服务以及健康与福利服务，等等，旨在让家庭更容易获得孩子生命最初关键几年所需的帮助和支持。③ "伦敦健康早期教育计划"(Healthy Early Years London)旨在通过家庭与社区协作，提高学前儿童的健康水平和学习环境。④ 此外，伦敦市还鼓励幼儿园与社区组织如当地图书馆、文化中心、慈善机构等合作，为儿童提供更丰富的学习和社交机会。同时，社会包容性也是伦敦学前教育的核心目标之一。2018 年，伦敦市长发布了一系列社会融合的战略，强调社会融

---

① Organisation for Economic Co-operation and Development. Starting Strong III: A Quality Toolbox for Early Childhood Education and Care [M]. Paris: OECD publishing, 2011.
② Miho, T., Ineke, L. & Kelly, M. Quality Matters in Early Childhood Education and Care: United Kingdom (England) 2012[M]. OECD Publishing, 2012.
③ Greater London Authority. About Early Years Hubs [EB/OL]. London: Great London Authority, [n.d.] [2025-03-03]. https://www.london.gov.uk/programmes-strategies/education-and-youth/support-families-and-early-years/early-years-hubs-toolkit/about-hubs.
④ London City Hall. About Healthy Early Years London[EB/OL]. London: London City Hall, [n.d.] [2025-03-07]. https://www.london.gov.uk/programmes-strategies/health-and-wellbeing/healthy-early-years-london/about-healthy-early-years-london.

合是人们积极互动并与他人建立联系的程度。① 同年还设立了伦敦家庭资金，提供了1万—8.5万英镑的赠款来支持与数百个伦敦家庭合作的项目，以促进社会融合。② 这不仅增强了家庭的归属感，还帮助儿童在早期阶段建立文化认同和社会技能。

在这样的背景下，本节将探讨伦敦政府在家园社共育中的支持作用以及在政府领导下家园社的具体举措，进一步分析这些举措对儿童的全面发展的促进作用。

一、政府在家园社共育中的支持作用

（一）开展学前儿童亲子教育项目

伦敦为了让"市长早期教育中心计划"获得更好的效果，提高当地早期教育的质量，该中心开展了一系列亲子教育的项目。这些项目对父母开展教育，改善他们的教育观念，从而使父母的抚养和教育子女能力有所提升。在这些项目中，"良好开端，卓越成长"（Good Start Great Start）是一项为期6周的育儿计划，由密德萨斯大学开发，为3岁及以上孩子的父母开设3节课的课程计划，并为这些父母提供一系列资源来支持幼儿早期沟通技巧的发展，主要培养家长的八大关键技能——积极倾听、公开提问、成长型思维、情感素养、轮流互动、比较语言、延迟满足以及独立性。③ 该育儿计划的目的是增强父母的育儿能力，从而使幼儿能够顺利地从家庭过渡到学校。

（二）推进学前儿童家访项目

家访项目（Home Visiting Programme）是有效的家庭支持方式，有研究表明，家访可以改善父母育儿水平。家访人员由受过专业培训的健康访客、拓展服务人员或志愿者共同组成，以家庭需求为导向，通过定期上门访问了解家庭育儿需求，帮助家长制订儿童发展计划，最终形成具有针对性的育儿方案，并在家长育儿技能、行为管理、儿童问题行为处理等方面给予指导。家访项目，能有效提高父母的养育知识水平和技能，并作用于儿童的发展，缓解儿童的行为问题，减少家庭因贫困而遭受的社会排斥。④

---

① Greater London Authority. All of Us: The Mayor's Strategy for Social Integration[R/OL]. London: Greater London Authority, 2018. [2025-03-03]. https://www.london.gov.uk/sites/default/files/social_integration_strategy.pdf.

② Greater London Authority. London Family Fund[EB/OL]. London: Great London Authority, [n.d.] [2025-03-03]. https://www.london.gov.uk/programmes-strategies/london-family-fund.

③ Good Start Great Start. Good Start Great Start[EB/OL]. [s.l.]: Good Start Great Start, [n.d.] [2025-03-08]. https://www.goodstartgreatstart.co.uk/.

④ 邵明星，杨晓萍. 从"开端计划"到"确保开端计划"：美英两国促进幼儿教育家长参与[J]. 现代中小学教育，2013（8）：71.

(三)支持家长参与学前教育

在英国的学前教育政策中,家长参与被视为提高学前教育质量的重要政策杠杆,支持家长参与早期教育是英国政府发展学前教育的重要措施。伦敦政府也高度重视家长在学前教育中的作用,并通过多项政策和支持措施,鼓励家长积极参与儿童的早期学习与发展。

旺德尔早期教育中心(Wandle Early Years Hub)是伦敦市长 Sadiq Khan 设立的 3 个此类中心之一,旨在帮助来自弱势背景的儿童发挥他们的潜力。在新冠疫情期间,该中心采用了一系列家长支持策略,通过线上资源和远程指导帮助家庭和早教从业者。[①] 该中心举办了一系列婴儿健康网络研讨会,并将录制版本免费发布在相关网站上。此外,该网站还整合了多种资源,包括实用建议、活动创意、经认证的培训课程和学术研究,帮助家长、照顾者和专业人士,支持 0—5 岁儿童的社交、情感发展及整体福祉,以及关注成人心理健康。在具体实践中,Wandsworth 地区的一家托儿所在新冠疫情期间采用了一种创新方法,专注于远程家庭学习。由于儿童出勤率下降,许多托儿所选择让员工休假,而该机构则保留了完整的团队,以确保儿童在家仍能获得高质量的早期教育。该托儿所采取了以下措施:根据每个孩子的需求,利用其家中的材料和物品,制定个性化的学习活动;订购教育资源,如书籍、"默启通"(Makaton)手势交流工具,以及为有特殊需求的儿童提供的教玩具;通过电话与家长和儿童沟通,确保学习连续性,并有熟悉的成人保持陪伴和支持。这一策略带来了多方面的积极影响:家长和孩子在家中探索新技能,增进了对早期教育的理解,从而提高家庭学习的信心;加强了家长与托儿所工作人员的互动,形成了良好的支持网络;许多家长主动分享学习成果,提供反馈,并积极寻求进一步的教育建议从而提高了家庭参与度。鉴于这些举措的成功,该托儿所计划在未来继续结合线上和线下学习模式,使家庭能够长期受益于这种更灵活的教育方式。通过对家长的支持,该托儿所希望提高家长的育儿技能和综合素质,为儿童在生命开端的生活和入学准备提供良好的家庭环境,有效地支持了儿童早期的学习与发展。

(四)制定《早期基础阶段框架家长指南》

自英国"确保开端计划"之后,世界学前教育发展出现这样一种趋势,即学前儿童教育不再局限于学校,其重心不断向学前儿童家庭转移,学前教育发展中的家庭支持越来越得到重视。英国作为连续两年享有"全球最佳教

---

① Wandle Learning Partnership. Wandle Early Years Hub[EB/OL]. London: Wandle Learning Partnership, [n.d.] [2025-03-03]. https://www.wandlelearningpartnership.org.uk/what-we-offer/wandle-early-years-hub.

育国家"之称的国家,在学前教育课程体系中尤其重视家庭在学前教育发展中的地位。

2008年出台的EYFS明确指出家长在儿童学习与发展中发挥着重要的作用,强调家长与学前保教机构之间建立联系,达成合作伙伴关系,为学前儿童入学作好准备。根据EYFS中学前儿童学习与发展相关原则,英格兰教育部明确了学前儿童亲子教育的7项基本活动:开展亲子阅读,带儿童到图书馆,陪儿童玩字母游戏,帮助儿童学习字母表,教儿童计算,教儿童歌曲、诗歌和故事以及帮助儿童学习绘画。随后东伦敦教育局在EYFS的基础上颁布了《早期基础阶段框架家长指南》(Parents' Guide to the Early Years Foundation Stage Framework),主要围绕0—5岁儿童在EYFS框架下的学习与发展展开,为家长提供全面指导,涵盖儿童发展领域、特点、关键阶段以及家长支持方式等内容。[①] 同时强调家长与早教机构应建立良好的合作关系,共享儿童发展信息,如2岁进展检查、EYFS档案评估等,共同关注儿童健康、学习和发展问题,以便及时提供支持。

二、政府引导下家园社合作的具体举措——家庭学习

在英国的早期教育体系中,幼儿园、家庭和社区的紧密合作被视为提升儿童学习与发展的关键因素。伦敦作为英国人口最多、文化最为多元的城市,在政府的推动和引导下,在家园社协同教育方面采取了诸多创新举措。其中,家庭学习作为英国地方层面广泛实施的重要教育模式,在过去20年里成为英国政府广泛推广的社区学习政策的一部分。[②]

家庭学习的核心理念是将家长视为儿童的第一任教师,在教育机构、社区组织的支持下,帮助家长提升育儿技能,并鼓励他们积极参与孩子的早期教育,引导父母和儿童继续深造。[③] 同时,家庭学习促进了跨文化互动,增强了邻里关系与社区归属感。家庭学习包含两个主要部分:家庭学习识字、语言和算术(FLLN),以及更广泛的家庭学习计划。其中FLLN主要针对基础技能不足的家庭,帮助家长和儿童提升读写与计算能力,这与新工党时期的

---

① Foundation Years. Parents' Guide to the Early Years Foundation Stage Framework [EB/OL]. [s.l.]: Foundation Years, [n.d.] [2025-03-03]. https://www.foundationyears.org.uk/files/2014/08/EYFS_Parents_Guide-amended.pdf.
② Department for Business, Innovation and Skills. Community learning learner survey: Family learning courses[M]. London: The Stationery Office, 2014.
③ Department for Education and Skills. Every Child Matters[M]. London: The Stationery Office, 2003.

"生活技能"①以及联合政府（2010—2015）的"技能投资战略"②相契合。例如，通过数学游戏帮助父母辅导儿童作业，同时提高自身计算能力。而更广泛的家庭学习包含了艺术、音乐、社区建设等内容，强调家庭共同参与和与社会的联结。这不仅关注了基础教育，还涉及社区发展、社会融合及就业能力提升。例如，"强化家庭与社区"（Strengthening Families and Communities）课程教授育儿技巧与邻里冲突管理。由此可以看出，家庭学习既是教育干预的一部分，也与社会经济政策紧密相关。③

（一）家园社合作的实施路径

家庭学习的实施场所与合作机制以托儿所和社区中心为核心枢纽，通过跨部门协作形成多层次支持网络。托儿所不仅是课程的主要举办地（如亲子教学工作坊、育儿技能培训），更通过教师推荐和家长会动员目标家庭参与，成为连接政策与家庭的"中介"④；社区中心则提供灵活的场地，以降低参与门槛，例如将课程与育儿活动结合，吸引移民母亲带着孩子共同学习。在合作机制上，政府通过成人保障学习预算提供资金，非营利性组织（如国家成人继续教育研究院）设计课程框架并评估效果，而社区志愿者则通过参与校园活动（如协助开放日）形成"共生产公民"（Co-produced Citizenship）⑤，主动参与公共政策的设计与实施，在服务供给和社会治理中扮演双重角色（既是受益者也是贡献者），推动家庭学习从教育干预延伸至社区赋权。

在课程实施流程中，家庭学习以托儿所和社区中心为核心场域，通过托儿所通知、社区宣传（如传单、社交媒体）及口碑传播来精准招募目标家庭，尤其聚焦移民、低收入母亲等群体。课程采用互动式工作坊（如亲子手工、数学游戏）、技能培训（如英语会话、求职技巧）及文化融合活动（如跨宗教咖啡晨会），旨在提升育儿能力与基础技能⑥，并促进社区凝聚力。后续通过推荐进阶课程（如职业资格认证）和提供就业咨询⑦，支持参与者从家庭学习

---

① Department for Education and Employment. Skills for Life: The National Strategy for Improving Adult Literacy and Numeracy Skills[M]. London: The Stationery Office, 2001.
② Department for Business, Innovation and Skills. Skills Investment Strategy[M]. London: The Stationery Office, 2010.
③ Wainwright, E. & Marandet, E. Education, parenting and family: The social geographies of family learning[J]. British Educational Research Journal, 2017, 43(2): 213-229.
④ Wainwright, E. & Marandet, E. Family learning and the socio-spatial practice of "supportive" power[J]. British Journal of Sociology of Education, 2013, 34(3), 504-524.
⑤ Raco, M. From expectations to aspirations: State modernisation, urban policy and the existential politics of welfare in the UK[J]. Political Geography, 2009, 28: 436-444.
⑥ Department for Education and Skills. Every Child Matters[M]. London: The Stationery Office, 2003.
⑦ Daly, M. Shifts in family policy in the UK under New Labour[J]. Journal of European Social Policy, 2010, 20: 433-444.

向职场过渡，从而形成"教育—赋能—参与"的闭环路径。

（二）家园社合作的多维度影响

1. 家庭层面：重塑育儿实践与母亲身份

家庭学习通过提升母亲的育儿技能和基础读写算能力，强化了其作为"教育者"的角色自信。[1] 在家庭学习课程中，通过传授"温暖而权威"的育儿方式，重塑母亲对"良好育儿"的认知。例如，一位印度移民母亲 Bharti 表示："我学会了不要打骂孩子，而是坚定地引导他们。"这种模式反映了新自由主义下"专业化育儿"的规范性要求，但也可能会导致忽视文化差异，如某些移民家庭的传统体罚习惯。家庭学习课程帮助母亲从"家庭照料者"转向"教育协作者"。参与者 Mita 说："我现在能辅导孩子作业，甚至理解学校的教学术语。"这种转变强化了母亲作为"第一任教师"的角色，但也可能会加剧性别化的育儿责任。

2. 托儿所层面：家园边界的模糊化与权力重构

家长参与在家庭学习中不断深化。家庭学习课程通过提升家长的教育知识（如"关键阶段"等术语方面的知识），增强家长与托儿所的互动能力。一位母亲 Bela 指出："过去我不知道什么是关键阶段，现在我能主动联系老师讨论孩子的学习进度了。"这种参与被视为家园"共同生产"的体现。[2] 同时托儿所通过招募家长参与课程，成为国家干预家庭生活的"前线"。例如，在西伦敦的学校，教师会主动识别"需要帮助"的家庭，并推荐他们参加课程。这一过程将托儿所从教育机构扩展为社会治理的一个节点。[3]

3. 社区层面：跨文化融合与社会资本积累

家庭学习通过跨文化活动促进多元文化互动，形成互助网络，这种"桥接型社会资本"（Bridging Social Capital）被政府视为社区复兴的关键。[4] 例如，穆斯林与非穆斯林母亲通过课程理解彼此的文化差异，化解邻里矛盾，强化了社区凝聚力。同时针对移民和低收入家庭，课程帮助其掌握本地生活技能（如使用公共服务）。一位非洲移民母亲 Asha 表示："课程教会我如何

---

[1] Wainwright, E. & Marandet, E. Family learning and the socio-spatial practice of "supportive" power[J]. British Journal of Sociology of Education, 2013, 34(3), 504–524.

[2] Raco, M. From expectations to aspirations: State modernisation, urban policy and the existential politics of welfare in the UK[J]. Political Geography, 2009, 28: 436–444.

[3] Holloway, S. & Pimlott-Wilson, H. "Any advice is welcome, isn't it?": Neoliberal parenting education, local mothering cultures, and social class[J]. Environment and Planning A, 2014, 46: 94–111.

[4] Clarke, S. Commentary: Community and problematic citizenship[J]. Political Geography, 2008, 27: 22–28.

申请儿童福利金,让我不再依赖救济。"这种赋权被视为社会包容政策的一部分。①

4. 政策层面：公民身份构建与移民整合

家庭学习课程通过传递"英国价值观"（如尊重多元性、积极参与公共事务），来促进移民的国家认同感。参与者 Bukaka 表示："课程让我理解英国的教育和就业体系，终于感觉自己属于这里了。"同时家庭学习课程隐含着推动母亲重返职场的意图。例如，政府通过"软技能培训"（如面试技巧）提升母亲的就业竞争力。② 一位参与者坦言："学习让我意识到，工作才是摆脱贫困的唯一出路。"这种经济逻辑将家庭学习与劳动力市场政策紧密绑定。针对新移民家庭，该课程帮助其适应英国的社会规范（如学校纪律、邻里礼仪），被视为移民整合的"软性手段"。例如，课程内容包含如何处理跨文化冲突，以缓解社区紧张关系。

伦敦政府通过家庭学习，以托儿所为纽带、社区为依托，构建了"家庭—托儿所—政府—社区"协同网络。其实施路径不仅关注教育赋能，还通过地理空间（家庭、托儿所、社区）的联动，重塑家庭的社会角色，推动社会包容与经济活力。这一模式对全球城市的家园社合作具有借鉴意义，但需持续优化以应对文化多样性与结构性不平等挑战。

第四节 学前教育的实践案例——可持续发展战略

在全球化和城市化进程加速的背景下，可持续发展已成为学前教育的重要议题。同时联合国欧洲经济委员会指出："可持续发展教育是一个终身教育的过程，从学前教育一直延续到高等教育和成人教育，并超越正规教育的范畴。"③ 由此可见，近年来在学前教育阶段落实可持续发展已成为国际组织及世界各国的研究共识。伦敦作为"国家公园城市"，其学前教育机构通过"三重底线"（社会、经济、环境）战略，将可持续发展从理念转化为实践。

---

① Dyer, S., McDowell, L. & Batnitzky, A. Migrant work, precarious work–life balance: What the experiences of migrant workers in the service sector in Greater London tell us about the adult worker model[J]. Gender, Place & Culture, 2011, 18: 685–700.

② Wainwright, E., Marandet, E., Buckingham, S., et al. The training to work trajectory: Pressures for and subversions to participation in the neoliberal learning market in the UK[J]. Gender, Place and Culture, 2011, 18: 635–654.

③ 周欣. 世界学前教育组织(OMEP)2010年瑞典会议简述[J]. 幼儿教育·教育教学, 2010(12): 32–33.

例如，森林学校以户外探索培养儿童的环境责任感，而 LEYF 通过绿色能源与社区合作实现运营碳中和。这些实践不仅呼应全球议程，还为超大城市破解"公平—质量—可持续性"三元矛盾提供了本土方案。

本节将围绕伦敦学前教育的可持续发展战略展开探讨，重点分析 LEYF 的可持续发展战略如何在社会、经济和环境三方面实现平衡发展，以及森林幼儿园如何通过自然教育促进儿童的全面成长。这些案例不仅展示了伦敦学前教育的创新实践，也为全球学前教育提供了有价值的借鉴和启发。

一、伦敦幼儿教育基金会

LEYF 是一家注册慈善机构，通过社会企业模式实现自我维持，旨在为伦敦儿童提供高质量的早期教育，尤其是帮助那些无法获得或负担不起教育的儿童。

目前，英国的学前教育体系存在教育不平等问题。研究表明，来自弱势背景的儿童往往难以获得高质量的托育服务，这直接影响他们未来的教育和社会流动性。例如，2024 年开始的 15 小时免费托育计划和 2025 年的 30 小时免费托育计划，主要面向有工作的父母，许多处于贫困状态的儿童仍然无法享受这一政策。① 与此同时，当今世界面临着气候变化、环境退化、水资源短缺、生物多样性丧失等诸多全球性问题，这些问题对人类的未来构成严重威胁。

基于此，LEYF 实施可持续发展战略，采用"三重底线"模式，通过对社会、经济和环境的综合考量来推动幼儿教育的变革。② 旨在通过扩大优质幼儿园的覆盖范围、创新学前教育模式以及推动政策变革，来确保所有儿童尤其是贫困家庭的儿童，都能获得公平的教育机会，将他们培养成具有全球视野和社会担当的未来公民。

（一）社会可持续性

社会支柱是 LEYF 可持续发展战略的重要组成部分，贯穿于组织的业务和教学模式中，通过多种方式促进社会公平、提升员工福祉、加强社区参与，为儿童及其家庭创造良好的社会环境。这一战略体现 LEYF 对

---

① Childcare Choices. 15 and 30 Hours Childcare Support: Working Families [EB/OL]. [s.l.]: Childcare Choices, [n.d.] [2025-03-03]. https://www.childcarechoices.gov.uk/15-and-30-hours-childcare-support/working-families.

② London Early Years Foundation. LEYF Sustainability Strategy[R/OL]. London: London Early Years Foundation, 2023 [2025-03-03]. https://www.leyf.org.uk/wp-content/uploads/2023/02/LEYF-Sustainability-Strategy.pdf.

教育公平的承诺,力求通过提供负担得起的教育服务,缩小社会阶层之间的差距。

1. 构建包容性的业务模式

LEYF 致力于为所有儿童提供平等进入托儿所的机会,不论其背景、种族、经济状况和学习需求如何。LEYF 通过社会企业的模式,利用盈利的幼儿园为低收入家庭提供资助,从而帮助贫困地区的儿童接受教育。为保障托儿所能够提供优质教育服务,LEYF 将员工福祉置于重要位置。LEYF 通过构建公平的薪酬体系、完善的福利制度(如养老金、福利支持)以及清晰的职业发展路径(从入门资格到荣誉学位的培训与晋升机会),提升员工的工作积极性和归属感,促进员工在组织内部实现社会公平。

2. 开展社会活动

LEYF 增加了男性参与儿童保育工作的机会,通过积极开展活动鼓励更多男性进入儿童保育领域,打破传统性别职业限制,为儿童提供多元化的教育角色榜样,促进性别平等在儿童早期教育中的体现。同时,LEYF 还关注儿童贫困与健康问题,重视儿童贫困问题,通过各种渠道和方式提高社会对该问题的关注度,倡导采取措施改善贫困儿童的生活和学习条件。针对儿童肥胖和食物匮乏问题,LEYF 发展早期教育厨师学院,为儿童提供健康、营养的饮食,以促进儿童的全面健康发展。

3. 促进社区参与

幼儿教师通过组织各类社区活动,让儿童、家长和员工共同参与,从而增强社区凝聚力和归属感。例如,在可持续发展花园建设过程中,鼓励家庭和社区成员全程参与,形成良性的互动与合作。同时,教师借助日常教学活动来培养儿童的社区意识和责任感,让他们知道自己是社区的一员,学会关心他人和社会环境。如组织儿童参与社区清洁项目,让他们亲身体验为社区做贡献的快乐,从小树立社会责任感。

(二)环境可持续性

环境支柱是 LEYF 可持续发展战略的重要基石,贯穿教育教学、日常运营等各个环节,旨在培养儿童的环保意识和责任感,同时减少组织对环境的负面影响。

1. 环保教育理念贯穿教学

LEYF 以"8Rs"原则(Reduce 减少、Reuse 再利用、Repair 修复、Recycle 回收、Rot 腐烂、Respect 尊重、Reflect 反思、Responsibility 责任)为核心构建教学体系。在教学过程中,LEYF 引导儿童理解并实践这些原则,培养他们对大自然和野生动物的尊重意识,让儿童认识到自身行为对地球的影响,从而树立正确的环境价值观。LEYF 还将可持续发展花园作为重要教学空间，通过蚯蚓养殖、堆肥、季节性种植等活动，让儿童亲身体验自然循环过程，了解食物来源和生态系统，激发他们对自然的好奇心和探索欲，提升其环保意识。

2. 运营中的环境管理

LEYF 积极推动能源转型，目前 50% 的托儿所已完全采用绿色可再生能源，部分托儿所还计划通过安装太阳能面板实现能源自产。同时，该组织在所有托儿所广泛使用节能 LED 灯、运动传感器和定时器，以此提高能源使用效率，减少能源消耗。LEYF 还高度重视资源的循环利用，所有托儿所对纸张多次重复使用后再回收，与供应商合作减少塑料进入托儿所，并将已有的塑料重新利用，制作成儿童活动道具。此外，通过在托儿所花园设置蚯蚓养殖场和堆肥箱来减少食物垃圾，实现有机物质的自然循环。

3. 推动环境认证与目标达成

LEYF 目前已获得国际认可的 ISO14001 环境管理体系认证，这促使该组织在各个层面将可持续发展理念融入日常运营，建立起完善的环境管理系统，有效减少废弃物产生、提高资源利用效率、降低对环境的负面影响。LEYF 还设定了净零排放目标，计划到 2035 年实现净零排放。为此，各托儿所积极开展零废弃行动，与外部机构合作开展碳抵消项目，如与皇家园艺学会、林地信托等合作，持续推动组织向低碳、可持续方向发展。

（三）经济可持续性

LEYF 的经济支柱在其可持续发展战略中至关重要，通过独特的商业模式、费用策略和价值导向型运营，不仅为组织提供经济支撑，还促进教育公平与社会公正。

1. 慈善社会企业商业模式

LEYF 采用慈善社会企业的运营模式，遵循"三重底线"原则。这种模式致力于为所有儿童提供高质量的早期教育服务，打破背景差异带来的教育资源获取障碍。它通过开展多种经营活动获取收入，如提供早期教育课程、运营托儿所等，为实现组织的社会使命奠定经济基础。

2. 交叉补贴费用模式

LEYF 实行交叉补贴费用策略，利用部分付费儿童产生的运营盈余，为至少 35% 无力承担学费的儿童提供补贴，帮助他们进入高质量的 LEYF 托儿所。目前，75% 的托儿所位于贫困地区，这一模式有效解决了贫困儿童接受优质早期教育的难题，在促进教育公平的同时，也保障了组织在经济上的可持续性，使 LEYF 能够持续运营并扩大服务规模。

3. 价值导向的经济运营

作为非营利性组织，LEYF 将所有运营盈余重新投入组织发展。资金主要用于为儿童提供更多的学习场所、为员工提供专业培训、支持员工家庭等方面，进一步提升组织的社会影响力，实现经济与社会价值的良性循环。

LEYF 的可持续发展战略不仅着眼于为儿童提供优质教育，还通过环境保护、社会包容和经济创新，为伦敦及全球的学前教育提供了可借鉴的创新实践经验。

二、森林学校

森林学校是一种强调在户外自然环境中开展学习的教育理念，起源于斯堪的纳维亚地区，并在伦敦得到广泛应用。森林学校的教育过程强调游戏，最好以林地环境为基础（但不限于林地环境）[1]，借助自然世界激发学习兴趣并支持儿童和青少年的发展，包括认知、身体、语言和社会情感方面的成长。[2] 不仅如此，森林学校还在环境、社会等方面践行可持续发展战略。通过让孩子们在自然中学习，森林学校培养了他们的环保意识、社会责任感和跨文化理解能力，为未来的可持续发展奠定了坚实基础。

Little Forest Folk 是伦敦地区最大的森林学校之一，在提供学前教育的同时，致力于通过户外活动来培养孩子的自信心、社交技能和对自然环境的尊重，让孩子在沉浸式的自然体验中，在真实世界中学习和成长。[3]

在 Little Forest Folk，孩子们可以观察动植物，体验天气以及四季的变化。孩子们的日常活动包括爬树、搭建庇护所、探索小溪、收集自然材料进行艺术创作、观察动物等。老师在记录活动的博客中写道：

> 我们注意到春天的迹象出现了，带领着孩子们去树林中捡拾一些浆果和花瓣，又用颜料调制了粉红色的水。孩子决定制作一面旗帜，他们用锤子把浆果和花瓣砸碎成糊状，然后运来粉红色的水，把糊状物染成粉红色并粘在纸壳上。用剩下的水，孩子们选择将其与装满可爱红叶、粉红色花瓣和心形的感官托盘混合，所有这些都由树枝制成一个心形。这是一项非常特别的活动，很高兴看到孩子们如此温柔！

---

① Forest School Association. What is Forest School? [EB/OL]. [s.l.]: Forest School Association, 2018 [2025-03-03]. https://www.forestschoolassociation.org/what-is-forest-school/.
② Sackville-Ford, M. & Davenport, H. Critical issues in Forest Schools [M]. London: Sage, 2019.
③ Little Forest Folk. Little Forest Folk[EB/OL]. [s.l.]: Little Forest Folk, [n.d.] [2025-03-03]. https://www.littleforestfolk.com/.

在这个活动中，孩子们能够直观地感受到春天里万物之美。他们所用的材料都来自自然，在制作旗帜的过程中，他们发挥了创造力和艺术表达能力。同时，他们没有浪费材料，利用剩下的材料再次创作，这个过程也让孩子意识到环保的重要性，践行了绿色可持续发展战略。

Little Forest Folk 不仅关注孩子的全面发展，还致力于创造一个多元文化、包容性的学习环境。在森林学校中，孩子们有机会接触并尊重不同的文化和背景，促进社会包容性，培养跨文化理解能力。老师在活动中记录道：

> 在了解了中国的"春节"后，我们对课程进行了调整。今年是蛇年，我们在设计攀岩设备时考虑到了这一点，使蜿蜒的路线具有同等的挑战乐趣。收集树桩并弯曲地穿过营地中心，孩子们需要沿着这条路线前进，蹲下并保持平衡后，他们来到了蛇的脸上，蛇的舌头和圆圆的眼睛正在那里等待着！

在了解了中国春节文化后，学校不仅通过课程讲解节日背景，还在实践活动中融入中国生肖文化，将"蛇年"元素融入攀岩游戏。通过设计蜿蜒的攀爬路线、树桩穿越以及蛇形装饰，孩子们在亲身参与的游戏中体验和理解了不同文化的象征意义。这种沉浸式学习方式能够帮助儿童在多感官体验中理解不同文化传统，并培养儿童对文化多样性的尊重和欣赏。

此外，森林学校还通过参与社区活动增强儿童的社会责任感和归属感。例如，一些森林学校会与当地的养老院、农场或手工艺社区合作，组织跨代交流活动。孩子们通过与老年人一起进行园艺、手工制作或故事分享，不仅增强了社交能力，还学会了尊重和关心不同年龄段的人群。这种模式也促进了社区内不同群体之间的情感连接，增强了整体的社会凝聚力。正如布莱克汉姆（Blackham）等人所指出的：森林学校通过空间利用、社区意识培养和权利共享教学法，形成了独特的微社区，促进了儿童和青少年的社会和情感发展，提升了他们的自信、自尊，促进了身心全面发展。[1]

森林学校的教育理念不仅促进了儿童的全面成长，还体现了可持续发展的多重价值。孩子们在自然环境中学习如何与周围世界建立联系，理解生

---

[1] Blackham, L., Cocks, A. & Bunce, L. T. "Our Forest School isn't just the trees." Forest Schools: micro-communities for social and emotional development[J]. Journal of Adventure Education and Outdoor Learning, 2021, 23(2): 158-169.

态系统的运作，同时培养创造力、社交能力和跨文化理解能力。通过自然探索、艺术创作和文化体验，森林学校赋予儿童对环境的责任感，使他们在早期教育阶段就树立可持续发展的意识。

本章结语

本章从理念、政策、实践三个维度系统剖析了伦敦学前教育体系。研究发现，其核心理念"全人发展"与"包容性"既继承英国传统，又回应了多元城市的社会需求；政策框架通过供给侧与需求侧资金投入，缓解了高成本与可及性的矛盾；实践案例中，LEYF 与森林学校通过"三重底线"战略，将可持续发展融入教育全过程。

从研究视角看，本章通过宏观政策分析与微观案例的交叉验证，系统地揭示了超大城市学前教育的多维复杂性及其创新路径。在宏观层面，伦敦以国家政策（如 EYFS）为锚点，结合地方特色的"家庭押金计划""市长早期教育中心"等举措，构建了兼顾标准化与灵活性的制度网络；在微观层面，LEYF 的"三重底线"模式、森林学校的自然教育实践，展现了基层机构在资源约束下通过社会创新破解公平与质量矛盾的潜力。然而，伦敦仍面临贫困儿童发展差距、男性从业者短缺等挑战。未来伦敦的学前教育可能需要进一步探讨以下方面：

如何通过数字技术优化家园协作：可借鉴芬兰学校广泛使用 Wilma 平台进行家校沟通和行政工作的做法，如双向交流、学生评分、记录缺勤情况等，方便家长和教师获取信息，提高沟通效率。同时也要避免平台使用过程中的问题，如教师使用方式各异，缺乏统一规范，导致反馈参差不齐，影响家校协作效果。[1]

男性参与保育教育的激励机制：要从政策（如专项奖学金、职业晋升通道）与社会倡导（如"男性育儿榜样"的媒体宣传）双路径突破，参考挪威"性别配额制"在保育领域的试点效果。[2]

普惠托育的可持续模式：面对托育服务需求激增与资源分配不均的双重压力，可借鉴新加坡政府推出的"幼儿培育辅助计划"（Kid START）升级版，

---

[1] Kuusimäki, A. M. The views of Finnish parents and teachers on digital communication in the home-school partnership[J]. Helsinki Studies in Education, 2021 (132): 66–69.

[2] Eydal, G B. & Rostgaard, T. Policies promoting active fatherhood in five Nordic countries[M]// Fathers, childcare and work. Emerald Publishing Limited, 2018, 12: 257–279.

通过社区主导、公私合作的模式,构建全面覆盖的普惠托育网络,重点支持低收入家庭与多孩家庭。①

总体而言,伦敦经验表明,学前教育的成功离不开政策连贯性、社区参与及价值观引领。其"公平优先""自然为本"的实践为全球城市提供了重要参考。

---

① Ministry of Social and Family Development. KidSTART Annual Report 2021[R/OL]. Singapore: Ministry of Social and Family Development, 2021 [2025-03-03]. https://www.msf.gov.sg.

第三章 伦敦初等教育[①]

教育治理作为一种新型的管理范式，其核心在于打破传统的政府单一主导模式，构建多元主体协同的治理网络。在伦敦初等教育领域，这种转型尤其体现在管理权限的重新配置与责任机制的创新上。伦敦地区的小学类型涵盖由地方政府维持的公立学校、学院制学校和自由学校等多种办学形式。这种多元化的教育供给格局，既是教育治理理念演进的实践体现，也是适应城市教育多样化需求的必然选择。

《1988年教育改革法案》的颁布开启了英国教育现代化的新篇章，确立了国家课程制度，为伦敦初等教育的发展奠定了制度基础。此后多部法令进一步完善了教育治理框架，特别是在学校自主权扩展和特殊教育需求支持等方面作出了重要的制度创新。

本章将从体系架构、课程设置、教学创新及特色项目等维度切入，系统分析伦敦初等教育治理的特点，重点关注学校管理体制、教学实践及创新项目三个方面，考察伦敦初等教育的主要特点，从而理解伦敦初等教育治理的机制和路径。

第一节 初等教育体系架构

伦敦初等教育体系以其独特的组织架构和运作特点在英国教育体系中独树一帜。作为全球重要的教育中心，伦敦通过多层级的管理体系和灵活的治理模式，构建了一个既保证统一标准又富有活力的初等教育网络。根据2023年英格兰教育部官网公布的数据，伦敦政府资助的初等教育阶段小学共计1 784所，其中内伦敦690所，外伦敦1 094所。在英格兰的16 714所公立小学体系中，伦敦地区的小学数量约占英格兰总数的10.7%。这些学校

[①] 本章作者为上海师范大学吴梦莹、闫温乐。

类型多样,涵盖了由地方政府维持的公立学校、学院制学校和自由学校等多种办学形式,从而形成了多元化的教育供给格局。这种多样化的办学体系背后,是一个由大伦敦教育部门统筹、33个区域教育局协同、各校董事会自主运营的复杂管理架构。通过政府管理、区域协调和学校自治的有机结合,伦敦初等教育在保证教育质量的同时,也为学校创新发展提供了充足的空间。本节将从政府管理架构、学校治理结构等方面,详细阐述伦敦初等教育体系的组织特点和运行机制。

一、初等教育管理体系

伦敦作为英国首都和世界级城市,其初等教育管理体系经历了从中央集权到分权改革的重要转型。随着教育改革的深入推进,伦敦形成了以政府统筹、区域主导、学校自主为特征的多层级管理架构。这一管理体系既保持了国家对教育的整体把控,又充分激发了地方和学校的办学活力,为提升教育质量和促进教育公平提供了制度保障。

(一)伦敦初等教育管理架构

伦敦初等教育管理体系是英格兰教育体系的重要组成部分。作为国家教育政策的制定者,英格兰教育部负责制定全国教育政策框架、设定基础教育标准以及通过Ofsted开展教育质量评估工作。在伦敦初等教育领域,教育部通过一系列重要法律框架确立其管理职责。《1988年教育改革法案》确立了国家课程体系的基本框架,规范了教育内容和标准。随后的《2010年学院法案》[①](Academies Act 2010)进一步推动了学校改革进程,而《2014年儿童和家庭法案》[②](Children and Families Act 2014)则强化了对特殊教育需求学生的支持系统。在质量监督与评估方面,教育部主要通过Ofsted执行学校检查制度,同时负责监督各地方教育局的工作开展。这一制度确保了教育质量能持续得到监控和评估,为教育改进提供了可靠依据。教育部还通过实施重大改革项目推动伦敦教育发展。其中最具代表性的是"伦敦挑战"项目,该计划系统性地提升了伦敦学校的教育质量。同时,教育部通过管理学生人均拨款(Pupil Premium)计划,努力确保教育资源的公平分配,支持弱势群体学生的教育需求。在机构协调方面,教育部承担着协调各区地方教育局工作的重要职责,同时负责监督教师专业发展体系,并对特殊教育需求支持体系进行统筹管理。这些工作的开展为伦敦初等教育的均衡发展提供了制度保

---

① Academies Act 2010[GB]. UK Parliament, 2010.
② Children and Families Act 2014[GB]. UK Parliament, 2014.

障和实践支持。

在这一国家教育政策框架下,伦敦的教育管理体系经历了重要的制度变迁。1965 年之前,伦敦郡议会(London County Council)作为上级机构负责管理 28 个内伦敦行政区的教育事务。1965 年,随着大伦敦议会(Greater London Council)的成立,建立了覆盖整个大伦敦地区的教育管理体系。这一时期内伦敦地区由内伦敦教育局统一管理,而外伦敦各区则保留各自的教育管理权限。1986 年后,伦敦的教育管理进入了新的发展阶段。随着大伦敦议会的撤销,教育管理权限被下放至各区,形成了以区为单位的管理体制。在这一体制下,伦敦的 32 个行政区分别设立教育管理机构,独立行使教育管理职责。[①]

在区级管理框架下,根据《2010 年学院法案》,学校获得了广泛的办学自主权。具体表现在:财务管理方面,通过地方管理学校政策,学校可以自主控制预算、作出支出决策并开拓新的收入来源;人事管理方面,学校拥有教师招聘、绩效管理和薪酬分配的自主权;课程设置方面,在遵循国家课程框架的基础上可以进行创新和特色发展。[②] 截至 2013 年 1 月,已有 974 所初等学校(占所有小学的 6%)获得了"学院"身份,享有更大的办学自主权。但值得注意的是,这种自主权的扩大并非完全放任,国家仍通过法规和政策框架保持必要的监管。

值得注意的是,伦敦的教育管理体系形成了独特的多层级协同机制。这种协同主要通过学校联合体(Federation)、学校联盟(Alliance)、学院链(Academy Chains)和教学学校联盟(Teaching School Alliances)等形式开展。[③] 教育部通过政策指导和质量监督与区级部门保持密切互动,各区之间则建立了教育资源共享和经验交流的合作平台,区教育部门与学校之间更是形成了直接的管理与支持关系。这种多层级协同既保证了教育政策的有效落实,又促进了区域教育的均衡发展。

通过这种管理架构,伦敦初等教育形成了统筹兼顾、灵活高效的运行模式。2002—2008 年,伦敦地区初等教育质量显著提升。[④] 然而,该体系也面临一些挑战:区域间教育资源分配不均,部分学校过度追求考试成绩而

---

① Mitchell, P. Inner London's Education Authority: Reflections on ILEA Twenty-Five Years after Closure[C]//FORUM: for promoting 3-19 comprehensive education. Symposium Books. PO Box 204, Didcot, Oxford, OX11 9ZQ, UK, 2015, 57(1): 97-102.
② James, C., Connolly, M., Brammer, S., et al. A comparison of the governing of primary and secondary schools in England[J]. School Leadership & Management, 2014, 34(2): 104-119.
③ BALL, S. J. The education debate[M]. 3rd ed. Bristol: Policy Press, 2017.
④ 同上。

忽视全面发展，教师工作强度过大等问题，都需要在未来改革中继续探索解决方案。①

（二）学校治理结构

伦敦初等学校的治理结构经历了从管理到治理的重要转变。自20世纪80年代始，英格兰政府实施了自治与问责双管齐下的教育改革。这场改革通过学校董事会吸收地方社区、学校员工、慈善机构、赞助商和企业代表参与学校管理，同时设立各种半官方机构定期对学校进行绩效评估，并要求学校向教育部、督导机构、家长、学校董事会和社会各界人士公开绩效信息。这种改革形成了政府、市场、公民社会和学校共同管理教育事务的治理网络，权责更加分散。

这种改革构建的治理网络深刻改变了政府与学校的关系。在这种治理模式下，政府采用了新的"柔性"治理方式，通过网络和伙伴关系打破了公、私的界限。虽然参与治理的主体数量增加，但政府仍然是核心主体，通过网络、伙伴关系、共治和共同体治理等多种方式提升了自己在公共政策和服务供给中的作用。②

当前伦敦基础教育机构主要分为三类：由地方政府维持的公立学校（占65.3%）、学院制学校（占29.8%）和自由学校（占4.9%）。为确保这些不同类型学校的有效治理，英格兰教育部对学校治理体系提出了明确要求。根据最新规定，学校治理体系需要确保三个核心职能：确定学校愿景、理念和战略方向；要求行政领导层对学校教育表现和员工管理负责；监督学校财务绩效并确保资金使用恰当。③ 校董会作为学校最高决策机构，其构成和职责有着明确的制度规范。校董会成员包括由地方教育局任命的代表、学校专职教师代表、家长代表以及社区代表。校董会必须具备履行职责所需的技能，并通过专业招聘程序选任。其主要职责包括制定学校发展规划、管理学校预算、监督教学质量和任命高级管理人员等。在学校日常运行中，校董会还需要定期向地方教育局提交工作报告，接受相应的监督和评估。

在上述治理框架下，具体的治理架构设计也体现出多层次的特点。伦敦基础教育采用了多层次的支持和监督体系，地方教育局负责整体规划和资源分配，学校则拥有较大的办学自主权。值得注意的是，伦敦建立了完善的数

---

① James, C., Connolly, M., Brammer, S., et al. A comparison of the governing of primary and secondary schools in England[J]. School Leadership & Management, 2014, 34(2): 104-119.

② 朱春芳. 主体共治，校本管理：英国基础教育治理模式探析[J]. 比较教育研究，2016, 38 (7)：21-26.

③ Department for Education. Governance handbook for academies, multi-academy trusts and maintained schools [R]. London: Department for Education, 2017.

据监测系统，通过定期收集和分析学生表现数据来指导教育决策。[1] 根据治理手册的要求，学校必须设立首席财务官职位。[2] 校长作为行政负责人和会计官，统筹协调教学、人事、财务等各项工作。副校长和教学主任负责具体教学事务管理，包括课程设置、教学评估和教师发展等。一项研究表明，学校的有效领导可以显著减少员工的缺勤和流失。[3]

除了正式的治理架构外，在利益相关方参与机制方面，学校建立了多元化的参与渠道。数据显示，在65所成功的小学中，37%的学校注重加强教师专业发展，37%的学校为落后学生提供额外课程支持，31%的学校改革或丰富其课程内容。[4] 教师除了有正式代表参与校董会外，还可以通过教师专业发展网络参与学校决策。家长委员会定期召开会议，就学校发展规划、教育质量改进等议题提出建议。社区代表则通过参与校董会和专题项目，促进学校与社区的互动。学校必须在网站上公布治理架构信息，包括校董会及各委员会的职责范围。

这种多元参与的治理模式在实践中取得了显著成效。Ofsted的督导评估显示，截至2014年3月31日，伦敦地区优秀学校的比例达到28%，为英格兰之最。[5] 但与此同时，学校治理仍面临着重要挑战，特别是在财务管理方面，2022—2023年的数据显示，约1/4的公立学校已经出现赤字，大多数伦敦公立学校要么处于赤字状态，要么盈余不足8%。[6] 针对这些，英格兰教育部2017年发布的《学校治理手册》提出了完善治理评估体系的要求。该手册强调学校需要通过定期开展技能审计、进行自我评估、引入外部评估等措施，持续提升治理质量，特别是加强财务管理能力。这些举措旨在帮助学校建立更加健全和可持续的治理机制。

---

[1] Baars, S., Bernardes, E., Elwick, A., et al. Lessons from London Schools: Investigating the Success[M]. CfBT Education Trust. 60 Queens Road, Reading, RG1 4BS, England, 2014.

[2] Department for Education. Governance handbook for academies, multi-academy trusts and maintained schools [R]. London: Department for Education, 2017.

[3] UNESCO. Global Education Monitoring Report 2024−25: Leadership in Action[R]. Paris: UNESCO Publishing, 2024.

[4] Mayor of London. The Mayor's Schools for Success: What has helped them to succeed? [R/OL]. London: Greater London Authority, 2018[2025-03-14]. https://www.london.gov.uk/sites/default/files/schools_for_success_report_rev3_0.pdf.

[5] Greater London Authority. Annual London Education Report 2017[R/OL]. London: Greater London Authority, 2017[2025-03-14]. https://www.london.gov.uk/sites/default/files/final_epi_edits_design_final_gla_annual_report_2017_0.pdf.

[6] London Councils. Managing falling school rolls in London[EB/OL]. (2024-01-29)[2025-03-14]. https://www.londoncouncils.gov.uk/test-newsroom/2024/managing-falling-school-rolls-london.

二、学校类型布局

英格兰的初等教育覆盖 4—11 岁的儿童，且所有 5—16 岁的儿童都有权获得免费的公立学校教育。[①] 伦敦作为国际大都市，其教育体系呈现出显著的多元化特征。根据 2023 年 11 月的数据，伦敦政府资助的初等教育阶段学校共计 1 784 所，其中内伦敦 690 所，外伦敦 1 094 所，约占英格兰公立小学总数（16 714 所）的 10.7%。

而伦敦多元化的教育体系，很大程度上是对伦敦独特教育需求的回应。据《伦敦人口教育统计报告》（2023）显示，78.5% 的学生具有少数族裔背景，52.8% 的学生英语并非其第一语言。这种高度多元的学生构成，推动了不同类型学校的发展。

伦敦的初等教育学校主要分为公立体系（State System）和私立体系（Private System）两大类。公立学校从地方教育局或直接从政府获得资金，而私立学校则保持独立运营。[②]

（一）公立学校体系

公立学校体系包含三种主要类型：社区学校、基金会及志愿学校、学院制学校与自由学校。[③]

社区学校（也称为地方教育局维持学校，Local Authority Maintained Schools）由地方教育局直接管理，不受商业或宗教团体影响，必须严格执行国家课程（National Curriculum）。根据学校年级结构，社区学校可以细分为以下几类[④]：低年级学校（Infant Schools，5—7 岁）、高年级学校（Junior Schools，7—11 岁）、完整小学（Primary Schools，5—11 岁）、初级学校（First Schools，4—8 岁）、中间学校（Middle Schools，8—12 岁）以及贯通学校（All-through Schools）。这种多样化的年级结构安排使学校能够更好地适应不同年龄段学生的学习需求。

基金会学校和志愿学校虽然同样由地方教育局提供资金，但拥有更大的办学自主权。基金会学校根据其管理模式可分为有基金会信托和无基金会信托两种。志愿学校主要分为获得补助的志愿学校（Voluntary-aided）和受控的志愿学校（Voluntary-controlled），其中获得补助的志愿学校多为宗教学校。这

---

① Department for Education. Types of school: Overview[EB/OL]. [2025-02-20]. GOV.UK, https://www.gov.uk/types-of-school.
② 同上。
③ 同上。
④ Courtney, S. J. Mapping school types in England[J]. Oxford Review of Education, 2015, 41(6): 799-818.

些学校可以根据宗教信仰来选择学生,如果学校招生超额,可以保留100%的名额给信仰相同的学生。[①] 在教育质量方面,基金会学校展现出独特优势。根据 Ofsted 的评估显示,94.5% 的伦敦基础教育学校被评为"良好"或"优秀"。

学院制学校可进一步分为受赞助的小学学院(Sponsored Primary Academies)和转制的小学学院(Converter Primary Academies)。这些学校由非营利性的学院信托机构(Academy Trusts)运营,独立于地方教育局。值得注意的是,虽然这类学校在课程设置、教学时间安排等方面拥有更大自主权,但其自主权往往更多体现在话语权层面而非实际操作中。这些学校仍需受到监管,每所学校都需要与教育部签订资助协议。

从学习阶段来看,所有类型的公立小学都需要遵循国家课程的两个关键阶段:关键阶段一(Key Stage 1,5—7岁)和关键阶段二(Key Stage 2,7—11岁)。这种统一的学习阶段划分确保了不同类型学校之间教育进程的衔接性。

(二)私立学校体系

私立学校在伦敦初等教育中扮演着重要的补充角色。[②] 这类学校主要分为两种类型:预备学校(Preparatory Schools 或 Prep Schools)和初级学校(Junior Schools)。预备学校独立于中学运营,以其规模小巧、氛围温馨著称。预备学校的优势在于它的独立性和灵活性,可以根据学生的需求来调整教学方案。

初级学校则作为私立中学的低年级部分而存在,与高年级部分(Senior School)共享优质的教育资源和设施。虽然学费相对较高,但这类学校的优势在于能够为学生提供完整的教育体验,并且往往可以直接升入相应的中学部,从而减少学生升学后的适应压力。

(三)特殊教育学校

特殊教育学校的性质分公立和私立两类。它主要关注特殊教育需求的四个领域:沟通和互动、认知和学习、社交情感和心理健康,以及感官和身体需求。这些学校可以进一步专门化,以适应特定需求,如自闭症谱系障碍(Autistic Spectrum Disorders)、视觉障碍(Visual Impairment)或言语、语言和沟通需求(Speech, Language and Communication Needs, SLCN)等。[③]

根据 2023 年的《伦敦教育规划报告》(London Education Planning

---

① Courtney, S. J. Mapping school types in England[J]. Oxford Review of Education, 2015, 41(6): 799–818.
② Department for Education. Types of school: Overview[EB/OL]. GOV.UK, [2025-02-20]. https://www.gov.uk/types-of-school.
③ 同上。

Report）预测，未来 5 年内伦敦地区小学入学需求将出现年均 4.4% 的降幅。这种生源变化趋势对学校的资源配置和运营效能提出了新的挑战。与此同时，学校选择的多样化也带来了新的机遇。家长可以根据学校的学术成绩（Academic Results）、Ofsted 评估报告、课程设置、教学特色、学校规模、设施条件以及课外活动等多个维度进行选择。

这种多元化的学校类型布局，既体现了伦敦教育系统的包容性，也反映了其在适应不同群体教育需求方面的努力。未来，如何在保持多样性的同时确保教育质量的均衡发展，将是伦敦基础教育体系面临的重要课题。特别是在后疫情时代，如何利用科技创新推动教育发展，如何加强学校之间的合作与资源共享，都将成为教育发展的关键议题。

三、学制安排

英国的义务教育总年限为 13 年，从 5 岁开始至 18 岁结束，高于 OECD 国家 11 年的平均水平。[①] 在这一体系中，伦敦的初等教育阶段作为基础教育的重要组成部分，构建了一个系统完整、衔接紧密的教育架构。

初等教育的核心目标是让所有学生具备基础读写和计算能力，同时为他们的科学、数学等学科奠定基础。这一阶段的课程设置体现了全面发展的教育理念：在核心课程方面，设有英语、数学和科学三门必修科目；在艺术领域，开设艺术设计和音乐课程；在技术领域，开设计算机和设计技术课程；在人文社科领域，开设地理和历史课程；此外还有现代外语和体育等课程。[②]

（一）学段划分

伦敦初等教育主要面向 4—11 岁的儿童，按照儿童认知发展特点分为三个主要阶段：幼儿阶段（Nursery）面向 5 岁以下儿童；Key Stage 1 面向 5—7 岁儿童；Key Stage 2 面向 7—11 岁儿童。[③] 在幼儿阶段，教育重点是培养儿童的语言、沟通和读写能力。进入 Key Stage 1 后，学生需要进行音标筛查检测（Phonics Screening Check），未达到预期标准的学生将在二年级重新参加筛查。Key Stage 2 阶段则着重培养学生的学科知识和能力，并通过标准评估测试（Standard Assessment Tests，SATs）评估学生在英语和数学方面的进展。

值得注意的是，许多学校还配套设有幼儿园或儿童中心，为更低年龄段

---

① Maratos, F., Byrd, J., Mosey, C., et al. Schooling in England–An Overview[J]. DYNAMIS. Rivista di filosofia e pratiche educative, 2023, 5(5): 21-33.
② UK ENIC. Guide to the Education Systems of the UK[R]. Cheltenham: Ecctis, 2023.
③ Department for Business, Innovation and Skills. Education system in the UK[R/OL]. (2012) [2025-03-13]. https://assets.publishing.service.gov.uk/government/uploads/system/uploads/attachment_data/file/219167/v01-2012ukes.pdf.

儿童提供早期教育服务。同时，学校每年从秋季学期开始，具体开学日期因地区而异，一般在 8 月中旬到 9 月初之间。入学规定要求儿童在学年开始时应满 5 周岁，这意味着同一个班级中可能存在将近 12 个月的年龄差异。①

（二）班级编制

伦敦的班级编制遵循科学合理的规模控制原则。根据 OECD 统计数据，伦敦公立学校平均每班约 27 名学生，私立学校则为 24 名学生。特别是在基础阶段和 Key Stage 1 期间，严格执行班级规模不超过 30 人的法定要求。在教学组织方面，由专职教师全年负责班级的主要课程教学，并配备教学助理提供支持。在农村地区，由于生源较少，常采用混合年级编班的方式。②

伦敦初等教育体系特别注重包容性教育理念的实践。法律明确规定，学校不得基于种族、残疾、性取向、性别、宗教等因素进行歧视。对于有特殊教育需求的儿童，学校必须进行合理调整，包括调整教学实践、学习环境和评估程序，并提供额外的教育资源。每所学校都设有专门负责特殊教育需求的工作人员，同时确保所有教职员工都接受相关培训。③这种制度设计既保证了教育机会的公平性，也为有不同需求的学生提供了适切的支持。

第二节 初等教育的课程与活动设置

伦敦初等教育的课程体系建基于英格兰国家课程标准，但又在实践中发展出独特风貌。作为一个国际化大都市，伦敦的教育既要遵循全国统一要求，又要回应这座城市的多元文化需求。因此，探讨伦敦初等教育的课程设置，需要从国家课程体系的演进入手，才能更好地理解其特色与创新。

一、国家课程体系的确立与发展

1988 年《教育改革法》的颁布开启了英格兰教育现代化的新篇章。这部法案确立了国家课程制度，其核心理念包括：确保所有儿童都享有接受全面均衡教育的基本权益；建立健全的学校问责机制；增强课程内容的连贯性；深化公众对学校教育的理解。④

---

① Maratos, F., Byrd, J., Mosey, C., et al. Schooling in England–An Overview[J]. DYNAMIS. Rivista di filosofia e pratiche educative, 2023, 5(5): 21–33.
② 同上。
③ 同上。
④ Croxford, L. School systems across the United Kingdom[R]. Edinburgh: Centre for Educational Sociology, University of Edinburgh, 2011.

随后的发展历程见证了英格兰教育体系不断完善的努力。1993 年，面对教师群体普遍反映的"课程负担过重"问题，教育部门邀请罗恩·迪林（Ron Dearing）主持全面审查。1995 年的修订在精简内容的同时对考试制度作出调整，显示出务实改革的特点。1996 年，为提升学生的基础能力，政府推出了具有开创性的双轨项目——"国家识字战略"（National Literacy Strategy）和"国家计算能力战略"（National Numeracy Strategy）。这一举措表明，在追求全面发展的同时，基础能力的培养始终是英格兰初等教育的重中之重。

步入 21 世纪，课程改革呈现出更为系统化的特征。2005 年的中学课程改革首次强调跨学科整合与个性化教学理念，这种思维模式随后也影响了初等教育领域。2007 至 2009 年间，在吉姆·罗斯（Jim Rose）主持下，小学课程经历了一次重要变革。2010 年 11 月，《教学的重要性》（The Importance of Teaching）白皮书的颁布标志着新一轮全面改革的开启。2011 年 1 月，以 Tim Oates 为首的专家团队展开深入评估[1]，为后续改革奠定了实证基础。2012 年 6 月，各学习阶段核心学科的学习大纲草案相继出台。

这些改革举措在教育界引发了广泛讨论。以剑桥大学的罗宾·亚历山大（Robin Alexander）教授为代表的学者对改革方案提出了专业性质疑。[2] 全国教师工会（National Union of Teachers，NUT）表达了对课程僵化的担忧。[3] 学校和学院领导协会（Association of School and College Leaders，ASCL）与全国校长协会（National Association of Head Teachers）则持谨慎态度。[4] 相比之下，《泰晤士报》和《金融时报》等主流媒体对改革给予了积极评价。[5]

二、初等教育课程体系的基本架构

伦敦地区的初等教育课程建立在国家课程标准基础之上，形成了独具特色的体系结构。

根据 1988 年《教育改革法》，英格兰第一套国家课程分为四个关键阶段（表 5-1）。

---

[1] DEPARTMENT FOR EDUCATION. The framework for the national curriculum: a report by the expert panel[R]. London: The Stationery Office, 2011: 1-77.

[2] Alexander, R. Neither national nor a curriculum?[J]. Forum, 2012, 54(3): 369-384.

[3] NATIONAL UNION OF TEACHERS. Primary curriculum press release[EB/OL]. (2012-06-11)[2025-03-14]. https://www.teachers.org.uk/news/primary-curriculum.

[4] ASSOCIATION OF SCHOOL AND COLLEGE LEADERS. Primary curriculum only half the picture[EB/OL]. (2012-06-11)[2025-03-14]. https://www.ascl.org.uk/news/primary-curriculum.

[5] Robinson, S. Gove's back-to-basics drive is just what education needs[N]. Financial Times, 2012-06-16(1).

表 5-1 英国国家课程关键阶段表[①]

学段	关键阶段	年龄	年级
初等教育阶段	Key stage 1	5—7 岁	1—2
	Key stage 2	7—11 岁	3—6
初级中等教育阶段	Key stage 3	11—14 岁	7—9
	Key stage 4	14—16 岁	10—11

英国国家课程包括 12 个学习科目（表 5-2）。其中，数学、英语和科学被作为核心课程。

初等教育阶段的第一关键阶段着重培养儿童的基础识字与计算能力。在这一阶段，教学活动更多采用游戏化和体验式方法，通过生动有趣的形式培养孩子的学习兴趣。除了核心课程外，还开设了艺术和体育等课程，为儿童的全面发展奠定基础。第二关键阶段则在继续强化基础能力的同时，将课程范围扩展至历史、地理、音乐等更广泛的学科领域。这一阶段特别注重培养学生的批判性思维和问题解决能力，为其未来的学术发展作好准备。[②]

表 5-2 英国国家课程科目表[③]

阶段	小学		中学	
	Key Stage 1	Key Stage 2	Key Stage 3	Key Stage 4
年龄	5—7 岁	7—11 岁	11—14 岁	14—16 岁
年级	1—2 年级	3—6 年级	7—9 年级	10—11 年级
核心科目				
数学	√	√	√	√
科学	√	√	√	√
英语	√	√		

---

① Department for Education. National curriculum in England: framework for key stages 1 to 4[Z]. London: Department for Education, 2014[2025-03-14]. https://www.gov.uk/government/publications/national-curriculum-in-england-framework-for-key-stages-1-to-4.

② Ivy Education. Comprehensive Guide to the UK Education System in 2025[EB/OL]. (2024-05-17)[2025-03-13]. https://www.ivyeducation.co.uk/insights/uk-education-system-explained#key-stage-1.

③ Department for Education. National curriculum in England: framework for key stages 1 to 4[Z]. London: Department for Education, 2014[2025-03-14]. https://www.gov.uk/government/publications/national-curriculum-in-england-framework-for-key-stages-1-to-4.

（续表）

基础科目				
历史	√	√	√	√
地理	√	√	√	√
艺术与设计	√	√	√	√
体育	√	√	√	√
音乐	√	√	√	√
现代外语	×	√	√	√
计算机	√	√	√	√
设计与技术	√	√	√	√
公民教育	×	×	√	√

从课程设置来看，伦敦初等教育呈现出鲜明的均衡发展理念。核心课程与拓展课程的比例安排恰到好处。在艺术领域，设有艺术与设计以及音乐课程；在技术领域，开设计算机和设计与技术课程；在人文社科领域，提供地理和历史教育。这种多元化的课程设置不仅满足了学生的认知发展需求，更为培养具有国际视野的新一代伦敦人提供了良好的教育基础。[①] 课程评估体系同样体现了英格兰教育的特色。每个关键阶段结束时都设有标准成就测试（Standard Attainment Test，SAT），重点考核英语、数学和科学这三门核心课程。[②] 这种统一的考核标准既是教育质量的基本保障，又为教育管理部门提供了客观的评估依据。值得注意的是，伦敦地区的学校在具体实施过程中展现出较大的灵活性，许多学校根据学生特点开发了形式多样的校本课程，丰富了国家课程的内容。

三、课程管理的特色与创新

伦敦地区的课程管理呈现出显著的多元化特征。自 1999 年教育权力下放以来，学校在课程设置方面获得了更大的自主权[③]。自主程度因学校类型而异：地方维持学校必须严格执行国家课程标准；而学院制学校和自由学校则享有更大的课程设计空间，只需确保提供"广泛而均衡"的课程内容即可。

---

① UK ENIC. Guide to the Education Systems of the UK[R]. Cheltenham: Ecctis, 2023.
② Khatri, M. B. Education in the UK[J]. Journal of Applied Science, 2015, 2(9): 59–72.
③ Croxford, L. School systems across the United Kingdom[R]. Edinburgh: Centre for Educational Sociology, University of Edinburgh, 2011.

这种差异化的管理模式使伦敦的教育生态更加丰富多样。①

对于年龄最小的学生群体，伦敦的课程设置体现出独特的关怀。处于预备班阶（Reception Year）的儿童不直接进入国家课程体系，而是遵循专门设计的 EYFS。这一安排充分考虑了学前教育的特殊性，通过游戏化学习和探索性活动培养儿童的基本能力。即便是享有较大课程自主权的学院制学校和自由学校，也需要通过与教育大臣签订的资助协议，确保核心课程的质量标准。②

近年来，伦敦初等教育在课程创新方面取得了显著进展。个人、社会、健康和经济教育（Personal, Social, Health and Economic Education, PSHE）的引入尤为引人注目。这一课程虽未被中央政府强制规定具体内容，但 PSHE 协会通过专业指导文件为学校提供了系统的课程建议。2020 年 9 月，健康教育被正式纳入法定课程体系，标志着伦敦初等教育开始更加重视儿童的身心健康发展。

在课程评估领域，伦敦采用了独具特色的质量监督机制。英国教育标准局（Office for Standards in Education, Children's Services and Skills, Ofsted）成立于 20 世纪 90 年代，其督导方式曾一度因过于严苛而备受争议，特别是其公开"点名批评"失败学校的做法在教育界引起不小震动。然而，近年来这一机构的工作重心发生了显著转变，更加强调"智慧问责"（Intelligent Accountability）理念，注重培养学校的自我评估能力。③

值得关注的是，伦敦在课程实施过程中特别重视家长的参与权。这种重视既体现在保障家长的知情权方面，也表现在特定课程的选择权上。例如，在性教育课程方面，小学阶段的家长享有让子女退出的权利。但关系教育（Relationships Education）和作为科学课程一部分的人类发展知识则被视为必修内容。这种安排反映了伦敦教育工作者在维护教育专业性和尊重家庭价值观之间所做的平衡。

2019 年颁布的《关系教育、关系与性教育及健康教育（英格兰）条例》[The Relationships Education, Relationships and Sex Education and Health Education (England) Regulations 2019]，进一步完善了伦敦的初等教育课程体系。从 2020 年 9 月起，关系教育成为初等教育阶段的必修课程，这一变

---

① Long, R. & Danechi, S. The school system in England[EB/OL]. (2024-01-09)[2025-03-14]. https://researchbriefings.files.parliament.uk/documents/SN06798/SN06798.pdf

② Croxford, L. School systems across the United Kingdom[R]. Edinburgh: Centre for Educational Sociology, University of Edinburgh, 2011.

③ 同上。

化凸显了伦敦教育对培养学生社会情感能力的重视。①

四、课程改革的深化与创新

伦敦初等教育的课程改革历程具有较强的启发意义。自 20 世纪 80 年代引入教育准市场机制以来,家长择校权(Parental Choice)、与入学率挂钩的拨款制度(Enrollment-linked Funding)以及学校管理自主权的扩大等举措,推动了课程设置向多样化发展。在伦敦这样的大都市,择校压力尤其明显,但学校录取仍主要考虑照料需求、兄弟姐妹的就读情况、居住距离等实际因素。

2011 年的国家课程审查为伦敦初等教育带来了新的改革方向。审查重点转向精简课程内容,强调传统学科知识的重要性。这一转变背后反映了教育理念的调整:政府认为,课程的核心功能在于明确规定每个儿童应该掌握的基本知识体系。基于这一理念,伦敦的学校开始重新审视英语、数学、科学和体育等核心课程的内容设置。

为确保教育质量,伦敦建立了以数据为导向的问责体系(Data-driven Accountability System)。通过不断完善的信息技术系统和数据库,教育部门得以系统收集和分析学生及学校的表现数据。这种做法不仅为政策制定提供了重要依据,也帮助学校更好地了解自身发展状况。②具体而言,教师需要在每个关键学习阶段结束时进行正式的"教师评估"(Teacher Assessment),对学生在各领域的表现做出综合评价。在第二关键阶段结束时(11 岁),所有学生还需参加标准评估测试,重点考核英语和数学等核心科目的掌握程度。

近期,伦敦的课程改革更加注重教育公平与质量的统一。督导评估体系(Inspection and Assessment System)的改革尤为引人注目:检查制度更加强调针对性,减少对表现良好学校的干扰。虽然督导周期保持固定,但采用短期通知的方式,有效减少了学校为迎检而进行的过度准备。更值得关注的是,督导工作的重心已转向培养学校的自我评估和持续改进能力。

2020 年新冠疫情的暴发给伦敦初等教育带来了前所未有的挑战,也催生了课程实施方式的创新。在 2020 年夏季学期,当大多数学生无法到校学习时,教育部允许学校灵活调整远程教学的课程内容。这一权变措施体现了伦敦教育系统面对危机时的应变能力。随着 2020 年 9 月新学期开始,学生重返校园,完整的课程体系得以恢复。特别是在 2021 年春季封锁期间,教育部发布的远程教育指导方针(Remote Education Guidelines)明确要求学校提供"有

---

① Croxford, L. School systems across the United Kingdom[R]. Edinburgh: Centre for Educational Sociology, University of Edinburgh, 2011.
② 同上。

计划、连贯有序的课程",这一要求为保障教育质量提供了重要指引。①

疫情期间的教育实践为伦敦初等教育课程改革提供了宝贵经验。各校在保持核心课程质量的同时,开始更加重视课程的灵活性和适应性。信息技术在教学中的应用得到深化,混合式学习模式逐渐成形。这些创新不仅帮助学校渡过了疫情难关,也为未来教育发展提供了新的思路。②

第三节 教学方法创新与信息技术的运用

教育创新是城市教育发展的核心动力。伦敦作为全球教育创新的重要枢纽,其初等教育领域的教学方法创新与技术应用实践,不仅反映了英国基础教育改革的整体趋势,更为国际教育发展提供了宝贵经验。本节从教学创新实践和数字技术应用两个维度,深入分析伦敦初等教育近20年来的发展历程。在教学创新方面,重点关注政府主导的系统性改革项目及多语言教学环境下的教学方法创新;在技术应用层面,则着重探讨从早期的交互式电子白板到近期人工智能等新兴技术的教育实践。值得注意的是,在这些创新实践的推进过程中,既有自上而下的政策推动,也有自下而上的教学探索,更体现了伦敦在教育现代化进程中对教育质量与教学效能的不懈追求。

一、教学创新的探索与实践

教育质量提升始终是伦敦这座国际大都市面临的核心议题。2013年,伦敦市政府启动了伦敦学校卓越基金项目(London Schools Excellence Fund)。这一改革举措的独特之处在于,它打破了以往零散、短期的改革模式,转而采用基于研究证据的系统性规划。项目得到了充裕的资金保障:英格兰教育部投入2 000万英镑,伦敦市长办公室配套425万英镑。这种中央与地方的协同投入,充分体现了政府推动教育改革的决心。③

在2013年9月至2015年12月的执行期间,伦敦学校卓越基金项目呈现出三个显著特点:首先是覆盖面广泛,项目网络囊括了伦敦所有行政区的公立学校、学院制学校和自由学校;其次是协作机制创新,通过建立教师与

---

① Long, R. & Danechi, S. The school system in England[EB/OL]. (2024-01-09)[2025-03-14]. https://researchbriefings.files.parliament.uk/documents/SN06798/SN06798.pdf.
② 同上。
③ GREATER LONDON AUTHORITY. London Schools Excellence Fund[EB/OL]. (2013)[2025-03-14]. https://www.london.gov.uk/programmes-strategies/education-and-youth/improving-standards-schools-and-teaching/london-schools-excellence-fund?source=vanityurl.

高等教育机构、学科专家和专业学会的协作平台,打破了教师专业发展的传统壁垒;再次是焦点明确,重点提升教师在英语、数学、化学等英国 GCSE 科目上的专业素养。

从项目实施效果来看,其影响力和覆盖面都取得了显著成效。13 000 名教师直接受益于这一改革举措,而通过 2016—2017 年设立的 17 个学科知识中心和伦敦教师创新基金,该项目的影响力得到了持续扩展。评估数据表明,超过半数的项目实现了校本主导的专业发展模式。在教学实践层面,教师的学科知识和教学法水平均获得显著提升,学生的学习参与度和学科技能也呈现出积极变化。

伦敦初等教育阶段在多语言教学环境方面的创新实践,为我们提供了一个独特的研究视角。根据 2013 年统计,伦敦地区约有 40% 的小学生在家庭中使用英语以外的语言,部分学校学生群体使用的语言甚至多达 30—40 种。这种独特的语言生态推动了多语言教学法的蓬勃发展。尽管这一教学领域仍存在争议,但其在英国及国际教育界已引起广泛关注。[①]

在这种语言多元背景下,一项针对伦敦三所公立小学的民族志研究为我们揭示了多语言教学实践的现实困境和发展机遇。[②] 研究发现,多语言教学法在英国教育体系中的实施面临着复杂局面:一方面是缺乏明确的课程指导和系统的实践框架,另一方面则是教师在具体实施过程中往往处于"摸索前行"的状态。研究进一步指出,教师多语言教学主体性的形成依赖于多个要素的共同作用,包括教师的一般性主体意识、源于教学实践的反思能力、对多语言学习的认知深度,以及教学选择的灵活空间。然而,现实中的制约因素不容忽视。以绩效为导向的学校评估体系、课程指导的缺失、课堂中根深蒂固的单语规范,以及"英语作为附加语言"话语体系的主导地位,都在不同程度上限制了多语言教学的深入开展。在 2015 年英格兰国家课程框架更新后,越来越多的学校开始探索如何将多语言教学元素融入正式课程,但这种探索仍显得步履维艰。[③] 这一现象提示我们,要真正实现教学创新,需要在教育政策层面提供更有力的理论支撑和专业指导,同时赋予一线教师更大的教学自主权。

---

① Duarte, J. & Gogolin, I. Introduction: Linguistic superdiversity in educational institutions[M]// Duarte, J. & Gogolin, I. Linguistic Superdiversity in Urban Areas: Research Approaches. Amsterdam: John Benjamins, 2013: 1–24.

② Quehl, T. Pedagogical spaces in the primary school: Teacher agency in multilingual pedagogies[D]. Goldsmiths, University of London, 2021.

③ Emirbayer, M. & Mische, A. What is agency?[J]. The American Journal of Sociology, 1998, 103(4): 962–1023.

二、数字技术与教育变革

伦敦初等教育的数字化转型是一个渐进式的系统工程。从早期的基础设施建设，到信息技术与教学的深度融合，再到人工智能等新兴技术的探索应用，这一过程既体现了教育技术的迭代更新，也反映了教育理念的持续革新。

（一）早期发展（2000—2010）

步入 21 世纪，信息技术在伦敦初等教育领域的应用展现出蓬勃生机。大量研究表明，教育技术的合理应用与学生学习成效之间存在显著的正相关。[1] 英格兰教育部的评估数据更加印证了这一点：信息技术不仅能提升学习成绩，还能有效激发学习动机。值得注意的是，这种积极影响跨越了社会经济背景的界限，展现出教育技术在促进教育公平方面的潜力。[2]

在众多教育技术创新中，交互式电子白板的引入堪称一个重要转折点。这种融合触控功能与数字投影的技术装置，实质上构建了一个课堂教学的"数字枢纽"。[3] 它不仅改变了教师的教学方式，更重要的是重塑了课堂互动的模式。来自英国及其他国家的研究成果普遍认为，这项技术为教师提供了"重新设计"教学法的可能性。[4]

格洛弗（Glover）和米勒（Miller）的研究[5] 揭示了教师应用交互式电子白板的三个发展阶段：从起步阶段的辅助式教学，逐步过渡到互动式教学，最终达到增强式互动教学。这一发展轨迹生动展现了教育技术与教学实践深度融合的过程。为支持这种教育创新，英格兰教育部大幅增加了教育信息技术投入。数据显示，小学年均信息技术支出从 1998 年的 3 600 英镑攀升至 2002—2003 年度的 15 400 英镑，这种投入力度在当时的欧洲教育界实属罕见。

在这场教育技术变革中，一所伦敦双班制小学的实践探索格外引人注目。这所学校服务于伦敦多元文化社区，在 Ofsted 的评估中被誉为"非常有效率的学校"。早在 2002 年，当大多数英国学校还在为基础设施建设而努力时，该校已经在一、二年级教室全面配备了交互式电子白板，并建立起完善的设备管理体系。学生在信息技术应用方面的表现持续领先于全国同龄人平均水平。

---

[1] BECTA. Primary Schools — ICT and Standards[R]. Coventry: Becta, 2000.
[2] DEPARTMENT FOR EDUCATION AND SKILLS. Fulfilling the Potential — Transforming teaching and learning through ICT in schools[R]. London: DfES, 2003.
[3] Lee, M. Towards a vision of the digital hub[J]. The Practising Administrator, 2004, 26(3): 12–15.
[4] Butler, L. Chalk, what chalk?[J]. The Journal of Physical Education, Recreation and Dance, 2004, 75(9): 12–14.
[5] Clarke, C. Statement by the Rt. Hon. Charles Clarke, MP Secretary of State for Education and Skills at the BETT Exhibition[R/OL]. London: DfES, 2004[2025-03-14].

该校的研究项目立足迈尔斯（Moyles）等人提出的 SPRINT 互动教学特征框架①，重点关注了两个核心维度：广泛的学生参与和互惠性意义建构。这种研究视角突破了传统的技术应用评估模式，转而聚焦于教学互动的本质。7位参与研究的教师虽然教学经验参差不齐，但都以开拓者的姿态投入这场教育实验。在"最佳实践研究奖学金"项目的支持下，他们的探索持续了整整两个学年，为后续伦敦乃至全英国的教育技术实践提供了宝贵借鉴。

（二）深化应用（2010—2020）

随后的 20 年间，伦敦初等教育的技术应用版图不断扩展。2020 年新冠疫情的突袭，在某种程度上成为教育技术创新的意外推手。远程教学需求催生了视频会议平台、在线学习管理系统等数字工具的快速普及。值得注意的是，这些源于危机应对的数字化实践并未随疫情消退而终止，反而与传统课堂教学形成了深度融合，开创了更具弹性的混合式学习模式。

近年来，英格兰教育部对教育技术的重视程度不断提升。2022 年 3 月发布的白皮书②提出了三个核心目标：完善学校数字基础设施、营造支持创新的环境、保障充足的资金投入。2 亿英镑的专项资金投入，充分体现了政府推动教育数字化转型的决心。2023 年上半年的技术学校调查（Technical School Survey，TiSS）③显示，配备数字战略的学校比例显著提升，教师对各类数字设备的使用也达到了较高水平。然而，教育技术的发展并非一帆风顺。调查数据揭示了诸多现实困境：96% 的学校领导者面临预算压力，专业发展培训的时间和成本问题也普遍存在。特别值得关注的是，学校类型间的差异：相较于地方政府管理的学校，学院制小学在数字成熟度方面表现更为突出。这种差异背后折射出教育资源分配的不均衡问题。

（三）新兴技术探索（2020 年至今）

在这场方兴未艾的教育数字化浪潮中，人工智能技术的出现为伦敦初等教育带来了新的发展契机。英格兰教育部 2024 年 1 月发布的《教育中的生

---

① Moyles, J., Hargreaves, L., Merry, R., et al. The development of primary teachers' understanding and use of interactive teaching[C]//British Educational Research Association Annual Conference. Leeds: University of Leeds, 2001.

② Department for Education. Opportunity for all: strong schools with great teachers for your child [R/OL]. (2022-03)[2025-03-14]. https://www.gov.uk/government/publications/opportunity-for-all-strong-schools-with-great-teachers-for-your-child.

③ Department for Education. 2022–23 Technology in Schools Survey [EB/OL]. [2023-11-01]. https://assets.publishing.service.gov.uk/media/655f8b823d7741000d420114/Technology_in_schools_survey__2022_to_2023.pdf.

成式人工智能：教育工作者和专家视角》报告①，首次系统性地梳理了生成式人工智能在教育领域的应用前景。这类基于大型语言模型的技术，不仅能够生成多样化的教学内容，更重要的是，为个性化教学提供了新的可能性。值得关注的是，英格兰教育部对这项新兴技术的审慎态度。2023年3月发布的立场声明②展现了政府既鼓励创新又强调风险防控的政策取向。教育部通过两个关键举措推动人工智能教育应用：一是投入200万英镑用于完善国家橡树学院的人工智能教学工具；二是向教育捐赠基金会提供1.37亿英镑，支持包括计算机自适应学习在内的创新性教学实践。这种"双轨并行"的投入模式，既确保了技术创新的持续推进，又为实践效果的科学评估提供了保障。

从实践应用来看，生成式人工智能在教育领域的渗透率正稳步提升。数据显示，教师使用这项技术的比例从2023年4月的17%增长至11月的42%。在SEND学生的个性化学习材料制作方面，该技术展现出独特优势。然而，教育工作者对人工智能的态度仍然谨慎，他们普遍关注学术诚信、过度依赖、伦理安全等问题，这些顾虑直接影响着技术的实际应用深度。③

为应对这些挑战，联合考试委员会于2023年4月发布了专门指导意见④，重点关注如何防范和识别人工智能在非考试评估中的不当使用。英格兰教育部的立场非常明确：技术应该服务于教育本身，而不是取代教师与学生之间的宝贵互动。这种定位既肯定了人工智能的辅助价值，又坚守了教育的人文关怀。

第四节 教师的聘任与专业发展

伦敦作为全球重要的教育中心之一，其初等教育的质量和可持续发展直接影响着城市的未来竞争力。近年来，随着学生人数持续增长、教育需求日

---

① Department for Education. Generative AI in education: educator and expert views [R/OL]. (2024-01-24)[2025-03-14]. https://www.gov.uk/government/publications/generative-ai-in-education-educator-and-expert-views.
② Department for Education. Generative artificial intelligence (AI) in education[EB/OL]. (2023-03-29)[2025-03-14]. https://www.gov.uk/government/publications/generative-artificial-intelligence-in-education.
③ Department for Education. Generative AI in education: educator and expert views [R/OL]. (2024-01-24)[2025-03-14]. https://www.gov.uk/government/publications/generative-ai-in-education-educator-and-expert-views.
④ Joint Council for Qualifications. AI Use in Assessments: Protecting the Integrity of Qualifications[R/OL]. (2024-02-02)[2025-03-14]. https://www.jcq.org.uk/wp-content/uploads/2024/07/AI-Use-in-Assessments_Feb24_v6.pdf.

益多元化，伦敦地区的教师队伍建设正面临前所未有的挑战。其中，教师供给不足和流失问题尤为突出，而现有的教师专业发展体系也难以适应大都市教育环境的特殊需求。本节将从教师队伍现状、教师招聘难题及专业发展体系三个维度，深入分析伦敦初等教育领域的现实困境与应对策略。

一、伦敦初等教育教师现状与招聘挑战

2023年统计数据显示，在伦敦近1 800所公立小学中，教师总数达30 886人。教师队伍整体素质较高，具有合格教师资格的比例达95.97%。从年龄结构来看，伦敦地区教师群体以中青年为主，30—39岁年龄段教师占比最高，约35.7%；40—49岁次之，占24.2%，两个年龄段合计近60%。这种年龄结构虽有利于保持教育系统的活力，但也凸显了政府需要加强对青年教师职业发展的支持以及制定资深教师的保留策略。[①]

伦敦基础教育系统在教师资源方面的挑战由来已久。数据显示，2001年伦敦地区的教师空缺率达到3.5%，在内伦敦区更高达5.2%，远超英格兰其他地区1.0%的平均水平。哈钦斯等人的研究发现，学校的GCSE考试成绩与教师招聘难度之间存在显著相关性，这种关联在服务弱势群体的学校中表现得尤为明显。[②] 随着近年来学生人数持续增长，教师需求逐年上升，但新教师的招聘数量却未能满足这一增长需求。数据显示，截至2023年2月的学年中，学校发布的教师职位空缺数量比疫情前同期增长了93%，这一指标反映了教师流动率的显著上升。[③] 大伦敦政府的报告进一步指出，伦敦在教师留任和招聘方面面临着比其他地区更大的挑战。[④]

为应对教师短缺问题，英格兰教育部采取了扩大招聘渠道的策略。2023年3月英格兰教育部出台的国际合格教师身份（International Qualified Teacher Status, IQTS）政策为通过认证且以英语为培训与交流基础语言的师资培训机构提供了服务机会。此外，教育部的STEM国际招聘计划（STEM International Recruitment Programme）也在帮助英国学校招聘来自澳大利亚、加拿大、新西兰和美国的数学和物理教师，以缓解这些紧缺学科的师资问

---

① Department for Education. School workforce in England: November 2023[EB/OL]. (2024-06-06)[2025-03-14]. https://explore-education-statistics.service.gov.uk/find-statistics/school-workforce-in-england.
② Baars S, Bernardes E, Elwick A, et al. Lessons from London Schools: Investigating the Success[M]. CfBT Education Trust. 60 Queens Road, Reading, RG1 4BS, England, 2014.
③ Mclean, D., Worth, J. & Faulkner-Ellis, H. Teacher labour market in England annual report 2023[R]. Slough: National Foundation for Educational Research, 2023.
④ Mahfoodh, A. Teacher retention in a London primary school[J]. Authorea Preprints, 2024.

题。①STEM 理工科领域的教师短缺问题尤为突出。2023 年 12 月的数据显示，英格兰 STEM 学科教师的整体招聘目标完成率仅为 54%，其中物理学科的情况最为严重，仅完成了招聘目标的 17%。② 从教学层次来看，2017—2018 至 2023—2024 学年本科后职前教师培训（Postgraduate Initial Teacher Training，PGITT）的新入学人数和招生目标数据表明，小学阶段实习教师招募的整体情况在近几年相对稳定，除了 2019—2020 和 2022—2023 学年略低于目标外，其他年份都达到或超过目标，特别是 2021—2022 学年达到了目标的 131%。

与此同时，教师队伍的族裔结构失衡同样值得关注。目前，伦敦地区白人教师占比约 66.1%，少数族裔教师占 33.9%。这一比例虽高于英格兰其他地区，但与伦敦地区少数族裔学生占比 73.8% 相比仍存在显著差距。考虑到伦敦地区少数族裔人口持续增长的趋势，如何提升教师队伍的多元化程度，增加少数族裔教师比例，以更好地反映和服务学生群体的多样性需求，已成为伦敦初等教育发展的重要课题。③

许多研究表明，教师职业薪资竞争力的下降是影响教师招聘和留任的关键因素。④2021—2022 学年，教师实际工资比 2010—2011 学年下降了 12%，与同等学历其他职业相比低 11 个百分点。虽然 2024 年 7 月英格兰教育部宣布将为教师提供 5.5% 的涨薪，使 2024—2025 学年的教师中位数薪资将超过 49 000 英镑，并承诺提供近 12 亿英镑的额外资金支持，⑤ 但教师薪资竞争力的提升仍需持续努力。在此基础上，2024 年 11 月更新的《学校灵活工作指南》（Flexible Working in Schools）规定，教师从入职第一天起即拥有申请灵活工作的法定权利。这一政策的出台是基于研究，研究结果显示灵活工作制有助于留住经验丰富的教师、扩大招聘范围、促进教师福祉和改善工作生

---

① 孙刚成，杜怡文.英国基础教育师资短缺：现实困境、归因分析与对策[J].比较教育学报，2024（1）：124-138.
② EngineeringUK. Investing in the future: policy priorities for STEM workforce planning, education and skills. EngineeringUK, 7 June 2024, www.engineeringuk.com/media/2mdn5wxw/5-policy-asks-for-new-government-engineeringuk-7june-2024.pdf.
③ Department for Education. School workforce in England: November 2023[EB/OL]. (2024-06-06)[2025-03-14]. https://explore-education-statistics.service.gov.uk/find-statistics/school-workforce-in-england.
④ Mclean, D., Worth, J. & Faulkner-Ellis, H. Teacher labour market in England annual report 2023[R]. Slough: National Foundation for Educational Research, 2023.
⑤ Department for Education. Government confirms above inflation pay award for teachers[EB/OL]. [2024-07-29]. https://www.gov.uk/government/news/government-confirms-above-inflation-pay-award-for-teachers.

活平衡。①

二、教师专业发展体系的构建与改革

英格兰政府通过一系列制度改革加强了教师队伍的规范化管理。2011年英国教育法（Education Act 2011）对教师聘任和管理制度进行了重大改革，废除了英格兰教师总委员会（General Teaching Council for England），将其职能移交给教育部。自此，教育部成为负责教师资格认定的主要机构，获得了调查教师不当行为、实施禁教令以及维护禁教教师名单的权力。同时，法案还对新任教师的资格认证制度作出重要规定，强调了教学实践在专业发展中的关键作用，要求英格兰学校的新任教师必须完成不少于3个学期的见习期，并授权教育部制定见习期评估标准，以确保教师具备必要的教学实践能力。②

2019年英格兰教育部推出的早期职业框架（Early Career Framework，ECF）是教师专业发展改革的重要举措。该框架为新入职教师提供为期两年的专业发展支持，涵盖行为管理、教学法、课程、评估和专业行为等五个核心领域。框架的实施由教育部认证的六大培训机构负责，包括野心学院（Ambition Institute）、教育发展信托基金会（Education Development Trust）、教先（Teach First）、伦敦大学教育学院（UCL Institute of Education）、最佳实践网络（Best Practice Network）以及与伯明翰大学合作的凯必达（Capita with Lead Academic Partner the University of Birmingham）。这些机构通过与当地教学学校中心（Teaching School Hubs）合作，为学校提供导师培训和新入职教师培训。③ 截至2022—2023学年，已有26 291名早期职业教师参与了这一项目，占早期职业教师总数的96%，显示出显著的推进效果。④

在伦敦区域层面，各地结合自身教育发展需求，开展了许多富有特色的教师专业发展实践。以伦敦金融城为例，其2024年教育战略体现出鲜明的本土特色，将教师的专业发展从传统的校外培训转向更系统化的校本学习模式。学校间的专业协作是其重要特征，尤其体现在"提高教师项目"

---

① Department for Education. Flexible working in schools[EB/OL]. (2024-11-21)[2025-03-14]. https://www.gov.uk/government/publications/flexible-working-in-schools/flexible-working-in-schools-2.

② Education Act 2011. The Stationery Office, 2011. legislation.gov.uk/ukpga/2011/21/contents.

③ Murtagh, L., Dawes, L., Rushton, E. A. C., et al. Early career teacher mentoring in England: a case study of compliance and mediation[J]. Professional Development in Education, 2024: 1-14.

④ Education Policy Institute. Education in England: Annual Report 2020[R/OL]. (2020-08-26)[2025-03-14]. https://epi.org.uk/publications-and-research/education-in-england-annual-report-2020/.

（Improving Teacher Programme，ITP）和"杰出教师项目"（Outstanding Teacher Programme，OTP）的实施上。这两个项目不仅建立起跨校交流平台，更重要的是，创建了结构化的教师对话机制，使教师能与来自不同学校但面临相似挑战的同行深入交流教学经验。为确保这些项目的可持续性，伦敦金融城专门设立了"城市优质补助金计划"（City Premium Grant），通过财政支持重点解决两个关键问题：一是帮助教师更好地支持面临重大挑战的学习者；二是提升教师在创新教学方法和教育技术应用方面的专业能力。这种将教师培训与学生需求紧密结合的做法，使得专业发展活动更具针对性和实效性。①

这些区域性的教师专业发展战略不仅为教师提供了系统的专业支持，研究数据还表明其对提升教师留任率具有显著成效。以 Wellcome 基金会的研究为例，针对 STEM 教师开展的持续专业发展培训（CPD）使教师离职率从 1/12 降至 1/30，相当于提高教师留任率 160%。皇家学会的研究进一步量化了这一效益：若能使教师留任率提升 1.5%，每年可为教育系统节省 1.26 亿英镑的成本，虽然这需要政府在科学领域投入约 2 200 万英镑的年度资金支持。②

在教师专业发展的实践中，除了政府部门和专业机构的主导作用外，学校作为教育的第一线也在积极探索符合自身特点的发展路径。海兰小学（Highlands Primary School）的实践就是一个典型案例。该校通过深入研究发现，影响学生学习质量的最大单一因素是教学质量，而影响教学质量的最大单一因素则是教师的专业学习。基于这一认识，学校主动构建了一个持续反思与改进的专业发展环境，包括推动教师参与协作行动研究、开展同伴学习和课例研究，以及为每位教员提供教练培训等系统性举措。这种源自学校自主探索、立足实际需求的专业发展模式，为推进教师专业成长提供了极具参考价值的实践经验。③

综上所述，伦敦初等教育领域的教师队伍建设正经历深刻变革。从国家层面的制度改革到区域性的创新实践，从学校主导的专业发展到多元招聘渠道的开拓，都体现出系统性应对教师短缺和专业提升双重挑战的努力。尤其值得注意的是，伦敦地区在推进教师专业发展方面采取了更加灵活和多元的

---

① City of London Corporation. Education Strategy 2024–2029[EB/OL]. (2024-10)[2025-03-14]. https://www.fis.cityoflondon.gov.uk/asset-library/education-strategy-24-29.pdf.

② EngineeringUK. Investing in the future: policy priorities for STEM workforce planning, education and skills. EngineeringUK, 7 June 2024, www.engineeringuk.com/media/2mdn5wxw/5-policy-asks-for-new-government-engineeringuk-7june-2024.pdf.

③ Mayor of London. The Mayor's Schools for Success: What has helped them to succeed?[R/OL]. London: Greater London Authority, 2018[2025-03-14]. https://www.london.gov.uk/sites/default/files/schools_for_success_report_rev3_0.pdf.

策略：一方面通过薪资调整、灵活工作制等政策提升教师职业吸引力；另一方面通过完善专业发展体系、加强校本培训等措施促进教师专业成长。这些举措虽然在教师留任率提升和教学质量改善方面已显现出积极效果，但如何进一步提升教师队伍的多元化程度，以及如何在教师短缺形势下持续保障教育质量，仍是伦敦初等教育发展需要持续探索的重要课题。

第五节　初等教育的特色项目

伦敦作为全球教育创新的重要策源地，始终致力于探索符合时代发展需求的教育模式。近年来，在初等教育领域的创新实践尤为引人注目，特别是在提升学生核心素养与应对全球性挑战两个维度的探索。本节将重点介绍两个具有代表性的教育项目：一是聚焦学生阅读能力培养的巴恩斯儿童文学节校园项目，二是致力于环境意识培养的气候教育创新计划。这些项目既体现了伦敦教育改革对学生基础能力培养的重视，也展现了其在面向未来议题时的前瞻性思维。通过考察这些创新实践，我们可以深入了解大都市教育发展的新趋势，以及教育系统如何更好地服务于人才培养和社会发展的双重目标。

一、以文学滋养心灵：巴恩斯儿童文学节校园项目

英格兰教育部长期以来将阅读能力的培养置于基础教育的核心位置。自 2010 年起推行的系统性合成语音教学法（Systematic Synthetic Phonics）成为法定教学要求，并在 2016 年引入了小学自然拼读能力筛查测试（Phonics Screening Check）。英国教育标准局的学校视察框架也持续强调阅读教学的重要性，特别关注学校如何帮助学生掌握早期阅读技能。在此背景下，各类文化机构与教育部门的跨界合作日益密切，为提升学生的阅读素养提供了多元化的支持。而巴恩斯儿童文学节作为英国最大的专业儿童文学节，通过其伦敦小学项目（The London Primary Schools Programme）与各区教育机构开展深度合作。

该项目将于 2025 年在伦敦沃尔瑟姆斯托索霍剧院（Soho Theatre Walthamstow）举办，为伦敦公立学校提供免费的高质量文学活动，体现了文化机构对基础教育的有力支持。项目特别邀请了 3 位在儿童文学领域享有盛誉的作家，根据不同年龄段学生的认知特点和阅读需求，精心设计了系列互动活动。前儿童桂冠诗人（Waterstones Children's Laureate）约瑟夫·科埃略（Joseph Coelho OBE FRSL）、获奖作家塞雷娜·帕特尔（Serena Patel），

以及畅销系列《超级土豆》（Supertato）的联合创作者保罗·林内特（Paul Linnet）的参与，为活动注入了专业性与趣味性。在活动课程设置方面，项目在官网上呈现了细致的年龄分层设计。面向学前班到2年级的《超级土豆趣味时间》（Supertato Silliness）活动，教师通过故事、歌曲等形式培养低年级学生的阅读兴趣；针对2—5年级的《皮亚的宠物俱乐部》（Pia's Pet Club）环节，教师结合知识问答和创意写作，激发中年级学生的创作热情；面向3—6年级的诗歌工作坊，教师则会着重培养高年级学生的诗歌鉴赏和创作能力。根据官网信息，预计2025年该项目将为伦敦公立学校提供超过21 000个免费活动名额。①

从教育合作和技术应用的角度来看，该项目通过巴恩斯文学节（Barnes Festival）网站的学校预约系统进行统筹管理，于2024年2月10日开放教师预订通道。这种机制确保了活动资源的公平分配，也便于学校将文学活动纳入教学计划。项目的免费性质更是体现了文化机构对公共教育的支持，为促进教育公平作出了积极贡献。

综上所述，巴恩斯儿童文学节校园项目通过与学校系统的紧密合作，为伦敦小学生带来了专业、有趣且富有教育意义的文学体验。这种文化教育合作模式不仅丰富了学校的课程资源，也为培养下一代的阅读兴趣和文学素养提供了重要平台。

二、培育绿色未来：伦敦学校气候教育创新计划

随着全球气候变化加剧，环境教育和气候教育日益成为世界各国基础教育改革的重要议题。特别是在城市化进程加快的背景下，如何在基础教育阶段培养学生的环境意识和气候行动能力，已经成为国际大都市教育创新的关键领域之一。

作为全球金融中心和可持续发展先行者，伦敦在推动基础教育绿色转型方面进行了富有特色的探索。2018年，伦敦市长萨迪克·汗（Sadiq Khan）在"伦敦环境战略"（London Environment Strategy）中首次提出2050年实现碳中和的目标。2021年，面对日益严峻的气候挑战，市政府将这一时间表提前至2030年，并在"伦敦气候行动计划"（London Climate Action Plan）中将教育系统的绿色转型列为重点任务之一。通过整合教育部门和环境部门的

---

① Soho Theatre Walthamstow. The London Primary Schools Programme [EB/OL]. (2025-05-21) [2025-03-14]. https://sohotheatre.com/events/the-london-primary-schools-programme/.

资源，伦敦开始系统性推进学校气候适应能力建设工作。①在政策制定方面，英格兰教育部要求所有学校在2025年前制定气候行动计划（Climate Action Plans），重点聚焦脱碳行动（Decarbonisation）、适应力建设（Adaptation and Resilience）、生物多样性保护（Biodiversity）以及气候教育与绿色职业发展（Climate Education and Green Careers）四大领域。环保作家乔治·蒙比奥特（George Monbiot）指出，对生命世界的认知不仅能调动想象力和理智，更能激发持久的行动信念。②

伦敦的气候教育项目的创新主要体现在基础设施改造、适应能力建设和行动规划机制三个维度。首先是基础设施绿色化改造。"绿色学校计划"（Greener Schools Programme）通过200万英镑专项资金支持公立中小学节能改造，重点推进屋顶光伏发电系统建设和建筑节能优化。据测算，如果充分开发伦敦中小学校的屋顶资源，其发电规模将不亚于一座现代化电站。③其次是气候适应能力建设。"气候韧性学校项目"（Climate Resilient School Programme）优先支持位于高风险区域的学校，通过安装可持续排水系统、建立气象监测网络等措施来提升学校应对极端天气的能力。项目在72所学校安装了564个雨水花盆，为28所学校升级节水设备，实现日均节水超过50万升的显著成效。④在行动规划方面，"让我们走向零碳"（Let's Go Zero）组织开发了标准化的规划模板，构建了教职员工、学生和家庭三方联动的参与机制。项目通过配备专业的气候行动顾问（Climate Action Advisors）团队的方式，为学校提供个性化指导和碳足迹核算支持。⑤

就这些气候教育项目的参与实施办法来看，"绿色学校计划"采取"区级统筹、学校参与"的模式，各区政府作为主要责任主体遴选试点学

---

① Greater London Authority. Greener Schools programme[EB/OL]. [2025-03-14]. https://www.london.gov.uk/programmes-strategies/environment-and-climate-change/climate-change/zero-carbon-london/greener-schools-programme.

② Bedfordshire Sustainability and Environmental Education Programme. Climate Action Planning[EB/OL]. [2025-03-14]. https://osow-beds.co.uk/carbon-neutral-2030/climate-action-planning/.

③ Greater London Authority. Greener Schools programme[EB/OL]. [2025-03-14]. https://www.london.gov.uk/programmes-strategies/environment-and-climate-change/climate-change/zero-carbon-london/greener-schools-programme.

④ Greater London Authority. Climate Resilient Schools[EB/OL]. [2025-03-14]. https://www.london.gov.uk/programmes-strategies/environment-and-climate-change/climate-change/climate-adaptation/climate-resilient-schools.

⑤ Bedfordshire Sustainability and Environmental Education Programme. Climate Action Planning[EB/OL]. [2025-03-14]. https://osow-beds.co.uk/carbon-neutral-2030/climate-action-planning/.

校，申请方需要从经济效益和资源整合这两个维度论证项目价值。① "气候韧性学校项目"则通过与自然历史博物馆合作建立"国家教育自然公园"（National Education Nature Park）项目、开展STEM气候大使（STEM Climate Ambassador）计划等方式，推动气候教育的持续深化。② 这些创新实践不仅为学校开辟了节支增效的新途径，更为师生提供了生动的环境教育实践场所。

伦敦的经验表明，将气候教育融入基础教育体系需要政府、学校和社会机构的协同努力。通过制度创新、资源整合和项目引导，既能提升教育系统的环境适应能力，又能培养具有气候行动意识的新一代。这种将环境责任与教育发展深度融合的探索实践，为世界城市推进教育可持续发展提供了重要借鉴。

本章结语

伦敦初等教育体系的发展历程深刻映射出一个全球性城市在教育治理领域的探索与创新。从制度变迁到实践创新，从传统教学到数字转型，伦敦的经验既反映了国际大都市教育发展的普遍规律，也彰显了其在应对多元文化挑战时的独特智慧。本章通过对伦敦初等教育体系的组织架构、课程设置、教学创新及特色项目的系统梳理，总结了三条关键发展路径：一是在管理体系上，实现了从中央集权到多层级协同的治理转型，通过政府统筹、区域主导、学校自主的有机结合，构建起既保证统一标准又富有活力的教育网络；二是在教学创新上，走出了一条融合传统与现代的发展道路，既注重基础能力培养，又善于运用数字技术推动教育变革；三是在特色项目上，通过文学节、气候教育等创新实践，有效回应了时代发展的新需求。

与此同时，伦敦初等教育的发展仍面临着深层挑战。其一，教师资源供给与需求之间的结构性矛盾日益凸显，教师短缺、流失率高等问题严重影响着教育质量的提升；其二，数字鸿沟与教育公平之间的张力持续存在，技术应用在促进教育创新的同时也可能加剧教育资源分配的不均衡；其三，多元文化背景下的教育包容性问题仍需深入探索，如何在保持教育标准统一的同

---

① Greater London Authority. Greener Schools programme[EB/OL]. [2025-03-14]. https://www.london.gov.uk/programmes-strategies/environment-and-climate-change/climate-change/zero-carbon-london/greener-schools-programme.

② Greater London Authority. Climate Resilient Schools[EB/OL]. [2025-03-14]. https://www.london.gov.uk/programmes-strategies/environment-and-climate-change/climate-change/climate-adaptation/climate-resilient-schools.

时满足不同群体的特殊需求,考验着教育治理者的智慧。这些挑战表明,城市教育发展不仅需要制度创新,更需要在效率与公平之间寻求动态平衡。

展望未来,伦敦初等教育的深化改革可从三个维度寻求突破:在治理层面,需要进一步完善多元主体协同机制,特别是加强学校、家庭与社区的有机联动;在教学层面,应持续推进教育技术与教学实践的深度融合,探索更具适应性的混合式学习模式;在师资建设层面,需要创新教师职业发展支持体系,通过多元化招聘渠道和专业化培养机制提升教师队伍的整体素质。正如巴恩斯儿童文学节和气候教育创新计划所展现的那样,教育创新的终极目标不仅在于提升教学效能,更在于培养能够适应未来社会发展需求的新一代人才。在这个意义上,伦敦的探索既是对自身教育传统的创新发展,也为全球其他国际化大都市的教育改革提供了重要启示。

第四章 伦敦中等教育[①]

伦敦作为全球教育改革的典范,其中等教育体系的发展历程深刻反映了英国教育政策的演进与社会需求的变迁。自19世纪以来,伦敦中等教育从精英导向的教会教育与公学体系,逐步转向多元化的现代教育体系,形成了独具特色的双轨制办学格局。这一过程中,伦敦不仅回应了在全球化背景下对教育公平与质量的迫切需求,还为全球教育实践提供了宝贵的经验。本章旨在系统探讨伦敦中等教育的体系架构、课程设置、教学方法创新、信息技术运用以及学校督导与专业发展等方面的实践与成效。通过对伦敦经验的梳理,我们可以更好地理解教育创新是如何推动学生学业成就提升的,以及信息技术是如何重塑现代教育生态的。

本章首先从历史维度出发,追溯伦敦中等教育体系的演变过程,重点关注《1944年教育法案》(Education Act 1944)、《1988年教育改革法案》(Education Reform Act 1988)以及2002年的"伦敦挑战"项目等关键政策对教育体系的深远影响。在此基础上深入分析伦敦中等教育的学制框架、课程设置与教学方法创新,探讨其在应对教育质量挑战以及推进教育公平方面的创新实践。通过对不同类型学校的比较研究,揭示伦敦中等教育在课程体系、教学特色及课外活动等方面的多元发展路径。此外,本章还将探讨信息技术在伦敦中等教育中的应用及对教育公平的促进作用,分析其在基础设施建设、数据驱动的教学决策、智能化教学工具运用等方面的具体实践。最后聚焦于伦敦中等教育的督导制度与校长专业发展体系,探讨其如何通过制度创新和人才培养实现教育质量的持续提升。

第一节 中等教育体系架构

英国中等教育体系的发展历程深刻反映了其社会变迁与教育理念的演

[①] 本章作者为上海师范大学吴梦莹、闫温乐。

进。本节以历史沿革为脉络，系统梳理英国中等教育体系的制度架构与运行特点。研究首先从历史维度出发，追溯英国中等教育从教会教育时期到现代教育体系的演变过程，重点关注1870年的《初等教育法》《1944年教育法案》以及《1988年教育改革法案》等关键立法对教育体系的深远影响。在此基础上，本节将深入分析伦敦地区中等教育的独特发展路径，探讨其在应对教育质量挑战、推进教育公平方面的创新实践。通过对学制框架、入学政策、管理体制等多维度的考察，揭示伦敦中等教育体系的多元化特征及其运行机制。通过系统的历史梳理与现状分析，为理解英国中等教育体系的制度架构提供了全面的分析框架。

一、中等教育制度的历史沿革

英国中等教育制度的历史可追溯至教会教育时期。17—18世纪，英国的中等教育主要由文法学校和公学构成。文法学校沿用了古罗马时代的名称，多由天主教会建立，面向14岁左右的学生，教授拉丁文、古希腊文、修辞学等学科。公学则是为富裕家庭子女提供教育的私立学校，如伊顿公学（Eton College）、温切斯特公学（Winchester College）等，学生通常在13—14岁入学，在18—19岁毕业。[1]

1870年《初等教育法》的颁布推动了初等教育的发展，但也暴露出初等教育和中等教育之间的衔接问题。1918年，英国国会通过《费舍教育法》（Fisher Education Act），针对14—16岁的少年提供免费的继续教育课程。1926年，《哈多报告》建议将最早离校年龄提高到15岁，并设立四种类型的中等学校：以学术性课程为主的文法学校、具有实科性质的选择性现代中学、相当于职业中学的技术学校以及略高于初等教育水平的公立小学高级班。[2]

《1944年教育法案》的颁布标志着英国中等教育进入新的发展阶段。该法案重构了课程控制的权力结构，将教育决策权从地方教育当局转移至中央政府，同时赋予学校更大的自主权。此前，教育科学部（Department of Education and Science, DES）的职责仅限于协调地方教育当局的行政事务。[3]《1988年教育改革法案》进一步深化了这一变革，加强了中央政府的统筹规

---

[1] 叶丽娜, 方蕾蕾, 冯永刚, 等. 追求教育选择的多元化——英国基础教育学制发展趋势研究[J]. 基础教育参考, 2023（7）：37-47.

[2] 同上。

[3] Alexis, J. M. A study of the extent to which the criteria of the TTA, Ofsted and the Academic Literature agree on what makes effective subject leaders in London secondary schools[M]. University of Leicester (United Kingdom), 2002.

划能力，建立了国家课程体系。①

在伦敦地区，1990年内伦敦教育局（Inner London Education Authority，ILEA）的撤销开启了教育管理体制的重大转型。教育管理权被重组为33个地理范围较小的地方教育局（Local Education Authorities），分属内伦敦和外伦敦两个区域。②这种精细化的管理模式更好地适应了伦敦各区域的差异化需求。

20世纪末，伦敦中等教育面临严峻挑战。国家教育标准委员会（National Council for Educational Standards，NCES）1986年的研究表明，尽管内伦敦学校拥有比全国平均水平高40%的资源投入，其教育成就仍显著低于全国平均水平。下议院教育委员会第三次报告（House of Commons Education Committee Third Report，1995）深入分析了这一现象，指出城市学校普遍服务于社会剥夺程度③较高的社区，其学生往往来自家庭支持不足、经济困难、就业前景不佳的环境。④2001年的统计数据进一步印证了这一困境，内伦敦在全国各区域中的考试成绩最低，远低于全国平均水平。这种状况不仅影响了学生的发展前景，也制约了伦敦作为国际大都市的竞争力。⑤教育质量的低下、教育资源的使用效率不高、学校管理体制僵化等问题，迫切需要通过系统性改革来解决。

面对这些挑战，伦敦于2002年启动了深度的教育改革。改革采取了多项创新性措施：首先，引入"赞助型学院"（Sponsored Academies）模式，将表现不佳的公立学校转为由非营利性信托机构管理的新型学校。其次，实施"伦敦挑战"项目和"教学优先"计划，通过改善教师质量和学校管理来

---

① Alexis, J. M. A study of the extent to which the criteria of the TTA, Ofsted and the Academic Literature agree on what makes effective subject leaders in London secondary schools[M]. University of Leicester (United Kingdom), 2002.
② Baars, S., Bernardes, E., Elwick, A. et al. Lessons from London Schools: Investigating the Success[M]. CfBT Education Trust. 60 Queens Road, Reading, RG1 4BS, England, 2014.
③ 社会剥夺程度(social deprivation)是指个人或群体在社会资源、机会和服务获取方面的匮乏状态，主要体现在收入水平、就业机会、教育资源、医疗服务、住房条件和生活环境等多个社会维度的综合表现。
④ Alexis, J. M. A study of the extent to which the criteria of the TTA, Ofsted and the Academic Literature agree on what makes effective subject leaders in London secondary schools[M]. University of Leicester (United Kingdom), 2002.
⑤ McAleavy, T. & Elwick, A. School Improvement in London: A Global Perspective[M]. Education Development Trust. Highbridge House, 16-18 Duke Street, Reading Berkshire, England RG1 4RU, United Kingdom, 2016.

提升教育水平。①2010年，改革进入新阶段。英国联合政府推出"转制学院"（Converter Academy）政策，允许表现良好的学校自主转为学院制学校（Academies）。这一政策为学校带来显著的财政收益，推动了学院制学校在中等教育阶段的快速扩张。根据英国国家审计署的研究，转制学院的表现持续优于地方教育局管理的学校，而赞助型学院的表现则随着运营时间的延长不断改善。②到2013年，伦敦教育的整体表现已跃居全国首位。特别是在教育公平方面取得重大突破，来自经济困难背景学生的学业表现大幅提升。这种多元化的办学体制为伦敦中等教育注入了新的活力，不仅提升了教育质量，还为不同背景的学生提供了更多选择机会。正如Sahlgren的研究所示，通过引入新的教育服务提供者来增加学校选择，"对弱势学生群体尤其重要"。③2013年的数据显示，伦敦公立中学学生的表现跃居全国首位，64.4%的学生在GCSE考试中获得包括英语和数学在内的5门及以上A*—C等级成绩，这一比例高于全国60.2%的平均水平。更引人注目的是，内伦敦区接受免费学校餐的学生成绩甚至接近全国非免费学校餐学生的水平，体现了教育公平的显著进步。④

伦敦中等教育改革开创的这一转型模式被学界称为"伦敦效应"（London Effect）。这种兼顾教育质量提升与机会公平的改革路径，不仅推动了伦敦从英格兰最薄弱的教育区域转变为最具活力的教育中心，更为其他国际大都市的教育改革提供了宝贵经验。通过建立多元化的学校体系、创新管理模式、关注弱势群体等一系列制度创新，伦敦成功实现了教育质量与教育公平的良性互动，为城市教育发展贡献了独特的"伦敦方案"。⑤在高等教育衔接方面，伦敦地区也展现出强劲势头。最新数据显示，在2023—2024学年统计的伦敦公立中学毕业生群体中20岁前高等教育参与率达到63.3%，远超同期英格兰49.1%的平均水平。从更长期的发展来看，该群体25岁前

---

① Baars, S., Bernardes, E., Elwick, A. et al. Lessons from London Schools: Investigating the Success[M]. CfBT Education Trust. 60 Queens Road, Reading, RG1 4BS, England, 2014.

② DfE. Academies annual report: Academic year 2012 to 2013[R/OL]. London: Department for Education, 2014[2024-03-15]. https://www.gov.uk/government/uploads/system/uploads/attachment_data/file/328436/Academies_Annual_Report_2012-13.pdf.

③ Sahlgren, G. Incentivising excellence: school choice and education quality[M]. London: The Centre for Market Reform of Education, 2013.

④ Baars, S., Bernardes, E., Elwick, A. et al. Lessons from London Schools: Investigating the Success[M]. CfBT Education Trust. 60 Queens Road, Reading, RG1 4BS, England, 2014.

⑤ 饶舒琪. 基础教育的"伦敦效应"：成就、背景及经验[J]. 比较教育研究，2019，41（10）：68-74.

的高等教育参与率达到 62.2%，领先平均水平 13.2 个百分点。①

二、中等教育的学制框架和运行特点

伦敦中等教育体系经过多年发展，形成了独具特色的多元化办学格局。截至 2023—2024 学年，大伦敦地区共设有 513 所公立中等学校，在校学生总数达 581 415 人，平均每所学校有 1 133 名学生。② 这一规模化的教育体系通过多样化的办学模式和灵活的课程设置，为学生提供了明确的发展路径。

在学制设置方面，英格兰中等教育分为前期中等教育（Lower Secondary Education）和后期中等教育（Upper Secondary Education）两个阶段。其中前期中等教育对应主要阶段（Key Stage, KS）3，覆盖 7—9 年级，学生年龄为 11—14 岁，属于义务教育阶段；后期中等教育包括主要阶段 4（KS4）和主要阶段 5（KS5）。KS4 覆盖 10—11 年级，学生年龄为 14—16 岁，是义务教育的最后阶段，在此阶段结束时须参加 GCSE 考试。获得合格成绩者可继续就读 KS5，覆盖 12—13 年级，学生年龄为 16—18 岁，该阶段已超出义务教育范围。在 KS5，学生可以选择学术路径，学习 AS Level 和 A Level 课程，也可以选择职业教育路径，修读职业资格证书（Award/Certificate/Diploma）、学徒制（Apprenticeship）或培训计划（Traineeship）。③ 2008 年《教育和技能法案》的出台标志着英格兰义务教育政策的重大转折。该法案通过"提高参与年龄"机制，规定所有 16—17 岁青年必须持续参与教育或培训直至 18 岁。只有获得相当于高级水平证书（A-Level）的 3 级资格证书（Level 3 qualifications）的学生，如取得两门以上 A-Level 课程合格或完成英国商业与技术教育委员会专业文凭（BTEC National Diploma）等职业资质，才可以选择提前结束学习。为确保政策的可行性，政府设计了三条参与路径：继续接受全日制教育、将工作与非全日制教育相结合以及参加学徒制等职业导向项目。地方当局在政策执行中扮演核心角色，需要建立有效的追踪系统以识别未参与教育或培训的青年，并提供重返教育的支持。对于 SEND 青年，政策要求从 9 年级开始进行年度教育、健康和照护计划评估，特别强调就业方面

---

① Department for Education. Participation measures in higher education, Academic year 2022/23[EB/OL]. [2024-03-17]. https://explore-education-statistics.service.gov.uk/find-statistics/participation-measures-in-higher-education.

② Department for Education. Schools, pupils and their characteristics: 2023/24[EB/OL]. [2025-03-21]. https://explore-education-statistics.service.gov.uk/find-statistics/school-pupils-and-their-characteristics.

③ OECD (2023). Education GPS - United Kingdom: England Overview. Retrieved from https://gpseducation.oecd.org/CountryProfile?primaryCountry=ENG.

的规划。①

不难看出，英格兰的 16 岁后的教育呈现明显的双轨特征。学术发展路径主要通过英国教育体系中的高中后两年学段（Sixth Form 阶段）实现，学生在此阶段学习高级水平课程，为升入大学作准备。数据显示，以完成 KS4 的 15 岁学生群体为追踪对象，伦敦地区学生在 20 岁前进入高等教育的比例从 2001—2002 学年 KS4 毕业群体的 40.8%（28 564 名入学者）持续增长至 2017—2018 学年 KS4 毕业群体的 63.3%（48 653 名入学者），远高于同期英格兰 49.1% 的平均水平。特别是 2008—2009 学年 KS4 毕业群体首次突破 50%（50.2%），2016—2017 学年 KS4 毕业群体突破 60%（61.0%）。从 25 岁前的高等教育参与率来看，伦敦地区从 2001—2002 学年 KS4 毕业群体的 46.3%（32 399 名入学者）稳步增长至 2012—2013 学年 KS4 毕业群体的 62.2%（48 063 名入学者）。值得注意的是，2004—2005 学年 KS4 毕业群体首次突破 50%（50.5%），2011—2012 学年 KS4 毕业群体突破 60%（61.4%）。这些数据充分反映了伦敦学术教育路径的显著成效。② 除了学术路径的发展之外，伦敦中等教育的职业发展路径更加多元化，包括技术学院和工作室学校等特色机构。全日制教育每年至少需要 580 小时的计划学习时间，包括资格认证课程和非资格认证课程。对于选择工作结合培训路径的青年，要求工作时间连续 8 周以上且每周不少于 20 小时，同时每年需完成至少 280 小时的资格认证培训。③

从入学政策来看，伦敦中等教育体现出显著的包容性特征。2023—2024 学年，伦敦市的 513 所公立中等教育学校中有 85.4% 的学校（438 所）采用非选择性入学政策，确保教育机会的广泛可及性。仅有 3.7% 的学校（19 所）实行选择性入学政策，这些主要是文法中学。④

---

① Department for Education. Participation of young people in education, employment or training: statutory guidance for local authorities[R/OL]. London: Department for Education, 2024[2024–03–21]. https://assets.publishing.service.gov.uk/media/660e971663b7f8001fde187f/Participation_of_young_people_in_education__employment_or_training.pdf.

② Department for Education. Participation measures in higher education, Academic year 2022/23[EB/OL]. [2024–03–17]. https://explore-education-statistics.service.gov.uk/find-statistics/participation-measures-in-higher-education.

③ Department for Education. Participation of young people in education, employment or training: statutory guidance for local authorities[R/OL]. London: Department for Education, 2024[2024–03–21]. https://assets.publishing.service.gov.uk/media/660e971663b7f8001fde187f/Participation_of_young_people_in_education__employment_or_training.pdf.

④ Department for Education. Schools, pupils and their characteristics: 2023/24[EB/OL]. [2025–03–21]. https://explore-education-statistics.service.gov.uk/find-statistics/school-pupils-and-their-characteristics.

最后，从管理体制来看，伦敦中等教育呈现出"学院制主导、多元形式并存"的特点。学院制学校共 379 所，约占总数的 73.9%。其中转制学院 201 所，这类学校多由原有优质公立学校转型而来，在保持公立性质的同时，拥有更大的办学自主权；赞助型学院 99 所，由企业、大学等机构参与管理，通过创新的管理模式提升办学质量。地方政府维持的传统公立学校有 134 所，占比约 26.1%，继续发挥着重要的补充作用。此外，伦敦还设有自由学校（Free schools）和 16—19 岁自由学校、基金会学校（Foundation school）、技术学院（University technical college）以及具有宗教背景的志愿资助或志愿控制学校（Voluntary Aided/Controlled School）等多种类型。[1]

第二节　不同类型学校课程与活动设置

伦敦作为全球教育改革的范例，其中等教育体系在课程设置与活动安排方面展现出显著的多样性与创新性。本节旨在探讨伦敦不同类型学校的课程与活动设置特点，重点关注国家课程标准框架下的教育实践及其区域特色。本节将通过对公立学校与私立学校的比较分析，揭示伦敦中等教育在课程体系、教学特色及课外活动等方面的多元发展路径，重点考察各类学校如何在国家课程框架下进行创新，以及这种多元办学模式对促进学生全面发展的作用。

一、国家课程标准框架下的伦敦中等教育体系

经过近 20 年的教育改革，伦敦中等教育逐步构建起独具特色的双轨制体系，以公立学校和私立学校为主体，形成了多元互补的办学格局。[2] 公立教育体系涵盖了社区学校（Community Schools）、基金会学校、志愿资助学校、志愿控制学校以及学院制学校等多种办学形态。其中，学院制学校又根据其转型路径分为赞助型学院和转制学院两种类型。与此同时，特殊教育需求学校（Special Schools）和学生转介单位（Pupil Referral Units，PRUs）作为专门教育机构，针对性地服务于具有特殊教育需求或有行为适应障碍的学生群体。

---

[1] Department for Education. Schools, pupils and their characteristics: 2023/24[EB/OL]. [2025–03–21]. https://explore-education-statistics.service.gov.uk/find-statistics/school-pupils-and-their-characteristics.

[2] McAleavy, T. & Elwick A. School Improvement in London: A Global Perspective[M]. Education Development Trust. Highbridge House, 16–18 Duke Street, Reading Berkshire, England RG1 4RU, United Kingdom, 2016.

在课程体系建设方面,英国实施统一的 GCSE 考试制度,为衡量不同类型学校的教育质量提供了客观标准。研究数据揭示了伦敦教育质量的显著提升轨迹:内伦敦地区的教育成就从 2001 年的全国最低水平,跃升至 2013 年的仅次于外伦敦的优异表现。① 这一进步印证了教育改革的实效性。

英国中等教育的课程设置以国家课程标准(National Curriculum)为基石,构建了层次分明的课程体系。其中,核心必修课程(Core Subjects)包含英语、数学和科学三大学科。基础课程(Foundation Subjects)则涉及艺术与设计、公民教育、计算机科学等九大领域。值得关注的是,宗教教育、性与关系教育虽不属于国家课程范畴,却作为必修科目贯穿整个中等教育阶段,体现了英国教育对学生全面发展的重视。②

伦敦的教育实践彰显出独特的区域优势。得益于丰富的城市文化资源,伦敦的教师能够开展形式多样的校外教育活动。2010 年 Ipsos MORI 的调查显示,65% 的伦敦教师经常组织学生参访图书馆或档案馆,这一比例远超东米德兰兹(34%)和英格兰东部地区(33%)。将这种教育资源的优势转化为学生发展的动力,英国最大的家庭追踪调查项目"理解社会:英国家庭纵向研究"(Understanding Society)的调查数据证实,伦敦 11—15 岁学生在职业抱负方面表现出明显的优势。③

与此同时,英格兰也在不断推进课程改革,推动教育政策与时俱进。2002 年 9 月,公民教育被正式纳入法定必修课程④;2020 年 9 月,人际关系教育、性教育和健康教育的整合更是体现了教育内容的综合性发展取向。⑤ 这些课程设置旨在培养身心健康、具有社会责任感的新一代公民。

二、伦敦不同类型中学的课程与活动设置比较

伦敦中等教育体系的多样化发展为深入理解不同类型学校的办学特色提供了丰富的研究样本。此处选取了 3 所具有代表性的学校进行深入分析:

---

① McAleavy, T. & Elwick, A. School Improvement in London: A Global Perspective[M]. Education Development Trust. Highbridge House, 16-18 Duke Street, Reading Berkshire, England RG1 4RU, United Kingdom, 2016.
② Department for Education. The national curriculum in England: Key stages 3 and 4 framework document[EB/OL]. (2014-12)[2025-03-21]. https://assets.publishing.service.gov.uk/media/5da7291840f0b6598f806433/Secondary_national_curriculum_corrected_PDF.pdf.
③ Baars, S., Bernardes, E., Elwick, A. et al. Lessons from London Schools: Investigating the Success[M]. CfBT Education Trust. 60 Queens Road, Reading, RG1 4BS, England, 2014.
④ Legislation.govuk. Education Act 2002[EB/OL].(2002)[2019-12-06]. http://www.legislation.gov.uk/ukpga/2002/32/part/6/crossheading/the-national-curriculum-for-england.
⑤ 王磊. 英国:中小学校将开展人际关系主题教育[J]. 人民教育, 2019(24): 11.

私立女校钱宁学校（Channing School）、转制学院诺思伍德学校（Northwood School）和赞助型学院斯金纳学院（Skinners' Academy）。这 3 所学校的选取基于以下考虑：第一，它们分别代表了私立教育、公立教育中的转制学院和赞助型学院 3 种不同办学类型，具有典型性；第二，这 3 所学校均位于大伦敦地区，具有相似的区位优势和社会文化环境；第三，3 所学校都在近年的 Ofsted 评估中获得了优异成绩，其办学经验具有借鉴价值。通过对这 3 所学校的课程设置、教学特色和活动开展情况的比较研究，可以更全面地把握伦敦中等教育的发展现状和特点。

钱宁学校作为一所具有百年历史的私立女校，其课程设置和教学活动充分彰显了私立学校的办学优势和特色。[①] 学校以"无畏的学习者"（Fearless Learners）为核心教育理念，在保持传统优势的同时积极推进教育创新。在课程设置方面，除遵循国家课程框架外，学校还开设了丰富的特色课程。语言教育涵盖现代外语（法语、德语、西班牙语）和古典语言（拉丁语、古希腊语），体现了深厚的人文底蕴。艺术教育配备了 4 名专职教师和完善的专业设施，包括陶艺工作室、纺织工作室等特色教学场所。音乐教育秉持"音乐应面向所有人"（Music for All）理念，开展 24 项课外音乐活动，包括管弦乐团、室内乐团、合唱团等艺术团体，学校每年举办超过 50 场音乐会，为学生提供丰富的艺术实践机会。[②] 在体育教育方面，学校拥有独立的运动场地和专业教练团队，开展网球、曲棍球等多种运动项目，并积极参与校际比赛。此外，学校还通过设立创新实验室、举办科技竞赛等方式，培养学生的创新能力和科学素养。

诺思伍德学校通过系统化的教学框架和创新性的课程设计，展现了转制学院的独特优势。[③] 学校建立了"诺思伍德模式"（The Northwood Way）八大教学支柱体系，包括检索学习、明确指导、支架式教学等要素，为教学实践提供了清晰的指导框架。创新性的"学习掌握计划"（Mastering Learning Programme）项目贯穿 7—13 年级，采用螺旋式上升的课程设计，针对不同年

---

① Independent Schools Inspectorate (ISI). Channing School - Focused Compliance and Educational Quality Inspection Reports [R/OL]. London: ISI, 2022-06-14 [2025-03-21]. https://www.isi.net/reports/view?t=c&r=EQI6318_20220614.pdf&s=6318&si=6318&fn=Q2hhbm5pbmcgU2Nob29sIC0gRkNJC8gRVFJIHJlcG9ydHMgMjAyMg==.

② Channing School. Senior School: Independent Girls School London [EB/OL]. London: Channing School, [2025-03-21]. https://www.channing.co.uk/senior-school/.

③ Office for Standards in Education, Children's Services and Skills (Ofsted). Inspection of a school judged outstanding for overall effectiveness before September 2024: Northwood School [R/OL]. London: Ofsted, 2024-10-09 [2025-03-21]. https://files.ofsted.gov.uk/v1/file/50261890.

级设置特定主题。^①例如，7年级注重基础技能培养和学习习惯养成，9年级强化批判性思维和研究能力训练，11年级则着重职业规划和升学准备。学校与当地企业建立了广泛的合作关系，通过职业讲座、企业参访和实习项目，帮助学生了解职场需求，培养职业素养。在STEM教育[②]方面，学校配备了先进的实验设备和专业的教师团队，通过项目式学习和跨学科整合，培养学生的科学思维和创新能力。课外活动方面，学校设有多个学生社团和兴趣小组，定期组织户外教育和社区服务活动，促进学生的全面发展。

斯金纳学院作为赞助型学院，在遵循国家课程标准的基础上开展了特色鲜明的教育实践。[③]学校采用英国学历证书（English Baccalaureate，EBacc）作为核心课程框架，通过创新性的"选修课程组"（Option Blocks）制度为学生提供个性化的学习路径。在这一制度下，学生可以根据个人兴趣和发展规划，在保证核心课程学习的同时，选择参与不同的特色项目。[④]学校实施的全校性词汇发展计划是其一大特色，通过跨学科的词汇积累和运用，帮助学生掌握各学科的专业术语和表达方式。在实践教育方面，学校设有专门的职业技能培训中心，开设商业实践、信息技术、工程技术等实用性课程。艺术教育突出发展特色，钢鼓乐队已成为学校的文化品牌。在体育教育方面，足球训练项目与专业俱乐部合作，为有天赋的学生提供职业发展通道。此外，学校通过与高等院校合作，开展科研项目和学术讲座，拓宽学生的学术视野。

比较分析表明，这3所学校在办学理念和实践方面既有共性也有明显差异。共性表现为：都注重在国家课程框架下发展特色课程，重视学生的个性化发展需求，强调理论学习与实践体验的结合。差异主要体现在：钱宁学校依托私立学校的资源优势，在人文教育和艺术教育方面投入更多；诺思伍德学校通过系统化的教学框架和职业导向的课程设置，突出实用性；斯金纳学院则在既定框架内通过灵活的选课制度和特色活动寻求创新。这些差异既

---

① Northwood School. Curriculum and Teaching & Learning Policy [EB/OL]. London: Northwood School, 2024-05 [2025-03-21]. https://www.northwood-school.org.uk/wp-content/uploads/2024/05/Curriculum-TL-Policy.pdf.

② STEM教育是一种将科学（Science）、技术（Technology）、工程（Engineering）和数学（Mathematics）四门学科融合的综合教育理念，旨在培养具备跨学科素养和创新能力的复合型人才。

③ Office for Standards in Education, Children's Services and Skills (Ofsted). Inspection of Skinners' Academy: School Report [R/OL]. London: Ofsted, 2022-05-12 [2025-03-21]. https://files.ofsted.gov.uk/v1/file/50187597.

④ Skinners' Academy. Key Stage 4: GCSE Course Guide [EB/OL]. London: Skinners' Academy, 2025 [2025-03-21]. https://www.skinnersacademy.org.uk/_files/ugd/a4f23e_14191768da474760adb94f2a9e7a1b50.pdf.

源于各自的办学定位，也反映了不同类型学校在适应社会需求方面的独特探索。这种多元化的办学格局不仅为学生提供了更多的选择机会，也推动了伦敦中等教育的持续创新发展。

第三节　教学方法创新与信息技术的运用

伦敦作为全球教育创新的前沿城市，其中等教育体系在教学方法与信息技术的运用方面展现出了探索精神，取得了实践成果。近年来，伦敦中等教育通过系统性改革，不仅回应了社会对教育公平与质量的迫切需求，也为全球教育实践提供了宝贵的经验。本节旨在深入探讨伦敦中等教育在教学方法创新与信息技术运用两方面的具体实践，分析其背后的理论支撑、实施路径及实际成效。通过对伦敦经验的梳理，我们可以更好地理解教育创新如何推动学生学业成就的提升，以及信息技术如何重塑现代教育的生态。

一、教学方法创新

伦敦中等教育的教学方法创新，源于对社会现实的深刻回应。2015年的数据显示，伦敦18—24岁年龄段中有15.3%的青年处于"未就业、未受教育或未接受培训"（Not in Education, Employment and Training, NEET）状态。①这一严峻的社会现实促使伦敦教育部门采取了一系列创新措施，特别是在针对特殊学生群体的教育支持方面。

（一）另类教育项目

伦敦东区开展的另类教育项目（Alternative Education Provision, AEP）是教学方法创新的典型案例。该项目主要面向11年级（15—16岁）学生，特别是那些已被主流中学开除或面临开除风险的学生群体，包括具有社会情感和行为困难（Social, Emotional and Behavioural Difficulties, SEBD）以及学习障碍的学生。AEP项目的理论基础是乌里·布朗芬布伦纳（Urie Bronfenbrenner）的生态系统理论，强调学生的教育参与受到多重系统因素的影响，因此需要采用全方位的教学创新策略。②

在具体实践中，AEP项目设计了多项创新教学方法。首先是"小班化教学＋双师支持"模式，班级规模控制在12—15人，每个课堂配备一名教师和

---

① Cajic-Seigneur, M. & Hodgson, A. Alternative educational provision in an area of deprivation in London[J]. London Review of Education, 2016, 14 (2): 26.
② 同上书: 27.

一名学习支持助理（Learning Support Assistant, LSA）。这种模式使学生能够获得更多的个性化帮助，显著提升了课堂参与度和学业完成率。其次是"成年人式"教学互动模式，教师通过协商和对话的方式与学生互动，而非传统的命令式教学。例如，学生斯蒂芬妮表示："他们（AEP 项目教师）从不像在学校里那样命令我们做事，在这里我们可以选择自己喜欢的活动，这对学习很有帮助。"此外，AEP 项目还创新性地将学科教学与实践相结合，例如在数学课上让学生统计停车场的汽车数量，在英语课上分析学生喜欢的歌词。这种教学方式不仅增强了学生的学习兴趣，还帮助他们在 BTEC 和 GCSE 考试中取得了高于英格兰平均水平的成绩。[1]

（二）文化多样性背景下的教学创新

在文化多样性背景下，伦敦中等教育的教学方法创新表现出独特的实践智慧。例如，布拉德布鲁克中学（Bradbrook School）通过对话式教学、经验式教学和实地考察教学，成功应对了学生群体语言和文化多样性的挑战。该校超过 80% 的学生把英语作为第二语言，学生群体使用的语言超过 58 种，教师队伍同样具有多元语言背景。[2]

在对话式教学实践中，教师们采用马丁·布伯（Martin Buber）的"我你"（I-Thou）对话关系理论，通过幽默和互动的方式引导学生反思文化假设。例如，教师安娜在讨论偷窃惩罚议题时，通过提问"如果我现在偷了你的铅笔，你会砍掉我的手吗？"引导中东学生反思其文化背景。[3] 这种教学方法不仅促进了师生互动，也培养了学生的批判性思维能力。

此外，教师们还善于运用自身多元文化经历进行教学创新。例如，来自非洲的教师阿卜迪会在与学生的非正式对话中分享其难民经历，打破了传统的师生权力关系，创造了更平等的教学氛围。这种经验式教学创新，不仅增强了学生的文化认同感，也提升了课堂的包容性。

二、信息技术运用

伦敦在中等教育阶段对信息技术的运用，是其教育现代化进程中的核心组成部分。自 20 世纪 70 年代末以来，英格兰政府通过一系列前瞻性政策和巨额资金投入，推动了伦敦地区的中学在信息技术领域的深度变革。这种变

---

[1] Cajic-Seigneur M, Hodgson A. Alternative educational provision in an area of deprivation in London[J]. London Review of Education, 2016, 14(2): 32.

[2] Soye, E. I and Thou? Challenges to dialogical pedagogy in a diverse London secondary school[J]. British Educational Research Journal, 2024, 50(1): 183-199.

[3] 同上。

革不仅体现在硬件设施的升级和数字化资源的日益丰富上,更深刻地改变了教学方式、学习模式以及教育管理的效率。信息技术的广泛应用,为伦敦中等教育注入了新的活力,同时也为全球教育信息化提供了宝贵的实践经验。

(一)基础设施建设的全面升级

伦敦中等教育的信息化转型始于基础设施的全面升级。自 2000 年以来,伦敦学校在硬件设施方面取得了显著进展。据统计,伦敦学校的学生均教育经费比其他地区高出约 3 000 英镑,这些资金中的相当一部分被用于信息技术基础设施的建设。① 例如,伦敦地区的中学普遍建立了企业级 Wi-Fi 系统,实现了校园网络的全面覆盖,为学生和教师提供了高速、稳定的网络环境。② 此外,学校还为每间学生宿舍配备网络接口,并在图书馆等公共场所设置台式电脑,确保学生能够随时随地访问数字资源。在软件配置方面,伦敦地区的中学同样走在前列。学校普遍采用了 Office 365 邮件系统、1TB 容量的 OneDrive 存储空间以及基于浏览器的学校信息和管理系统 iSAMS。这些数字化工具不仅提高了教学和管理的效率,也为学生提供了更加便捷的学习支持。例如,学生可以通过 OneDrive 随时随地获取学习资料,而教师则可以通过 iSAMS 系统实时跟踪学生的学业进展。③

(二)数据驱动的教学决策体系

伦敦中等教育在信息技术运用中的一个显著特点是数据驱动的教学决策体系。"伦敦挑战"项目将绩效数据作为项目核心,创新性地引入了"学校之家"(Family of Schools)数据比较机制。这一机制通过横向对比,帮助学校识别自身的优势和不足,从而制定更有针对性的改进策略。例如,一所学校可以通过与具有相似背景的其他学校进行比较,发现自己在某些学科上的教学效果较弱,进而调整教学计划。在微观层面,数据驱动的教学决策也深刻影响了教师的日常教学实践。伦敦的中学教师普遍具备较高的数据素养,能够熟练运用数据分析工具来评估学生的学习进展。例如,教师在学科组会议中定期讨论数据,及时发现那些未达到目标水平的学生,并实施早期干预。④ 这种数据驱动的教学模式,不仅提高了教学的精准性,也为学生的个性

---

① Mujtaba, T. Education in London: Challenges and opportunities for young people[J]. London Review of Education, 2016, 14(2): 1–3.
② 王浩,胡国勇. 英国基础教育信息化课程研究:成效、问题及启示[J]. 外国中小学教育,2019(12):69–76.
③ 同上。
④ McAleavy, T. & Elwick, A. School Improvement in London: A Global Perspective[M]. Education Development Trust. Highbridge House, 16–18 Duke Street, Reading Berkshire, England RG1 4RU, United Kingdom, 2016.

化学习提供了有力支持。

（三）智能化教学工具的广泛应用

智能化教学工具的广泛应用，是伦敦中等教育信息技术运用的另一大亮点。近年来，伦敦地区的中学引入了多种基于人工智能的教学工具，显著提升了教学效果。例如，CENTURY Tech 平台通过分析学生的学习行为数据，为每位学生定制专属学习路径。该平台的数学教学子系统 Mathletics 将游戏化学习与进阶式课程相结合，激发了学生的学习兴趣和积极性。① 此外，伦敦地区的中学还积极探索虚拟现实（VR）和增强现实（AR）技术在教学中的应用。例如，一些学校在历史课上使用 VR 技术，让学生"亲身体验"历史事件，从而加深对知识的理解。② 这种沉浸式学习体验，不仅提高了学生的学习兴趣，也培养了他们的空间思维能力和创造力。

（四）网络安全与数据保护的同步推进

在信息技术被广泛应用的同时，伦敦地区的中学也高度重视网络安全与数据保护。学校依据《2018 年数据保护法》，构建了多层级的网络安全防护机制。具体措施包括设置信息过滤系统、开展定期安全培训、建立数据泄露报告机制等。例如，学校要求新生在电子设备上安装监控软件，对学生浏览的信息进行筛选和管理，确保网络环境的安全性和健康性。③ 此外，学校还与国家网络安全中心保持密切协作，定期更新网络安全策略，以应对不断变化的网络威胁。这种全方位的网络安全保障体系，不仅保护了学生的个人信息安全，也为教育信息化的深入推进提供了坚强保障。

（五）信息技术在教育公平中的作用

信息技术的广泛应用，也在一定程度上促进了教育公平。伦敦地区的中学通过数字化资源的共享和智能化教学工具的应用，为弱势群体学生提供了更多的学习机会。例如，伦敦城市学院利用先进的文字处理技术，为有学习障碍的学生提供个性化支持，帮助他们克服学习困难。④ 此外，一些学校还通过在线课程和远程教学，建立弹性的学习机制，为因健康或其他原因无法到校的学生提供学习支持。这些实践表明，恰当的技术介入能够突破传统教育

---

① 刘坤哲，马早明.英国基础教育数字教材发展历程、特征与实践路径[J].基础教育参考，2024（6）：27-38.

② 李志甜，马早明.英国基础教育数字化：基于国家战略下的多层次全方位推进[J].基础教育参考，2023（10）：34-42.

③ 王浩，胡民勇.英国基础教育信息化课程研究：成效、问题及启示[J].外国中小学教育，2019（12）：69-76.

④ 李志甜，马早明.英国基础教育数字化：基于国家战略下的多层次全方位推进[J].基础教育参考，2023（10）：34-42.

的时空限制。

然而,信息技术的应用也带来了一些挑战。例如,部分学校在技术使用管理上存在明显矛盾。一方面,学校通过没收手机等方式限制学生使用通讯设备;另一方面,教师也意识到,如果不在课堂上为学生提供平台,他们可能转向社交媒体。[①]这种矛盾反映了信息技术在教育中的复杂性和多面性。

第四节　学校督导与专业发展

教育质量的保障与提升是当代教育改革的核心议题。英国作为全球教育改革的重要实践者,其教育质量保障体系的演进尤其值得关注。本节聚焦伦敦中等教育领域,分别从督导制度的系统建设和校长专业发展两个维度,探讨其如何通过制度创新和人才培养实现教育质量的持续提升。在督导制度方面,重点分析其独特的双轨制特征及最新改革成效;在校长专业发展方面,着重考察其"系统领导"理念下的创新实践,以期为其他地区的教育改革提供借鉴。

一、教育督导:制度框架与质量评估

英国学校督导制度创建于1839年,其初衷在于监督议会拨款的使用情况。[②]随着社会对教育问责的需求日益增长,《1992年教育法案》的颁布开启了现代督导体系的新篇章,标志性事件是Ofsted的成立。正如克拉克(Clarke)所言,这一机构变革体现了政府对公共服务改革的决心,也是对公众日益增长的问责诉求的回应。[③]

当前的教育督导体系呈现出鲜明的双轨制特征。政府资助学校(State-funded Schools)的督导由Ofsted负责,主要包括3种类型:分级督导(Graded Inspections)、不分级督导(Ungraded Inspections)和紧急督导(Urgent Inspections)。分级督导依据《1992年教育法案》第五条进行全面评估;不分级督导基于第八条执行,主要关注学校是否维持了上次督导时的教

[①] Soye, E. I and Thou? Challenges to dialogical pedagogy in a diverse London secondary school[J]. British Educational Research Journal, 2024, 50(1): 183-199.

[②] Baxter, J. & Clarke, J. Knowledge, authority and judgement: the changing practices of school inspection in England[J]. Sisyphus: Journal of Education, 2014, 2(1): 106-127.

[③] Baxter, J. & Clarke, J. Knowledge, authority and judgement: the changing practices of school inspection in England[J]. Sisyphus: Journal of Education, 2014, 2(1): 106-127.

育标准；紧急督导则针对特定情况进行突击检查。①在评级方式上采用四级制：优秀、良好、需要改进和不合格。②而私立学校则由私立学校督导局主导，评估框架涵盖 8 个核心维度：教育质量、学生精神道德社会文化发展、学生福祉健康与安全、场所设施、信息提供、投诉处理、教职工素质以及领导力与管理。与公立学校不同，私立学校督导采用"符合"或"不符合"的二元判断模式。③2023—2024 学年，私立学校督导局共开展 516 次督导，包括 370 次例行督导、77 次物资变更督导、59 次进度监测督导和 10 次额外督导，展现了私立学校督导的系统性和全面性。④

近年来，随着外部条件的变化，英国的督导评估框架也进行了持续的优化与完善。2021 年 4 月，为应对新冠疫情，督导体系引入了安全协议。2022 年 7 月，框架内容进一步扩充，增设了"进一步的教育和技能培养"这一督导内容。2023 年 7 月的修订则着重完善了督导行为规范，并强化了安全文化评估。⑤通过制度设计消除多头评价的弊端，英格兰教育部明确规定 Ofsted 作为唯一具有学校绩效考核权的机构。督导程序也实现了显著简化：取消学校数据系统审查环节，不再查阅教师课程计划，停止对具体作业及考试资料的审核，同时暂停学校自评。⑥

2024 年伦敦地区的督导数据展现了令人瞩目的成果。在教育质量维度上，已完成评估的 30 所学校中，14 所学校达到优秀水平，占 46.7%；15 所学校达到良好水平，占 50%；仅 1 所学校需要改进，占 3.3%。在行为和态度评

---

① Department for Education. School inspection handbook[EB/OL]. London: GOV.UK, 2023[2023-09-16]. https://www.gov.uk/government/publications/school-inspection-handbook-eif/school-inspection-handbook-for-september-2023.

② Office for Standards in Education, Children's Services and Skills (Ofsted). School inspection summary - types of inspections[R/OL]. 2024 [2024-03-18]. https://assets.publishing.service.gov.uk/media/66fbb3c1e84ae1fd8592ebac/School_inspection_summary_-_types_of_inspections.pdf.

③ Office for Standards in Education. Handbook for additional inspections of independent schools[Z/OL]. London: Ofsted, 2024[2024-03-19]. https://www.gov.uk/government/publications/conducting-additional-inspections-of-independent-schools/handbook-for-additional-inspections-of-independent-schools-for-september-2023.

④ Office for Standards in Education, Children's Services and Skills (Ofsted). Annual report on inspection work by the Independent Schools Inspectorate in 2023/24[R/OL]. (2024-11-29)[2024-03-18]. https://www.gov.uk/government/publications/independent-schools-inspectorate-isi-annual-ofsted-report-letters/annual-report-on-inspection-work-by-the-independent-schools-inspectorate-in-202324.

⑤ 谭娟，饶从满. 英国基础教育教师队伍建设的现实困境与改革对策［J］. 外国中小学教育，2019（10）：64-72.

⑥ 同上。

估维度上，16 所学校获得优秀评级，占 53.3%；14 所学校达到良好水平，占 46.7%，显示出学校在学生行为规范、课堂纪律、学习态度等方面的管理成效显著。①

值得关注的是学校领导力和管理效能的评估结果及其变化趋势。与上一轮评估相比，优秀等级的占比从 42.9% 提升到 50%，且不再有需要改进的学校。更令人鼓舞的是，在 2022 年被评为"需要改进"的 5 所学校，在 2024 年的评估中全部达到了"良好"水平，有了显著进步。② 这种整体性提升充分说明了伦敦地区的中学在领导力和管理效能方面的持续进步，也凸显了加强校长专业发展的重要性。

二、校长专业发展：系统性培养与支持机制

英格兰的校长专业发展体系建立在明确的制度框架之上，通过系统性的职前培养和在职发展，确保学校领导者具备必要的专业能力。这种制度设计反映了英格兰教育部门对学校领导力培养的重视，也体现了对教育质量持续提升的追求。

在职前培养环节，英格兰建立了清晰的校长职业发展路径。这一路径通常始于中层管理岗位，如系主任或学科负责人。教师培训署（Teacher Training Agency, TTA）制定的《学科领导者国家标准》（National Standards for Subject Leaders）为这些潜在的未来校长提供了专业发展框架。据研究，这一标准框架重点关注 4 个核心领域：战略规划能力、教学管理水平、团队领导技能和资源调配效能。这种系统性的培训使中层管理者在晋升为校长之前就能获得必要的领导经验。③

在职校长的专业发展呈现出更为多元的特点。最具代表性的是"全国教育领袖"（National Leaders of Education）和"地方教育领袖"（Local Leaders of Education）项目。这两个项目引入了"系统领导"（System Leadership）的创新理念，强调校长不仅要对本校负责，更要承担起推动整个教育系统进步的责任。如一位受访校长所言："系统领导要求我们跳出单一学校的局限，

---

① Department for Education. Management information-state-funded schools-all inspections-year to date published by 28 Feb 2025[EB/OL]. (2025-02-28)[2025-03-19]. https://assets.publishing.service.gov.uk/media/67cffff4f5520788b54eeebd/Management_information_-_state-funded_schools_-_all_inspections_-_year_to_date_published_by_28_Feb_2025.csv/preview.
② 同上。
③ Alexis J. M. A study of the extent to which the criteria of the TTA, Ofsted and the Academic Literature agree on what makes effective subject leaders in London secondary schools[M]. University of Leicester (United Kingdom), 2002.

关注整个伦敦学生群体的教育质量。除了对自己学校学生的责任外，我们还要与其他校长共同承担起社区所有学生福祉的集体责任。"①

为确保项目质量，"全国教育领袖"项目设置了严格的选拔标准。根据相关文献记载，候选人需在具有挑战性的学校环境中取得显著成效，且其个性特征必须与支持对象学校相匹配。项目管理制度明确规定，如果"全国教育领袖"项目成员的表现不符合要求，其资格将被撤销。坡特和凯特尔韦尔进一步强调，在选拔过程中，候选人与目标学校的匹配度是关键考量因素。②

为了进一步支持校长的专业发展，伦敦教育部门创新性地推出了"学校之家"数据模式。该模式突破了传统按地理位置划分学校的局限，转而基于学校的核心特征进行分类，关键指标有学生社会经济背景、特殊教育需求比例等。这种创新使得校长们能够找到真正具有可比性的标杆学校，从而进行更有针对性的管理经验交流和学习。例如，通过这一模式，一所位于社会经济困难区域的学校可以找到背景相似但教育成效更好的对标学校，学习其成功经验。这种基于数据支持的精准对标，使得校长们能够突破地理和行政区划的限制，找到真正有参考价值的学习对象，从而促进管理能力的实质性提升。而校际合作网络（School Collaboration Networks，SCN）的建设进一步深化了校长的专业发展。2010年Ofsted的评估报告特别指出："几乎所有参与调查的学校员工都表达了对伦敦儿童的责任感，而不仅仅局限于本校学生。"这种集体责任意识的形成，反映了校际网络在促进专业共识方面的积极作用。③

然而，这种专业发展体系也面临着现实挑战。最突出的是校长更替带来的延续性问题。数据显示，2012—2013和2020—2021学年，约30%的学校在家长选校时已更换校长，待学生入学时这一比例升至50%，到最小的孩子离校时，近90%的学校已非督导评估时的领导班子。④ 这种高流动性不仅影响了专业发展项目的实施效果，也给学校发展带来了不确定性。在校际合作质量保障方面也存在挑战。"伦敦挑战"项目原本设计了校长间的互助督导机制，期望通过校长之间的专业对话和互相评估来促进学校改进。然而，在实践中这种校长间的专业互助评估较难实现。正如一位曾经的校长和学院

---

① Baars, S., Bernardes, E., Elwick, A. et al. Lessons from London Schools: Investigating the Success[M]. CfBT Education Trust. 60 Queens Road, Reading, RG1 4BS, England, 2014.
② 同上。
③ 同上。
④ Bokhove, C., Jerrim, J. & Sims, S. How useful are Ofsted inspection judgements for informing secondary school choice?[J]. Journal of School Choice, 2023, 17(1): 35–61.

连锁机构负责人所观察到的:"在实际运作中,学校改进的评估和指导工作主要由项目的专职顾问来完成,而不是由校长之间相互评估来完成。"① 这反映出系统领导理念与实际执行之间存在着现实困境。

第五节 中等教育的特色项目

作为全球金融与文化中心,伦敦的中等教育体系面临着多重挑战与机遇。一方面,伦敦作为国际大都市的特质为其教育发展带来压力:城市人口的高流动性导致学生群体构成复杂,不同社会阶层、种族和文化背景的学生共同学习,使得教育公平问题更加突出;另一方面,作为全球创新中心,伦敦在教育领域也面临着数字化转型的紧迫需求,特别是在人工智能等新兴技术快速发展的背景下,如何创新教育模式、提升教育质量成为重要课题。英格兰教育部的数据显示,伦敦中等教育阶段的停学率和教育质量差异问题尤为突出,特别是在社会经济地位较低的区域,这些问题往往与青少年犯罪、社会融入等更广泛的社会议题相互交织。②

一、伦敦教育与融合项目:聚焦教育公平的创新实践

伦敦教育与融合项目(London Education and Inclusion Project, LEIP)的产生源于英国教育系统面临的严峻挑战。根据科齐亚斯(Cotzias)的研究③,学生停学不仅导致个人学业中断,还往往引发社会排斥、行为偏差等连锁反应。在伦敦这样的大都市,这一问题与社会不平等、青少年犯罪等议题交织在一起。佩里(Perry)和莫里斯(Morris)的研究表明,被停学的学生面临更高的犯罪风险和更差的就业前景。④

项目设计立足于深入的理论研究和实践需求。剑桥大学犯罪研究所联合大伦敦政府发起的这项创新性干预实验采用了最严格的随机对照试验(cluster-randomized controlled trial)设计。参与学校涵盖了伦敦地区不同类

---

① Baars, S., Bernardes, E., Elwick, A. et al. Lessons from London Schools: Investigating the Success[M]. CfBT Education Trust. 60 Queens Road, Reading, RG1 4BS, England, 2014.
② Violence Research Centre, University of Cambridge. London Education and Inclusion Project [EB/OL]. (2025)[2025-03-21]. https://www.vrc.crim.cam.ac.uk/vrcresearch/LEIP.
③ Cotzias, E. Permanent and fixed period exclusions in England: 2012 to 2013[R]. London: Department for Education, 2014.
④ Perry, B. L. & Morris, E. W. Suspending progress: collateral consequences of exclusionary punishment in public schools[J]. American Sociological Review, 2014, 79(6): 1067-1087.

型的中学，包括14所社区学校、7所转制学院、6所资助学院等，以确保实验样本的代表性和多样性。入选标准特别关注了社会经济地位较低的学校群体，要求免费校餐学生的比例超过28%。[①] 在管理架构上，项目体现了英格兰教育创新的多方协作特征。剑桥大学犯罪研究所担任学术主导，与大伦敦政府密切合作。欧盟委员会提供实验设计资金，教育基金会支持干预项目实施，非营利性组织Catch22负责具体执行。项目采用"伦敦教育参与计划"（Engage in Education-Londo，EiE-L）作为干预手段，为期12周。每所实验组学校配备两名专职工作者，负责开展小组活动和一对一辅导。课程设计聚焦于提升学生的沟通能力和社交技能，这一思路源于劳（Law）等人关于沟通障碍与问题行为相关性的研究。[②]

然而，精心设计的方案在实施过程中遭遇了意料之外的挑战。项目执行数据显示，在320名实验组学生中，仅有273名学生参加过一次以上的小组活动（平均出席6.85次），280名学生参加过一对一辅导（平均出席6.83次），而完成全部24次课程的学生仅有7名。虽然出席学生的课堂行为评分和参与度评分表现尚可，但整体参与率远低于预期。更令人担忧的是，47名学生未参加任何小组活动。[③]

项目评估结果令人深思[④]，实验组学生自报的停学率反而高于对照组。深入分析发现，低出勤率和低参与度的学生表现尤其不理想。Welsh和Rocque指出[⑤]，这种情况可能与实施质量不足有关。更令人担忧的是可能出现了Dishion和Tipsord所警告[⑥]的"偏差训练"。

---

① Obsuth, I., Sutherland, A., Cope, A., et al. London Education and Inclusion Project (LEIP): Results from a cluster-randomized controlled trial of an intervention to reduce school exclusion and antisocial behavior[J]. Journal of Youth and Adolescence, 2017, 46: 538-557.

② Law, J., Plunkett, C. C. & Stringer, H. Communication interventions and their impact on behaviour in the young child: a systematic review[J]. Child Language Teaching and Therapy, 2012, 28(1): 7-23.

③ Obsuth, I., Sutherland, A., Cope, A., et al. London Education and Inclusion Project (LEIP): Results from a cluster-randomized controlled trial of an intervention to reduce school exclusion and antisocial behavior[J]. Journal of Youth and Adolescence, 2017, 46: 538-557.

④ Obsuth, I., Sutherland, A., Cope, A., et al. London Education and Inclusion Project (LEIP): A cluster-randomised controlled trial of an intervention to reduce school exclusion, antisocial behaviour and related outcomes—post-intervention findings[J]. Journal of Youth and Adolescence, 2016.

⑤ Welsh, B. C. & Rocque, M. When crime prevention harms: a review of systematic reviews[J]. Journal of Experimental Criminology, 2014, 10(3): 245-266.

⑥ Dishion, T. J. & Tipsord, J. M. Peer contagion in child and adolescent social and emotional development[J]. Annual Review of Psychology, 2011, 62: 189-214.

二、人工智能教学实验项目：探索教育数字化转型

2024 年 8 月，伦敦大卫歌姆学院（David Game College）启动了一项试点项目，选取 20 名学生使用人工智能工具（如 ChatGPT）进行学习，在英语、数学、生物和计算机科学等科目的备考过程中，由 3 名学习教练提供支持。大卫歌姆学院联合创始人兼联席校长约翰·道尔顿（John Dalton）指出，该项目致力于解决传统课堂教学中进度安排"一刀切"的局限性。通过引入人工智能辅助系统，学生得以按照个人节奏完成上述核心科目的学习。这种自主学习模式不仅提升了学习效率，更重要的是为师生互动提供了新的可能性。①

该项目名为"塞布勒温计划"（Sabrewing Programme），面向 GCSE 阶段的学生，标志着英格兰首个完全由人工智能驱动的无教师课堂实践的开始。约翰·道尔顿阐述了项目愿景："尽管无教师课堂的理念看似激进，但我们的目标是通过个性化且高度支持的教育历程来增强学习效果，而非简单地取代教师。"在具体实施层面，项目采用了自适应学习平台，为学生提供个性化的学习体验。② 项目设计特别强调了学习教练的关键作用。这些教练经过严格筛选，需具备出色的语言推理能力和情商水平。他们的职责不仅限于学习进度监督，还包括关注学生的心理健康和社交发展。在课程设置上，项目突破传统学科界限，将额外时间用于培养学生的批判性思维、数字素养、艺术表达、公共演讲和创业思维等综合能力。③

私立学校协会首席执行官鲁道夫·埃利奥特·洛克哈特（Rudolf Eliott Lockhart）对该项目给予了积极评价，认为利用人工智能驱动自适应学习方法可能成为真正的游戏规则改变者。然而，该项目也引发了教育界的深度思考。传统教育中教师所承担的启发、激励和个性化互动等功能是否能被技术完全替代？为应对这一挑战，该项目在课程设置上不仅注重学科知识的传授，还强调各类生活技能的培养。④

---

① Reckeweg, A. Pilot project in London: High school students learn with AI instead of in class[EB/OL]. (2024-08-21)[2025-03-21]. heise online, https://www.heise.de/en/news/Pilot-project-in-London-High-school-students-learn-with-AI-instead-of-in-class-9843225.html.

② Thompson, E. AI-driven teacherless classrooms launched in London: Is education ready for the shift?[EB/OL]. (2024-08-12)[2025-03-21]. EdTech Innovation Hub, https://www.edtechinnovationhub.com/news/ai-driven-teacherless-classrooms-launched-in-london.

③ Reckeweg, A. Pilot project in London: High school students learn with AI instead of in class[EB/OL]. (2024-08-21)[2025-03-21]. heise online, https://www.heise.de/en/news/Pilot-project-in-London-High-school-students-learn-with-AI-instead-of-in-class-9843225.html.

④ Thompson, E. AI-driven teacherless classrooms launched in London: Is education ready for the shift?[EB/OL]. (2024-08-12)[2025-03-21]. EdTech Innovation Hub, https://www.edtechinnovationhub.com/news/ai-driven-teacherless-classrooms-launched-in-london.

北莱茵-威斯特法伦州教师协会主席安德烈亚斯·巴奇（Andreas Bartsch）认为人工智能的引入能够有效缓解教师资源短缺的困境，让教育工作者将更多精力投入关注和支持学生个性化的需求。然而，巴奇同时强调，人工智能应被视为教学的辅助工具而非教师的替代品。教师在日常教育实践中扮演着沟通者、榜样和引导者的多重角色，这些功能是人工智能难以完全替代的。正如达默茨（Dammertz）所警示的，过度依赖人工智能可能会制约学生批判性思维和问题解决能力的发展。教室作为社交学习空间的重要性不容忽视，维持适度的人际互动对学生的社会性发展至关重要。①

这两个项目虽然关注点不同，但都反映了伦敦中等教育在面对社会挑战时的创新精神。伦敦教育与融合项目虽然未能完全实现预期目标，但其严谨的实验设计、多方协作的模式以及对弱势群体的关注，为教育公平实践提供了重要经验。大卫歌姆学院的 AI 教学试点项目展示了教育数字化转型的一种可能路径。正如专家所指出的，AI 可以作为有效的教学辅助工具，但在应用过程中需要特别关注：确保学生的社交互动需求、避免过度依赖 AI、保持教师在教育过程中不可替代的引导作用。这些探索为我们理解大都市教育改革的复杂性提供了宝贵启示。

本章结语

伦敦中等教育体系的演进与实践，深刻反映了英国教育政策的变迁与社会需求的动态变化。作为全球教育改革的典范，伦敦在中等教育领域的探索不仅回应了全球化背景下教育公平与质量的迫切需求，也为全球教育实践提供了宝贵的经验。通过对伦敦中等教育的多维度分析，本章揭示了其在体系架构、课程设置、教学方法创新、信息技术运用以及学校督导与专业发展等方面的独特实践与显著成效。

首先，伦敦中等教育体系的多元化特征，不仅体现在其学制框架的灵活性上，还反映在入学政策的包容性与管理体制的创新性上。伦敦通过引入学院制学校、赞助型学院等新型办学模式，成功应对了教育资源分配不均、教育质量参差不齐等问题。特别是在应对贫困学生与少数族裔学生的教育公平问题上，伦敦通过"伦敦挑战"项目，展现了其在教育治理中的创新与实

---

① Reckeweg, A. Pilot project in London: High school students learn with AI instead of in class[EB/OL]. (2024-08-21)[2025-03-21]. heise online, https://www.heise.de/en/news/Pilot-project-in-London-High-school-students-learn-with-AI-instead-of-in-class-9843225.html.

践成效。

其次，伦敦中等教育在教学方法与信息技术运用方面的创新，为其教育质量的提升注入了新的活力。通过小班化教学、对话式教学等创新方法，伦敦成功应对了学生群体文化多样性与特殊教育需求的挑战。同时，信息技术的广泛应用，不仅提高了教学与管理的效率，还为学生的个性化学习提供了有力支持。伦敦的经验表明，教育创新与信息技术的深度融合，能够有效促进教育公平，为学生的全面发展提供有力支持。

然而，伦敦中等教育体系仍面临诸多挑战。首先，教育资源分布不均，部分地区的学校仍面临资金不足、师资短缺等问题。其次，尽管伦敦在推进教育公平方面取得了显著成效，但少数族裔学生与贫困学生的学业成就差距仍未完全消除。最后，在全球化背景下，移民学生的教育需求与本土文化认同之间的冲突，也对伦敦的教育治理提出了新的挑战。

展望未来，伦敦中等教育体系的进一步发展需要在以下几个方面寻求突破：首先，继续推进教育资源的均衡分配，特别是在贫困地区与少数族裔聚集区，加大对学校的资金与师资支持。其次，深化教育公平政策，特别是在高等教育衔接与职业发展方面，为弱势学生提供更多的支持与机会。第三，加强全球化背景下的文化适应教育，帮助移民学生更好地融入英国社会，同时保持其文化认同。

总之，伦敦中等教育体系的演进与实践，不仅为英国其他地区提供了宝贵的经验，也为全球大都市的教育治理提供了重要的参考。

第五章　伦敦高等教育[①]

高等教育作为推动社会发展的核心动力，肩负着培养高素质人才、推动知识创新以及传承优秀文化的重任。随着数字化浪潮的汹涌而来、国际化竞争的日益激烈以及社会需求的多样化，高等教育领域正面临前所未有的挑战与机遇。中共中央、国务院印发的《教育强国建设规划纲要（2024—2035年）》明确指出，要"增强高等教育综合实力，打造战略引领力量"，这一指示凸显了国家层面对提升高等教育实力的高度重视。放眼全球，任何一个现代化强国，无一不是科技强国，而科技强国的背后，必然有强大的人才支撑，而人才的培养又离不开高等教育的蓬勃发展。[②]

英国伦敦作为英国范围内高校最为密集、高等教育水平首屈一指的区域，拥有丰富多样的高等教育机构[③]，凭借其卓越的高等教育体系，始终走在全球教育发展的前列。深入研究伦敦高等教育的成功经验，对于我国在新时代背景下提升高等教育综合实力、加快教育现代化进程，具有极为重要的借鉴意义。

为探讨伦敦教育成功的奥秘，本章将从伦敦高等教育机构的整体布局、教学科研创新以及其为城市发展服务等方面进行深入探究，以期寻找我国高等教育向好发展的可行之径。

第一节　伦敦高等教育机构的整体布局

伦敦的高等教育机构分布在大伦敦区（Greater London）的 33 个行政区及其周边，形成了复杂而多元的教育生态系统，涵盖了从综合性大学到专业

[①] 本章作者为上海师范大学沈秋雨、闫温乐。
[②] 眭依凡，张川霞，何志伟. 高等教育强国建设：高等教育理论研究的使命与责任[J]. 重庆高教研究，2024，12（2）：3-13.
[③] 高若彬，蒋家琼. 英国大伦敦区高等教育治理体系及启示[J]. 教书育人（高教论坛），2022（30）：66-70.

型院校的广泛类型。本节将从地理分布特征、院校体系与分类、留学生群体以及政策支持体系这几个方面，系统分析伦敦高等教育机构的整体布局，以揭示伦敦高等教育的成功模式。

一、伦敦高等院校的经济地理分布特征

大伦敦区聚集了 40 多所高等教育机构。[①]为了促进伦敦的可持续、包容性发展，《伦敦计划 2004》(The London Plan 2004)首次将大伦敦区分为中央伦敦、东伦敦、南伦敦、西伦敦和北伦敦，[②]并作了详细的规划与展望，以明确各区域的特征及发展重点。高等教育机构分散在大伦敦不同地区，呈现出与所在地域发展相契合的特色。其中，中央伦敦和东伦敦的区域发展与高校特色联系最为紧密，下文将以这两个区域为例，对其区域规划及高校特点进行介绍。

中央伦敦作为伦敦的核心区域，包括肯辛顿-切尔西、卡姆登、伊斯灵顿、旺兹沃斯、兰伯斯、萨瑟克和威斯敏斯特市，是全球金融、文化和教育中心，吸引了大量的国际学生和学者。该地区汇聚了伦敦政治经济学院、伦敦大学学院等世界知名高校。这些高等教育机构不仅培养了大量的高层次人才，还支撑了伦敦的经济发展，特别是在金融、商业和科技创新领域。伦敦政治经济学院以商科和社科领域而闻名；伦敦大学学院则在教育、建筑、医学等多学科表现突出。这些院校拥有卓越的科研成果，备受国际认可的教学质量，吸引着全球各地的优秀学子和学者，是国际学术交流与合作的重要平台。

东伦敦是大伦敦范围内最大的地区，覆盖了泰晤士河两岸的 10 个自治区——伦敦市政府、哈克尼、陶尔哈姆莱茨、纽汉、巴金-达格南、哈弗林、雷德布里奇、刘易斯汉姆、格林威治和贝克斯利。1997 年，英国政府提出将伦敦定位为"创意之城"，伦敦东区成为"创意之城"的首选地之一。《伦敦计划 2004》将东伦敦地区的规划制定为"为伦敦建立一个新的多功能欧洲商业区"。因此，东伦敦以创意产业闻名，区域内的高校也注重艺术与创意学科的发展。东伦敦大学的艺术与创意产业学院，在媒体、时尚和表演等领域以卓越的创意为基础，与各行各业开展合作。[③] 此外，区域内其他高校还积

[①] 沈蕾娜. 互惠与正义：大学与城市协同发展的空间逻辑——以英国大伦敦区为例[J]. 国家教育行政学院学报, 2020 (11): 88–95.

[②] London.gov.London Plan 2004[EB/OL]. (2004-02)[2025-02-25]. https://www.london.gov.uk/programmes-strategies/planning/london-plan/past-versions-and-alterations-london-plan/london-plan-2004.

[③] University of East London. School of Arts and Creative Industries[EB/OL]. [2025-02-25]. https://china.uel.ac.uk/about-us/school-of-arts-and-creative-industries.

极与社区和产业合作,在推动当地经济再生和创造就业机会方面发挥着重要作用。

这些区域的高校共同构成了伦敦丰富且多元的高等教育生态,为城市发展提供了强大的智力支持。表5-1为部分代表性高校及其所在地区。

表5-1　代表性高校及其所在地区

地区	代表性高校
中央伦敦	帝国理工学院(Imperial College London)、伦敦大学学院、伦敦政治经济学院(The London School of Economics and Political Science, LSE)、伦敦国王学院(King's College London, KCL)、伦敦大学亚非学院(School of Oriental and African Studies, SOAS)、皇家中央演讲与戏剧学院(Royal Central School of Speech & Drama)、伦敦商学院(London Business School, LBS)、伦敦城市大学(London Metropolitan University)、皇家音乐学院(Royal College of Music, RCM)、考陶尔德艺术学院(The Courtauld Institute of Art)。
东伦敦	东伦敦大学(University of East London)、格林威治大学(University of Greenwich)、伦敦大学伯贝克学院(Birkbeck, University of London)。
南伦敦	伦敦南岸大学(London South Bank University, LSBU)、伦敦大学金史密斯学院(Goldsmiths, University of London)。
西伦敦	西伦敦大学(University of West London, UWL)、伦敦布鲁内尔大学(Brunel University of London)。
北伦敦	密德萨斯大学(Middlesex University)。

注:该表格系根据各高校官网显示地址整理。

二、伦敦高等院校的分类及其特征

作为全球高等教育体系的典范,伦敦的院校网络从纵向上看,不同地区有着不同的发展特征;从横向上看,高校特征可总结为"分类明晰"和"功能互补"。其结构演化深受英国知识经济战略与劳动力市场需求的双重驱动,在高校合作、校企合作和高校社会服务过程中,为"知识城市"的建设和经济发展提供了人力知识与技术支持。[①] 本节将伦敦的高等教育机构划分为综合型院校和专业型院校两类,并系统分析其核心特征、社会职能与互动机制,旨在揭示分类体系背后的治理逻辑及其对区域创新生态的支持作用。表5-2为部分高等教育机构归类。

---

① 郭婧. 知识城市模式下伦敦高等教育的发展与特点研究[J]. 比较教育研究, 2014, 36(7): 56-62.

表 5-2　部分高等教育机构归类

类型	代表高校名称
综合型高校	伦敦大学学院、伦敦政治经济学院、伦敦大学国王学院、伦敦玛丽女王大学（Queen Mary University of London，QMUL）、伦敦大学城市学院、伦敦大学伯贝克学院、伦敦大学皇家霍洛威学院（Royal Holloway, University of London，RHUL）、威斯敏斯特大学（University of Westminster）、伦敦南岸大学、密德萨斯大学、格林威治大学、东伦敦大学。
专业型高校	伦敦艺术大学（University of the Arts London，UAL）（艺术与设计）、皇家音乐学院（音乐）、皇家中央演讲与戏剧学院（戏剧与表演）、伦敦商学院（商学）、伦敦卫生与热带医学院（University of London, London School of Hygiene & Tropical Medicine）（公共卫生与热带医学）。

注：该表格仅为大伦敦地区部分高等教育机构分类（根据各高校官网信息整理）。

综合型院校通常提供广泛的学科领域，包括但不限于科学、技术、工程、数学、医学和人文社科等。它们的核心特征在于具备跨学科的研究能力和广泛的学术课程设置，以期培养出具有全面知识结构和创新能力的人才。在社会职能方面，综合型院校不仅承担人才培养的任务，还通过研究活动推动科学进步和经济发展。此外，它们与企业和政府机构建立合作关系，促进知识转移和技术创新。例如，伦敦大学学院是全球顶尖的综合性大学之一，在多个领域提供研究和教育服务[1]，在 2025 年 QS 世界大学排名中位列第 9，全英第 4，实力强劲。[2]

相较之下专业型院校专注于特定领域的教育和研究，如艺术、设计、音乐、戏剧、商学、公共卫生等。这些院校的核心特征在于其专业性和实践性，旨在培养具有特定领域专业知识和技能的人才。在社会职能方面，专业型院校通过其专业教育和研究活动，为特定行业的发展提供支持并储备人才。例如，伦敦卫生与热带医学院是全球领先的公共卫生教育机构，提供多个专门的硕士学位课程，专注于健康领域的教育和研究；伦敦商学院作为商学领域的专业机构，专注于商学教育，为商界培养专业人才；伦敦政治经济学院在经济学和社会科学领域享有盛誉，在 2025 年 TIMES 排名中，伦敦政治经济学院居于首位。这些专业型院校不仅为学生提供了深入特定领域的教育，同时

---

[1] University College London. UCL – University College London[EB/OL]. [2025-02-25]. https://www.ucl.ac.uk/.

[2] QS World University Rankings. QS World University Rankings 2024[EB/OL]. [2025-02-25]. https://www.qsworld.eu/.

也为社会和行业提供了专业人才和研究成果。通过与行业的紧密联系,这些院校确保了教育内容与实际需求的对接,从而增强了毕业生的就业竞争力。

这种功能分层和资源互补的教育生态体系,为学生提供了从基础学习到专业实践,再到前沿研究的全方位教育机会。在基础学习阶段,强调知识的全面性和扎实性,为学生后续发展打下坚实基础;在专业实践阶段,则与行业需求紧密结合,培养学生解决实际问题的能力;在前沿研究阶段则鼓励学生探索未知领域,推动科技创新。这种功能分层的模式,保证了教育的连贯性和流畅性,避免了资源的重复和浪费。①

三、伦敦高等院校的留学教育

在全球化背景下,高等教育的国际化是衡量教育质量和竞争力的重要指标之一。英国是当今世界留学生教育大国和强国,而伦敦作为全球教育、文化和经济的中心,凭借其卓越的学术声誉、多元的文化环境以及丰富的教育资源,吸引了来自世界各地的学生。特别是近年来,中国学生对伦敦高校的青睐程度持续上升,使其成为国际教育交流的重要枢纽。②

根据英国高等教育统计局(Higher Education Statistics Agency,HESA)发布的数据,2022—2023学年,英国高等教育在读学生总数达到293.7万人,其中,国际学生人数约为75.8万人,占学生总人数的25.8%。伦敦地区的高校在这一数据中占重要比例,尤其是帝国理工学院和伦敦大学学院等顶尖院校,吸引了大量国际学生。帝国理工学院被评为英国最为国际化的大学之一,每年会有来自100多个国家的学生前来求学;伦敦大学学院的国际学生比例也在50%以上。这些数据表明,伦敦的高校在全球范围内具有极高的吸引力,其国际化程度位居世界前列。

在留学生专业选择上,数据显示,在英国,最受国际学生欢迎的专业包括商业与管理、工程与技术、计算机和社会科学等。根据2022—2023学年的统计数据,大约有26.3万名国际学生正在攻读商业与管理学位,7.1万名国际学生攻读工程与技术学位,6.6万名国际学生攻读计算机学位,5.9万名国际学生攻读社会科学学位。相比往年数据,均呈上升趋势。③ 英国高等教

---

① Mihut, G., Ozsezer-Kurnuc, S., Morris, R., et al. Policy and Research Engagement in UK Higher Education. Policymaker and Expert Perspectives and Priorities[J]. Higher Educ. Q., 2025, 79: e70015.

② King's College London, 2021. [2025-02-25].https://www.kcl.ac.uk/policy-institute/assets/china-question.pdf.

③ HESA.data-and-analysis [EB/OL]. [2025-02-25]. https://www.hesa.ac.uk/data-and-analysis/students/what-study.

育统计局数据显示，伦敦高校在国际学生比例和中国留学生数量上均表现突出。

英国留学生教育的卓越发展与其完善的留学生服务质量管理体系密不可分。英国高校秉持现代管理理念，不断改进和提升留学生服务质量管理的专业水平。伦敦乃至英国的成功经验不仅使其在国际教育领域占据优势地位，也为其在"后脱欧"时代提升国家形象以及增强国家软实力创造了条件。[①]

四、伦敦高等教育政策的演进

全球教育格局深度调整，国际教育市场的竞争愈发激烈。英国国际教育战略的制定与调整始终围绕国家利益展开，呈现出鲜明的时代适应性。作为后殖民时代文化输出的延续，英国对外关系逐渐从"硬控制"向"软影响"过渡，更加强调文化、语言和教育的全球优势。[②]21世纪初以来，英国通过教育国家化战略不断增强其全球影响力，尤其在高等教育领域，通过优质教育资源的输出和全球精英网络的构建，英国的国际教育战略逐渐发展成为一项核心的外交政策工具。2019年，英国政府发布的《国际教育战略：全球潜力，全球增长》(International Education Strategy: Global Potential, Global Growth) 标志着英国教育国际化的进一步深化，特别是在"后脱欧"背景下，教育贸易化成为重要议题。该战略明确提出到2030年实现教育出口额350亿英镑、国际学生规模增至60万的目标。[③]这一战略不仅着眼于经济收益，还旨在通过国际学生丰富英国的文化多样性，提升英国高等教育的全球影响力。在这一背景下，英国政府积极谋划，通过教育国际化和产业化结合，稳固并提升其在全球教育版图中的地位。

在具体实施方面，英国政府采用了一系列政策工具，涵盖了经济激励、文化外交与教育合作等多个措施。相关研究从政策工具的视角分析了英国教育国际化战略的实施路径，认为英国的战略并非单一工具驱动，而是依靠命令性工具、激励性工具、能力建设工具以及系统变革工具的组合政策目标

---

① 阚阅，张宁珊.高校留学生服务质量管理体系的构建：英国经验与启示[J].大学教育科学，2024（4）：67-75.
② 孙志远，王洋.制胜全球：英国国际教育战略的历史演进与当代建构[J].黑龙江高教研究，2022（10）：75-80.
③ UK Government. Ministerial foreword to the 2023 International Education Strategy update: Minister Halfon and Lord Johnson [EB/OL]. [2025-02-25]. https://www.gov.uk/government/publications/international-education-strategy-2023-update/ministerial-foreword-to-the-2023-international-education-strategy-update-minister-halfon-and-lord-johnson.

的实现。① 也有研究进一步指出，英国政府的国际教育战略不断优化其政策工具组合，从早期主要依赖命令性工具，如通过立法来规范跨国教育的质量保障体系，到逐渐重视激励性工具的使用，如通过"重大挑战基金"奖励"国际教育冠军"。这种策略的调整反映了国际竞争的加剧和全球教育市场日益复杂的形势。激励性工具的运用有效地推动了英国高等教育部门的市场化发展和跨国教育合作的加强。②

伦敦作为英国的高等教育中心，紧随英国政府政策的步伐，通过多项专项计划支持高等教育的发展。在全球经济衰退后的 15 年中，伦敦的生产力年均增速缓慢。在这一背景下，伦敦市长发布了"伦敦增长计划"（London Growth Plan），这项计划十分强调国际学生对经济增长的价值。伦敦高等教育机构中超过 1/4 的本科生和 2/3 的研究生来自其他国家，因此，国际学生的学费也是大学和学院的重要收入来源。该计划表明，伦敦将保持对国际学生的开放态度，以期通过多元文化环境、高质量的教育资源和包容性政策吸引全球顶尖人才。

通过国家层面的战略规划和地方专项计划的实施，伦敦在高等教育领域的政策支持体系不断完善。这些政策为国际学生提供了更多机会，也为高等教育机构与产业界的合作创造了有利条件，进一步巩固了伦敦在全球教育和创新领域的领先地位。

第二节　伦敦高等教育机构的教学科研创新

2024 年 9 月，英国大学联盟（Universities UK）委托伦敦经济研究所（London Economics）进行评估并发布报告《高等教育、教学、研究与创新的经济影响》（The economic impact of higher education, teaching, research and innovation）。报告数据显示英国高等教育在多个方面成果显著，而伦敦高等教育机构在其中的贡献尤为突出。2021—2022 年，英国研究与知识交流活动的总经济影响高达 628.4 亿英镑，其中伦敦高校贡献了 168 亿英镑，占比达 27%；教学与学习活动产生了约 947.8 亿英镑的经济影响，伦敦高校的贡献为 156.4 亿英镑，占比 17%；综合教学、研究和创新活动产生的总经济影响

---

① 张凤娟，吴佳欣. 政策工具视角下英国教育国际化战略研究［J］. 比较教育研究，2023（2）：96-102.
② 凌鹊，周润姿. 后疫情时代英国跨国教育改革新动向——基于《2021 国际教育战略》的分析［J］. 高等理科教育，2022（5）：102-110.

约 1 576.2 亿英镑，伦敦高校贡献达 324.4 亿英镑，占比 21%。若将机构支出和教育出口纳入考量，英国高等教育所有核心活动的总经济影响为 2 653.5 亿英镑，伦敦高校贡献了 608.7 亿英镑，占比 23%。①

伦敦高等教育机构在经济方面的重大贡献离不开教学与研究领域的创新实践。众多顶尖学府汇聚于此，它们在教学与研究方面不断探索与突破，为社会培养了大量高素质人才，推动了科技进步与社会发展。本节将从伦敦高等教育机构教学创新、研究创新以及其教学研究创新的驱动因素这些方面介绍并探索领跑高等教育的"伦敦经验"。

一、伦敦高等教育机构教学创新现状

在当今知识迅速更新的时代背景下，传统的教学方法已难以满足学生对知识的深度渴求以及对未来职业发展的多元需求。因此，创新的教学方法和模式、更为优化的课程体系和高端的教学技术应运而生，它们在提升学生学习体验与学习效果方面展现出显著优势，同时能精准契合不同学生群体的个性化学习需求。

（一）教学模式创新

教学模式是指依据一定的教学思想和教学理论而形成的、相对稳定的、系统化和理论化的教学活动范式。②它是教学理论联系实际的具体化，也是教学经验的一种系统概括。教学模式的创新主要包括跨学科教学模式、混合式教学模式、翻转课堂、项目式学习等多种形式。跨学科教学模式旨在打破学科界限，培养学生的综合素养与创新能力；混合式教学模式则通过整合线上与线下教学资源，提升教学效率与学生的学习体验。以下将从这两个方面对伦敦高校的教学模式创新进行深入探讨，展现其在教育实践中的显著成效。

1. 跨学科教学

跨学科是一个过程，不同学科之间的互动关系具有多样性。正如 G. 伯杰所认为的"从简单的交换学术思想，直至全面交流整个学术观点、方法、程序、认识和术语以及各种资料"，不同程度的互动会产生不同的学科交叉融合形式。③也就是说，它强调打破学科界限，融合不同学科的理论、方法、

---

① London Economics. The economic impact of higher education, teaching, research and innovation: Report for Universities UK. August [EB/OL]. [2025-02-25]. 2024.https://www.universitiesuk.ac.uk/sites/default/files/field/downloads/2024-09/LE-UUK-Impact-of-university-TL-and-RI-Final-Report.pdf.
② 何克抗，郑永柏，谢幼如. 教学系统设计［M］. 北京：北京师范大学出版社，2002：3-7.
③ 王涛. 学科性视角下高校跨学科的演变：从学科交叉到交叉学科［J］. 中国高教研究，2023（12）：71-78.

视角等来解决复杂问题或开展研究。跨学科教学模式在伦敦高校中被广泛应用，其核心目标是培养具有宽广知识面和多学科视角的复合型人才，使学生能够在面对复杂性和不确定性日益增加的社会环境时，具备创新性解决问题的能力。伦敦大学学院开设了众多跨学科课程，其新设立的艺术与技术专业（Art and Technology BA）为当代艺术创作者提供了创新的学术平台，通过技术赋能艺术创作，同时注重实践，探索艺术、人文和科学之间的紧密联系，从而培养学生的跨学科思维和实践能力。此外，伦敦大学学院还提供了多种跨学科专业，如生态学与数据科学专业英文、数字人文专业英文等。这些课程不仅涵盖了广泛的学科领域，还通过跨学科研究和实践项目，帮助学生掌握多领域的知识和技能，为未来的职业发展打下坚实基础。

不仅如此，还有伦敦跨学科学校，其办学初衷和理念是"21世纪的领导者需要掌握广泛的跨学科方法和技能来应对全球最复杂的问题"。[①] 因此，该校的课程设计往往以问题为导向，强调跨学科方法和实际应用。其本科课程"跨学科问题与方法"（BASc in Interdisciplinary Problems and Methods）是英国首个此类学位，学生在这一课程中将研究更加复杂的问题，诸如气候变化、社会不平等以及城市未来等。这些跨学科课程设计突破传统学科界限，让学生能够同时接触多个学科领域的知识，从而获得多元视角。

2. 混合式教学

混合式教学并非全新的教学方法或理论，它是随着教育信息化的发展，将传统教学的优势与新兴数字化教学的优势有机结合，从而取得更佳的教学效果。[②] 在这一模式下，面对面教学的即时互动与反馈机制得以保留，而在线学习平台则为学生提供了丰富的学习资源和灵活的学习时间安排。学生可根据自身学习进度和习惯自主规划学习路径，从而在提升学习效率的同时，增强自主学习能力。这一教学模式充分体现了现代教育对个体差异的尊重与适应。

伦敦大学玛丽女王大学在沉浸式数字学习方面成果显著。自混合教育模式产生和混合现实技术投入使用以来，学院便在创造沉浸式学习体验上走在前列。2021年，学院凭借在化学课程中实施混合现实技术教学，荣获皮尔逊首届高等教育创新奖（Pearson's inaugural HE Innovate Awards）。这种混合教学模式打破了空间限制，即使学生身处异地，也能参与高质量的实验课

---

① London Interdisciplinary School. About Us - London Interdisciplinary School [EB/OL]. [2025-02-25]. https://www.lis.ac.uk/about.
② 林志敏. 混合式教学实践的驱动因素与推进路径——基于福建A高校调查问卷数据实证分析[J]. 重庆电力高等专科学校学报, 2024, 29（4）: 63-68.

程，拓宽了教育资源的覆盖范围。

（二）课程体系创新

拉尔夫·泰勒提出，课程体系是教育机构为实现教育目标而组织的全部教学活动的总和，包括课程目标、内容、实施和评价等要素，这些要素彼此关联形成完整结构，以有效传递教育内容，促进学生全面发展。① 课程体系创新在教育领域具有至关重要的地位，它不仅关乎教育质量的提升，更影响着学生的全面发展和未来社会的人才需求。杰克·R. 弗林克尔和诺曼·E. 瓦伦强调："课程体系的创新是应对社会和科技快速变化的必要手段，通过不断更新和优化课程内容，培养学生的创新能力和适应能力。"国内外课程研究的创新性主要体现在对课程设计、教学方法及教育理念的不断探索和改革。本节将从"市场导向课程"和"国际化课程"两方面对伦敦高校创新的课程体系进行介绍。

1. 市场导向课程

伦敦地区高校的课程体系始终以市场需求为核心驱动力，通过动态调整学科结构与产学研协同机制，确保教育产出与行业需求相匹配。这种市场导向性不仅体现在课程内容的迭代速度上，更反映在跨学科融合与实践能力培养的深度上。2025 年，伦敦大学学院新增的"金融与数据科学硕士"（MSc Finance with Data Science），正是针对金融科技领域对复合型人才的迫切需求而设计。该课程由伦敦大学学院管理学院与经济学院联合开发，基于金融、数据科学、计量经济学和经济学方面的世界一流研究专业知识，培养能够利用大数据技术优化金融决策的专业人才。② 其课程设置中包括"数据可视化"（Data Visualization）和"决策和风险分析"（Decision and Risk Analysis）等核心内容，并要求学生在第三学期完成金融与数据科学的实践研究项目，所有项目直接与金融机构的真实案例接轨。③ 伦敦大学学院与高盛、摩根大通等企业建立合作，通过行业导师参与授课和实习计划，确保学生掌握行业实时动态。

此外，帝国理工学院在市场导向课程方面也有所作为。其商学院课程团队通过模块化设计，将传统管理理论与金融科技应用相结合，例如数字商业、市场营销等领域课程覆盖了当前企业对数字化转型的核心诉求。课程还引入"交互式应用学习"模式，要求学生参与模拟商业决策项目，解决供应

---

① 拉尔夫·泰勒. 课程与教学的基本原理（英汉对照版）[M]. 罗康，张阅，译. 北京：中国轻工业出版社，2014.

② UCL School of Management. MSc Finance with Data Science [EB/OL]. [2025-02-25]. https://www.mgmt.ucl.ac.uk/msc-finance-data-science.

③ UCL School of Management. MSc Business Analytics | UCL School of Management [EB/OL]. [2025-02-25]. https://www.mgmt.ucl.ac.uk/business-analytics.

链优化或客户行为预测等实际问题。这种以行业痛点为导向的课程设计，使毕业生在咨询、金融科技和跨国企业管理等领域展现出显著竞争力。

2. 国际化课程

伦敦地区高校的国际化课程体系堪称全球高等教育领域的标杆。作为多元文化交汇的国际大都市，伦敦的高校始终注重课程建设的国际化特性，广泛搭建全球高校合作网络，引入国际前沿理念与实战资源；精心设计灵活多样的学习模式，全方位贴合学生个性化需求，不断雕琢打磨课程体系。以此为基，持续向全球输送兼具深厚专业素养与广阔全球视野的复合型精英人才。

伦敦政治经济学院作为世界顶尖的社会科学研究型大学，与美国多所顶尖高校建立了广泛的合作伙伴关系。这些合作不仅包括学术交流和联合研究项目，还涉及课程共建与学生联合培养。例如，伦敦政治经济学院与美国哥伦比亚大学（Columbia University）、加州大学伯克利分校（University of California, Berkeley）等高校开展了多维度的合作项目。[①] 这些合作项目通过联合课程设计、双学位项目以及学生交换计划，为学生提供了跨文化的学习体验和全球视野。此外，伦敦国王学院也积极参与国际合作，与伦敦其他高校共同建立了多个研究中心和联合项目，如与伦敦卫生与热带医学学院、伦敦大学学院合作的布鲁姆斯伯里全球健康中心（Bloomsbury Centre for Global Health）。[②] 在项目合作中既提升了学术研究的国际化水平，又能为学生提供丰富的国际课程资源和跨学科的学习机会。

二、伦敦高等教育机构研究创新现状

高等教育机构作为知识创造与传播的核心主体，其研究创新活动对社会进步和经济发展起着至关重要的推动作用。近年来，随着科技革命和产业变革的加速演进，世界各地的高等教育机构纷纷加大研究创新力度，积极探索新兴领域和技术前沿，以应对复杂多变的社会挑战并抢占未来发展制高点。

从全球范围来看，高等教育机构的研究创新呈现出多元化与深度交叉融合的趋势。一方面，传统优势学科领域如自然科学、工程技术等持续深化理论与应用研究，不断突破技术瓶颈，催生了一系列具有重大影响力的研究成果。例如，许多顶尖高校在人工智能、量子计算、生物技术等前沿领域投入大量资源，组建跨学科研究团队，开展长期且系统的研究项目，成功推动了

---

① LSE. University partners [EB/OL]. [2025-02-25]. https://info.lse.ac.uk/staff/divisions/academic-partnerships/university-partners.

② King's College London. University collaborations | King's & London [EB/OL]. [2025-02-25]. https://www.kcl.ac.uk/london/connecting/university-collaborations.

相关技术从理论构想到实际应用的转化。另一方面，面对日益复杂的全球性问题，如气候变化、能源危机、公共卫生安全等，不同学科之间的界限逐渐模糊，跨学科研究合作成为主流趋势。高校通过整合多学科资源，促进学者之间的交流与协作，形成了综合多领域知识与方法的创新研究模式，为解决复杂问题提供了全面和有效的方案。①

英国，作为全球高等教育的重要阵地，其高等教育机构在研究创新方面表现突出。英国高校不仅在基础研究领域有着深厚的学术积淀和卓越的科研实力，而且在应用研究和技术转化方面也取得了显著成就。特别是在与产业界的合作方面，英国高校通过建立产学研联盟、技术转移办公室等机制，加强了科研成果与市场需求的对接，加速了科技成果的商业化进程，为经济增长和社会发展注入了强大动力。②

伦敦高等院校在科研创新方面各具特色，共同构成了伦敦乃至英国高等教育研究创新的核心力量。伦敦的成功不仅依赖高校自主创新，更与政府政策框架的宏观调控与支持息息相关。本节将从科研卓越框架（Research Excellence Framework，REF）、产学研合作模式以及政府政策影响等方面深入探讨伦敦高等教育机构研究创新的成果以及内在驱动因素。

（一）从科研卓越框架看伦敦高等教育机构研究创新

科研卓越框架（REF）是英国对高等教育机构研究质量进行评估的重要机制，由英格兰研究署、苏格兰资助委员会、威尔士高等教育资助委员会和北爱尔兰经济部联合开展。该评估每7年进行一次，上一次评估结果于2014年发布，REF2021的结果受新冠疫情影响延期1年，最终于2022年5月12日正式发布，与上次评估时隔8年。③

REF2021的评估结果对于英国高等教育机构具有多方面的重要意义。从经费分配角度来看，它直接决定了英国政府每年约20亿英镑的公共研究经费在各高校间的分配。在评估中获得更高评价的高校，将有更多资金用于科研项目开展、科研设备更新以及科研人才引进，从而进一步提升其科研实力。从声誉和地位来看，REF2021的评估结果也为高校建立了声誉标准。在

---

① Valencia-Arias, A., Gómez-Bayona, L., Moreno-López, G., et al. Research trends around open innovation in higher education: advancements and future direction[C]//Frontiers in Education. Frontiers Media SA, 2023, 8: 1146990.

② Bayuo, B. B., Chaminade, C. & Göransson, B. Unpacking the role of universities in the emergence, development and impact of social innovations–A systematic review of the literature[J]. Technological Forecasting and Social Change, 2020, 155: 120030.

③ Research Excellence Framework. Home – REF 2021 [EB/OL]. [2025-02-25]. https://2021.ref.ac.uk/.

学术界和社会公众眼中，获得高评价的高校往往被视为科研实力雄厚、学术水平卓越的代表。这有利于高校吸引优秀的科研人才和学生，也有利于增加其与国内外科研机构、企业的合作机会。

回望REF2014，其开创性地引入了"科研影响力"这一关键评估维度，该维度的内涵被定义为"科研成果在学术界以外所辐射产生的广泛影响"，具体涵盖了对经济、社会、文化、公共政策、医疗、环境乃至公民生活质量等诸多领域所引发的积极变革或切实影响。该维度在整体评估体系中被赋予20%的权重，评估准则聚焦于"范围与重要性"，着重考量科研成果给社会带来的实际效益与所作的贡献。

REF2021在REF2014的基础上，对"科研影响力"的评估标准予以进一步完善，将其权重提升至25%，同时拓展了影响力所涉及的范畴。一方面，明确地把科研成果对学生、教学活动以及校内其他相关活动所产生的作用纳入评估范畴；另一方面，将影响力类别精细划分为九大类，如对人类与动物健康、创造力激发、文化传承与发展、社会福利增进、商业拓展、经济增长、公共政策制定等方面的影响。REF2021的这一系列改革举措，促使伦敦高校更加重视科研工作对内部建设的推动作用，有力地促进了科研与教学的协同共进。[①]

而未来REF2029将持续强化对"科研影响力"的评估力度，人员、文化与环境（People, Culture and Environment, PCE）这一新增维度将着重关注科研文化的塑造、科研人员的成长发展以及科研环境的可持续性构建。这无疑会促使伦敦高校将更多的精力投入科研人员的可持续发展培育以及优良科研文化的营造之中。同时，评估也将更加注重跨学科研究的影响力，积极鼓励高校开展跨学科协作项目，全力推动科研成果在多元领域的广泛应用，以实现科研成果价值的最大化。REF2029的系列改革举措将进一步助推伦敦高校在科研影响力领域的开拓创新与稳健发展。[②] 借助强化科研文化建设这一契机，伦敦高校将更为注重科研人员的长远发展规划，有效遏制短期功利性科研行为。

REF2014、REF2021、REF2029在"科研影响力"维度上不断优化升级，为伦敦高等教育机构的研究创新活动构筑了坚实有力的支持体系与激励机制。这不仅大力推动了伦敦高校科研成果的社会化应用转化，还深度促进了科研与教学的协同联动发展，切实提升了科研人员的可持续发展潜能。未来

---

① 王楠，张莎. 构建以跨学科和社会影响为导向的科研评估框架——基于英国"科研卓越框架"的分析[J]. 中国高教研究，2021（8）：71-77.

② Research Excellence Framework. REF 2029 [EB/OL]. [2025-02-25]. https://2029.ref.ac.uk/.

随着 REF2029 的逐步落地实施，伦敦高校有充分的理由在科研影响力层面斩获更为卓越的成就，进而稳步提升其在全球知识经济浪潮中的核心竞争力。

（二）从产学研合作模式看高等教育机构研究创新

英国自 1975 年开始实施"知识转移合作伙伴计划"（Knowledge Transfer Partnerships, KTP），构建起企业、研究机构、大学学生之间的三方合作关系。[①] 通过合作，企业获得创新知识以推进解决自身经营难题，学生获得了丰富的实践机会，研究机构以研究项目和论文的形式增加了创新成果产出，三方主体在合作中实现共赢。如今，伦敦的产学研合作模式更是成为了国际典范。

伦敦大学学院的"可持续发展实验室"（Sustainability Lab）项目由伦敦大学学院商学院的 MBA 学生汤姆·威斯顿（Tom Weston）发起，旨在连接学院的学生和行业专家，共同应对可持续发展方面的商业挑战。在这个项目中，来自不同学科的本科生和研究生与公司合作，开展为期 6 个月的深入研究，研究和分析特定的可持续发展话题，并向行业代表提出建议。学生们与专家合作，探讨 AI 监管和 IT 系统中的能源及计算效率问题；与结构工程师研究所合作，研究建筑环境中的可持续发展问题等。

综上，不难看出伦敦高等教育机构的教学科研创新离不开内在与外在多方因素的驱动。《伦敦教育报告》指出，伦敦致力于通过卓越的教学和领导力打造世界级教育体系，以支持其作为全球创新中心的持续发展。[②] 而卓越的教学领导力离不开政府政策和资金支持。英国政府推出的"教学卓越框架"（Teaching Excellence Framework, TEF）和"科研卓越框架"等政策对伦敦高等教育机构的创新起到了重要的激励作用。TEF 通过对高校教学质量的评估，给予教学卓越的高校相应的奖励和认可，促使高校不断提升教学质量。REF 则以科研成果的质量和影响力为评估标准，为科研实力强的高校提供更多的科研经费支持，鼓励高校开展高水平的科研活动。

伦敦高等教育机构的课程和研究方向紧密围绕市场需求进行调整，这是确保教育与研究具有适用性和相关性的关键。市场需求的变化促使高等教育机构不断更新课程内容，以确保学生掌握最新的行业技能和知识。这种动态调整机制使得高等教育能够更好地适应快速变化的全球经济环境，同时提升学生的竞争力和适应性。[③] 此外，行业合作为高校提供了宝贵的资源和实践机

[①] 李振兴, 王茜. 基于伙伴关系的知识和技术转移——英国 KTP 计划概述及启示[J]. 全球科技经济瞭望, 2016（5）: 27-34.

[②] London Government. London Education Report [EB/OL]. [2025-02-25]. https://www.london.gov.uk/programmes-strategies/education-and-youth/london-education-report.

[③] Brown, R. Higher Education and the Market[M]. Routledge, 2010.

会，使学生能够在真实的工作环境中应用所学知识，进一步增强其职业能力。

第三节　伦敦高等教育服务城市发展

伦敦作为全球高等教育和科研创新的中心，其高校体系与城市发展的协同关系已成为推动经济增长和社会进步的重要力量。通过高质量的教育、科研创新和人才培养，伦敦的高校体系为城市的劳动力市场优化、产业升级和经济韧性提供了坚实的支撑。本节将探讨伦敦高等教育如何通过学科建设、科研创新拉动城市经济增长，推动新兴产业发展，并为不同层次的人才创造丰富的就业机会，进一步巩固伦敦作为全球知识经济中心的地位。

一、历史演进中的协同发展

伦敦作为全球城市网络中的重要节点，其城市发展历程一直是学术研究的焦点。从治理结构到经济转型，再到可持续发展，伦敦的经验与挑战为全球城市研究提供了丰富的案例。

20世纪中叶及以前，伦敦城市发展主要集中在城市化与工业化的相互作用上。伦敦在工业化时期经历了大规模的城市扩张和空间重组，工厂和工人住宅区的分布发生了显著变化，城市功能分区逐渐形成。学者们关注伦敦作为英国工业革命的中心，如何从一个贸易港口城市转变为工业城市，并探讨了这一过程中城市空间结构的变化。进入20世纪后期，伦敦城市研究开始关注城市治理与经济转型。随着全球化的加速和传统工业的衰落，伦敦面临着经济结构调整和城市竞争力提升的挑战。伊姆瑞（Imrie）等人在《再生伦敦：全球城市中的治理、可持续发展与社区》（Regenerating London: Governance, Sustainability and Community in a Global City）中详细分析了伦敦在这一时期的城市治理模式和经济转型策略，包括公共部门与私营部门的合作、城市更新项目以及对金融和服务业等新兴产业的培育等。[①]21世纪以来，伦敦城市发展研究逐渐聚焦于可持续发展与韧性建设。2020年2月，伦敦公布了首份完整的韧性战略，提出为实现城市的可持续发展，应系统性地提高城市的韧性。[②]面对气候变化、资源短缺和城市安全等全球性挑战，伦敦

---

① Imrie, R., Lees, L. & Raco, M. Regenerating London: Governance, Sustainability and Community in a Global City [M]. Routledge, 2009.
② London Government. London City Resilience Strategy [EB/OL]. [2025-02-25]. https://www.london.gov.uk/sites/default/files/london_city_resilience_strategy_2020_digital.pdf.

积极探索可持续的城市发展模式，并致力于提高城市的韧性。伦敦在可持续发展方面采取了多项措施，如推广绿色建筑、发展公共交通、实施节能减排政策等，同时在韧性建设上加强了对自然灾害和突发事件的应对能力，通过完善的城市规划和应急管理机制来保障城市的稳定运行。从早期工业化与城市化的互动关系到当代可持续发展和韧性建设的多元探索，伦敦城市建设一直呈现螺旋式上升趋势。

伦敦高等教育的发展历程充分展现了其作为全球知识城市的战略定位与核心竞争力。从19世纪初伦敦大学学院成立，到如今伦敦高等教育机构在地理空间布局、类型与层级分类上具备合理性和多样性，伦敦的高等教育系统始终紧密围绕城市社会经济发展需求，通过高校智库的积极运作、高等教育管理机构的有效监督和地方政府的高等教育发展战略指导，为知识城市建设提供了知识、智力和技术支持。伦敦高等教育机构不仅在数量与规模上满足了高等教育大众化时代的要求，更在保持高质量高水平人才培养的精英标准方面发挥了重要作用，其经验对于其他城市高等教育的发展具有重要的借鉴意义。

伦敦高等教育与城市发展的协同共进经历了多个重要阶段，以下是对其发展历程的概述：

（一）早期萌芽与初步发展（19世纪初至19世纪末）

伦敦高等教育可以追溯到19世纪初，当时伦敦的经济发展和社会需求推动了高等教育的初步发展。随着工业的快速发展，社会对各类专业技术人才的需求急剧增加，传统的古典大学模式已无法满足社会的需求。在这样的背景下，伦敦大学学院应运而生。1826年，伦敦大学学院成立，它突破了传统大学的束缚，开设了法律、医学、工程学、化学、政治经济学等现代课程，旨在培养适应工业革命需求的专业人才。1835年，伦敦大学学院和伦敦国王学院达成协议，共同组建了新的伦敦大学以主管各学院的考试与学位授予工作。这一时期，伦敦的高等教育机构虽然与政府、产业、社区之间的互动还不够深入，但它们在人才培养方面为城市的工业发展提供了有力支持，是伦敦高等教育与城市发展协同关系的开端。

（二）扩张与多样化（20世纪初至二战前）

20世纪初，伦敦高等教育进入扩张与多样化阶段。伦敦大学在这一时期逐渐扩大规模，吸引了更多学生和学者。同时，伦敦的高等教育机构开始关注社会需求，增加了教师教育、艺术教育和技术教育等领域。政府也开始意识到高等教育对城市发展的重要性，加大了对高等教育的投入和支持力度。在这一时期，伦敦的高等教育机构不仅在人才培养方面发挥了重要作用，还在科研创新方面取得了显著成就，为城市的经济发展和社会进步提供了强大的智力支持。

（三）战后重建与现代化（二战后至20世纪70年代）

二战后，伦敦高等教育经历了重建与现代化阶段。伦敦的高等教育机构在战后得到了政府的大力支持，资金投入增加，设施得到改善。此外，伦敦的高等教育体系开始向大众化方向发展，更多的人有机会接受高等教育。为了适应城市经济发展的需求，伦敦的高等教育机构不断进行改革和创新，加强了与国际高校的交流与合作，提升了自身的国际化水平。同时，高校与企业之间的合作也更加紧密，形成了产学研一体化的发展模式。当时的伦敦大学学院与众多企业合作，建立了多个科研创新中心，共同开展科研项目和技术研发，推动了科技成果的转化和应用。这一时期，伦敦的高等教育与城市发展的结合更加紧密，高等教育机构成为推动城市经济和社会发展的重要力量。

（四）全球化与国际化（20世纪80年代至今）

20世纪80年代以来，伦敦高等教育进入全球化与国际化阶段。伦敦的高等教育机构在全球范围内吸引了大量国际学生和学者，成为国际教育的重要中心。同时，伦敦的高等教育与城市发展的协同共进也更加深入。在这一时期，高等教育机构在城市发展中的作用更加凸显，成为城市创新驱动发展的核心力量。

新冠疫情暴发后，各国经济都遭受了不同程度的打击，城市数字化转型越来越受到世界范围的重视。[①] 伦敦各高校加强了在线教育平台的建设，推出了多样化的数字课程，以满足不同学生群体的需求。疫情虽然给伦敦带来了挑战，但也为高等教育与城市发展的协同共进提供了契机。通过数字化转型、产学研合作和社会服务，伦敦的高等教育机构与城市发展形成了良性互动，共同推动了城市的经济、社会和文化复苏。

二、高等教育服务于城市劳动力结构优化

伦敦作为全球高等教育中心，其高校体系通过培养高素质人才，直接服务于城市劳动力结构的优化。根据英国高等教育统计局2023年发布的《毕业生成果数据》，伦敦大学学院等顶尖学府的毕业生就业率显著高于全英平均水平。伦敦大学学院67.4%的毕业生从事高技能职业，主要集中于教育

---

① 王芳，常宁. 全球城市数字化转型的经验与启示[J]. 全球城市研究（中英文），2022，3（3）：112-128.

（17.2%）、医疗与社会护理（16.2%）、科技（程序员与软件开发占9.7%）等领域，这些行业恰是伦敦作为全球金融、科技与医疗中心的支柱产业。① 这一高就业率不仅反映了个体职业竞争力，更体现了高等教育机构与城市经济需求的适配性。

伦敦高校通过定向输送专业化人才，推动区域经济结构的迭代升级。以伦敦政治经济学院为例，其毕业生在金融、咨询与公共政策领域的高比例就业，直接满足了伦敦金融城的全球业务需求。

英国国家统计局的数据显示，2024年伦敦的就业人数达到了337.83万人，创下历史新高。② 这一数据不仅表明伦敦作为全球金融、科技与医疗中心的强大吸引力，也凸显了高等教育对劳动力规模扩容的显著效应。伦敦高校通过培养高素质、多元化的毕业生，为本地产业提供了精准的人才支持，推动城市优化发展。

三、高等教育科研创新拉动城市经济增长

根据英国REF2021的评估，伦敦高校的研究质量与影响力位居全英前列，其中84%的研究成果被评为"世界领先"或"国际卓越"水平。这些科研成果通过技术转移、创业孵化、产业合作等途径，显著促进了伦敦知识经济体系的构建，并在众多领域催生出高附加值产业链。伦敦大学学院的科研成果转化机制颇具代表性，该校在向REF2021提交的医学与工程学学科研究成果中，32%直接应用于临床治疗与医疗设备开发。伦敦市长办公室数据显示，2023—2024年，伦敦生命科学领域吸引的风险投资数额激增55%，其中大部分资金都流向了和高校关系紧密的企业。

不仅如此，科研创新也在伦敦创造了大量的就业岗位，涵盖从研发、生产到销售等各个环节，为不同层次的人才提供了丰富的就业机会。以伦敦的科技产业为例，随着人工智能、大数据、云计算等新兴技术的发展，相关领域的科研创新成果不断涌现③，带动了科技企业的快速发展，从而创造了大量的就业岗位。据统计，仅在2022年，伦敦科技企业就新增了数万个就业岗

---

① HESA. -higher-education-graduate-outcomes[EB/OL]. [2025-02-25]. https://www.hesa.ac.uk/news/13-06-2024/sb268-higher-education-graduate-outcomes-statistics/salary.

② Office for National Statistics. Employment in the UK — Office for National Statistics [EB/OL]. [2025-02-25]. https://www.ons.gov.uk/employmentandlabourmarket/peopleinwork/employmentandemployeetypes/bulletins/employmentintheuk/january2025.

③ Data Science Jobs. Data Science Sector Predictions for the Next 5 Years: Technological Progress, Emerging Applications, and the Evolving Job Market [EB/OL]. [2025-02-25]. https://datascience-jobs.co.uk/industry-insights/data-science-sector-predictions-for-the-next-5-years-technological-progress-emerging-applications-and-the-evolving-job-market.

位。① 这些岗位吸引了大量来自国内外的专业人才，进一步提升了伦敦的人才竞争力。

伦敦高等教育与城市发展的协同共进是全球化时代城市竞争力提升的典范。科研创新、人才培养、学科建设和产业升级的紧密结合，催生了大量新的产业和职业需求，吸引了全球人才汇聚于此，进一步提升了伦敦的国际化水平和经济韧性。

本章结语

伦敦高等教育的发展历程见证了这座城市从工业革命时期对专业人才的迫切需求，到如今成为全球知识经济中心的转变。在历史的长河中，伦敦的高等教育机构与城市发展紧密相连、协同共进。从早期为适应工业发展而创立的现代科学课程，到二战后的重建与现代化改革，再到全球化时代的国际教育融合，伦敦高等教育始终与时俱进，不断创新。

在教学与科研创新领域，伦敦高校展现出了创造力。跨学科教学打破了学科壁垒，培养出具有多元视角和创新能力的人才；混合式教学为学生提供了更加灵活高效的学习体验。课程体系创新紧密围绕市场需求和国际化趋势，培养出既具备专业素养又拥有全球视野的精英。在科研方面，通过科研卓越框架的引导，伦敦高校不断提升科研质量和影响力，积极推动产学研合作，将科研成果转化为实际生产力，催生了众多新兴产业和高附加值产业链。

伦敦高等教育对城市发展的贡献是全方位、多层次的。在人才培养上，它优化了城市劳动力市场，为城市的支柱产业输送了大量高素质人才，提升了城市的经济竞争力。科研创新不仅拉动了城市经济增长，创造了无数就业机会，还推动了城市产业升级和可持续发展。

随着科技的飞速发展和全球竞争的日益激烈，伦敦高等教育面临新的机遇与挑战。但凭借其深厚的学术底蕴、创新的教育理念和完善的政策支持体系，伦敦有望继续在全球高等教育领域保持领先地位。对我国而言，伦敦的成功经验是一笔宝贵的财富。我们应结合自身国情，积极借鉴其在教学创新、科研成果转化、人才培养与产业对接等方面的有益做法，推动我国高等教育事业蓬勃发展，实现高等教育与城市发展的良性互动和共同繁荣。

---

① CBRE. Tech-30 2022 [EB/OL]. [2025-02-25]. https://www.cbre.co.uk/insights/reports/tech-30-2022.

第六章　伦敦职业教育[①]

基于不同的历史、文化和经济背景，全球各国形成了极具本国特色的职业教育模式。例如：职业教育以课程或项目的方式散落至各个阶段的教育系统中，强调普职融通的美国模式；培训在企业和学校进行，强调校企双主体育人的德国双元制[②]；建立在高投入、高质量的公共基础教育之上，企业内训制度发达的日本模式[③]；以多层次、多形式、多品种的继续教育作为职业技术教育的主体，辅之以普通教育为主，兼施中等职业技术教育和生计教育的中学教育的英国模式[④]。作为老牌发达国家，英国职业教育体系的发展历程、模式创新及社会效应备受学界关注，相关研究主要集中于英国的现代学徒制育人模式[⑤]、职业教育治理结构[⑥]、职业教育的质量保障机制[⑦]、职业教育改革等各个方面。伦敦市作为英国的核心城市，对其职业教育的研究仍比较少。相关研究主要是以伦敦市为例，透视英国职业教育的改革和发展。例如，有学者以伦敦市为例，考察英国工业 4.0 战略的推进进程及职业教育的应对策略[⑧]；或从英国伦敦城市行业协会审视行业协会的教育功能。[⑨] 目前仍缺乏对伦敦市职业教育的系统介绍和经验归纳。基于此，本章解析伦敦市职业教育体系的发展现状、现实困境与创新实践，据此透视大都市应对挑战的职业教

[①] 本章作者为上海师范大学林晓琳、林欣玉。
[②] 张晓燕.德国"双元制"职业教育的特点及启示[J].职业，2020（34）：19-20.
[③] 丁宁.日本职业教育发展历程、特点及启示[J].教育与职业，2019（4）：79-85.
[④] 石伟平.比较职业技术教育[M].上海：华东师范大学出版社，2001：34.
[⑤] 倪小敏，邱雅萍.产教融合视角下的英国现代学徒制：育人模式与驱动机制[J].天津市教科院学报，2024，36（6）：63-76.
[⑥] 张杰英，祁占勇.多元共治：英国职业教育治理的路径选择与经验镜鉴[J].西北成人教育学院学报，2024（6）：42-48.
[⑦] 张宇，朱冰瑶.英国职业教育质量评价体系的发展经验及其借鉴[J].当代职业教育，2023（5）：94-101.
[⑧] 苑大勇，刘茹梦，沈欣忆.英国工业 4.0 战略与职业教育应对策略——基于伦敦市的分析[J].职教论坛，2021，37（6）：160-167.
[⑨] 樊大跃，保翰琳.从英国伦敦城市行业协会看行业协会的教育功能[J].职业教育研究，2007（1）：165-167.

育改革路径和发展战略。

第一节　伦敦职业教育培养体系与路径选择

伦敦的职业教育体系在应对产业技术迭代与劳动力市场分化时展现出独特的制度韧性。这种韧性既源于其多层次、多主体协同的体系架构，也体现在对个体职业发展路径的包容性设计上。区别于纽约、新加坡市等国际都市的线性职教模式，伦敦有着多层次、多形式和多品种的继续教育体系，为不同需求的个体提供多样化的职业教育和培训路径，实现个性化职业发展。这一体系不仅实现了技能供需的动态耦合，更以全生命周期的包容性重构了职业教育的社会功能。

一、伦敦职业教育培养体系概览

在伦敦教育体系中，义务教育阶段从 5 岁持续到 16 岁，而普职分流主要发生在初中以后，其标志性事件是完成 GCSE 考试。考试完成后，学生可根据自身情况，选择直接进入劳动力市场、进入职业教育系统或在学术系统继续深造。表 6-1 并列呈现了伦敦职业教育路径与学术路径选择，清晰展示了伦敦学生职业与学术两类发展轨迹及对应资格文凭获取情况。

表 6-1　伦敦职业教育学制体系表[①]

RQF 等级		学术路径	职业教育路径					
			BTEC	学徒制	T-Levels	CACHE	NVQ & VRQ	HNC & HND
高等教育	8	博士						
	7	硕士		学位学徒制				
	6	毕业生						
	5	本科	HND	高等学徒制			Level 5	HND
	4		HNC				Level 4	HNC

---

① https://www.london.gov.uk/sites/default/files/transition_to_higher_education_vocational_pathways_vs_uni_interact.pdf.

（续表）

RQF 等级		学术路径		职业教育路径					
				BTEC	学徒制	T-Levels	CACHE	NVQ & VRQ	HNC & HND
中等教育	3	A Levels	A2	拓展文凭	高级学徒制	T-Levels	文凭	Level 3	
			As	附属文凭					
	2	GCSE 9（A*）—4（C）		证书/文凭	中级学徒制		文凭	Level 2	
初等教育	1	GCSE 3（D）—1（G）		证书/文凭	实习生		文凭	Level 1	
	E			证书/文凭			证书		

注：英国资历框架（Regulated Qualifications Framework，RQF）。

（一）BTEC 课程

BTEC 是英国商业与技术教育委员会（Business and Technology Education Council）的简称。它由商业教育委员会（Business Education Council）与技术教育委员会（Technology Education Council）两大职业资格评估机构合并而成，是英国的权威职业资格考试和颁证机构之一。BTEC 课程是专为那些对特定部门或行业感兴趣，却又尚未明确自身职业规划的年轻人设计的。其核心理念在于通过融合理论学习与工作实践的独特模式，协助学生掌握特定领域的技能，因而被广泛应用于职业教育和继续教育中。目前，BTEC 涵盖了 150 个专业、近 3 000 个可供量身定制的教学单元，涉及的领域类别有：艺术设计类、商科类、建筑类、工程类、健康保健类、计算机与信息技术、土地类、传媒类、旅游接待类、服务行业类、运动与休闲类、音乐实践与音乐技术类、运动与健身科学类、表演艺术类、公共服务与安全类。BTEC 颁发的证书分为八个级别，分别为 BTEC 入门级证书、BTEC 初级证书、BTEC 中级证书、BTEC 高级证书、BTEC 入门级专业证书、BTEC 初级专业证书、BTEC

中级专业证书和 BTEC 高级专业证书。①

（二）学徒制

学徒制是一种将学术教育与职业技能培训相结合的教育模式，旨在通过校企合作培养既具备理论知识又掌握实践技能的人才。

英国学徒制历经改革与发展，逐步延伸至高等教育领域，形成了包括中级学徒制、高级学徒制、高等学徒制和学位学徒制在内的较为成熟的层级化现代学徒制培训体系。其中，中级学徒制要求学徒取得国家职业资格二级证书，相当于 5 门 GCSE 考试成绩良好；高级学徒制要求学徒获取国家职业资格三级证书，申请人一般要具备 5 门 GCSE 考试 C 级及以上成绩，或者已完成中级学徒制；高等学徒制要求学徒取得国家职业资格四级证书；学位学徒制将高等教育与职业教育相结合，学徒在培训结束后既能获得相应的职业资格证书，又能获得学士或硕士学位，是英国一项重要的制度创新。这一体系不仅为不同年龄段和不同背景的学生提供了多样化的学习路径选择，也极大地促进了教育与行业的紧密联系，是英国职业教育体系的重要组成部分。进入 21 世纪后，英国现代学徒制体系进入转型发展期。2012 年《理查德学徒制评论》的发布促进了现代学徒制由政府主导向雇主主导转变，强化了雇主在学徒制中的作用和角色，是英国现代学徒制发展进程中一个重要的里程碑。

近年来，伦敦地区学徒制发展呈现出两种态势。一方面，受学徒制政策变动及新冠疫情影响，伦敦学徒人数呈递减趋势。2017 年实施的学徒税改革，要求年度员工工资总额超过 300 万英镑的企业缴纳学徒税，这在一定程度上增加了企业的成本支出与资金压力，导致其招收学徒的积极性受挫。除融资制度变革外，英国近年来推行的其他改革举措，如要求至少 20% 的脱产培训，可能也会加大中小企业招募学徒的难度。此外，诸如学徒最低工资水准偏低、见习岗位难以转化为学徒岗位、雇主对英语与数学资历的硬性要求，以及社会对学徒制度价值认知的匮乏等问题也阻碍了年轻人对学徒制的选择。据统计，2018—2020 年，伦敦地区学徒人数由 40 800 人锐减至 33 900 人。尽管 2020—2021 学年学徒人数有所回升，但仍未达到 2020 年之前的规模。另一方面，伦敦学徒等级分布呈现明显的上移趋势。自 2016—2017 学年起，伦敦市民参与高级学徒项目的数量大幅攀升，增幅达 242%，

---

① 张学英，耿旭 .1+X 证书制度下的课证融合研究：基于英国 BTEC 的思考［J］. 职教论坛，2020, 36（10）: 47-51.

而与之相反的是，中级学徒数量锐减，降幅达到66%。① 这种转变在伦敦尤为突出，也从侧面反映出英国整个职业教育层次上移的趋势。

（三）T-Levels 课程

T-Levels是英国于2020年推出的一项全新的技术教育课程，主要面向16—19岁已完成中等教育的学生，为其提供高质量的职业教育资格，以解决英国技能人才短缺问题。T-Levels为期两年，是一种与A-Levels课程和Level 3技术课程并行的三级课程。它由企业雇主和教育机构联合开发，注重技术内容和行业实习，为学生提供就业或深造所需的各种知识和技能。自推出以后，T-Levels课程迅速发展。截至2024年，已有24个涵盖12个领域的T-Levels科目可供学生选择。此外，英国政府还推出了T-Level过渡课程（T-Level Transition Programme, T-LTP），现更名为T-Level基础年，为需要额外准备的学生提供桥梁，帮助他们更好地过渡到T-Levels正式课程。②

自2020年推出以来，伦敦T-Levels课程迅速发展。多所学校积极参与其中，如纽汉学院、伦敦东南学院、西伦敦学院等都开设了相关课程。此外，T-Levels课程涵盖的科目逐渐丰富，涉及建筑、数字、教育与儿童保育、健康、商业管理等多个领域，为不同兴趣和职业规划的伦敦学习者提供了相应的学习路径。但与此同时，与英国其他地区一样，伦敦在实施T-Levels课程时也面临专业教师招聘困难问题，T-Levels课程对教师专业知识要求较高，相关专业教师缺口较大，这可能会影响教学质量和学生的学习体验。③

（四）CACHE 课程

CACHE是英国一家专注于儿童和成人护理领域的职业教育认证机构，全称为Council for Awards in Care, Health and Education（护理、健康与教育奖项委员会）。它专为从事教育、护理、健康和儿童早期发展行业的学习者提供职业资格认证，其资格在英国乃至全球范围内都受到广泛认可。CACHE为学习者提供从基础资格到高级资格的多层次认证，例如，CACHE Level 1面向入门级别的学习者，CACHE Level 2 & 3面向希望从事儿童护理

---

① Mayor of London. Recent Apprenticeships Trends in London[EB/OL].(2023-02-08)[2024-12-26]. https://data.london.gov.uk/blog/recent-apprenticeships-trends-in-london-2.
② GOV.UK. Technical education learner survey 2023[EB/OL].(2024-09-27)[2024-12-02]. https://www.gov.uk/government/publications/technical-education-learner-survey-2023.
③ Schools Week.T Levels: The story so far and the shape of things to come[EB/OL].(2023-08-17) [2024-12-02].https://schoolsweek.co.uk/t-levels-the-story-so-far-and-the-shape-of-things-to-come/.

或社会护理工作的学生，CACHE Level 4 及以上是面向专业人员的继续教育或高级培训。此外，CACHE 认证也为学习者提供了清晰的职业发展路径。例如，完成 CACHE Level 3 后，学习者可以选择直接就业、参与更高级别的职业培训，甚至进入相关领域的大学学习。[①]

（五）NVQ & VRQ

国家职业资格（National Vocational Qualification，NVQ）证书是经授证机构颁发给个人的、与工作相关的、为就业与继续学习提供凭据的能力证明。[②] NVQ 基本涵盖每个职业以及岗位人员需要具备的技能和知识，并分为五个层级，从基础技能（Level 1）到高级管理与专业水平（Level 5）。每个层级对应实际工作中所应具备的知识、能力、责任和权利。NVQ 课程的优点主要体现在三个方面：其一，实用性强，与工作需求直接相关；其二，注重实际操作能力而非学术理论；其三，灵活性高，可随时完成学习。

职业相关资格（Vocationally Related Qualification，VRQ）是用于评估和证明个人在特定职业领域所具备的知识、技能和理解能力的资格认证体系。VRQ 和 NVQ 都与职业技能发展有关，但 NVQ 侧重于对工作场所实际能力的评估，基于工作任务的完成情况来确定资格等级；而 VRQ 不仅包括实践技能的考核，还涉及相关职业理论知识的评估。例如，在护理行业，NVQ 更关注护士在实际护理工作中的操作技能和表现，如病人护理、医疗器械操作等实际工作场景中的能力；而 VRQ 除了这些实践技能外，还会考核护理理论知识，如人体生理结构、病理学基础、护理伦理等方面的内容。NVQ 与 VRQ 的区别见表 6-2。

表 6-2　NVQ 与 VRQ 的区别

资格名称	NVQ	VRQ
学习环境	工作场所为主	教室或模拟环境
评估方式	基于实际工作表现	基于作业、考试或项目
适用人群	已在职场工作或具备一定经验的人群	职业初学者或希望转行的人群
目标	提高实践能力并正式认证职业水平	提供职业知识并为进一步培训作准备

[①] NCFE.CACHE Education and training[EB/OL].(2024)[2024-12-02].https://www.ncfe.org.uk/sector-specialisms/education-and-training/.

[②] 杨洁，王威亚.英国国家职业资格证书制度的经验及其启示[J].河北大学成人教育学院学报，2017，19（1）：84-87.

在伦敦，NVQ 与 VRQ 发展得相对成熟，近年来得到了企业和培训机构的支持。NVQ 注重以工作为导向的能力培养，广泛应用于建筑、健康与安全、商业管理等领域。VRQ 更注重理论与实践的结合，通过课堂和考试进行评估。与 NVQ 不同，VRQ 的设置更适合那些希望进入特定职业但尚未从事相关工作的学员。它通常被视为进入 NVQ 或其他高级资格的途径，近年来也被用于满足行业对某些特定技能的需求。[①] 总的来说，伦敦的 NVQ 和 VRQ 形成了互补关系，分别满足了在职人员技能提升和初学者职业入门的需求，推动了职业教育的多样化发展。

（六）HNC & HND

国家高级证书（Higher National Certificate，HNC）是英国高等教育体系中的一种职业资格，属于 RQF（规范资格框架，Regulated Qualifications Framework）Level 4，相当于本科第一年。它旨在为学生提供进入特定行业所需的实用技能和知识。通常需要 1 年全日制学习或 2 年兼职学习，课程内容侧重于行业相关的基础技能，并强调理论与实践相结合。完成 HNC 后，学生可以选择直接进入就业市场，也可以继续学习 HND 或通过衔接学位课程（Top-up Degree）计划进入本科最后一年的课程。HNC 广泛应用于商业管理、工程、信息技术等领域，其目标是帮助学生掌握职业所需的核心技能，为职业生涯打下坚实的基础。[②]

国家高等文凭（Higher National Diploma，HND）是高等职业教育中的另一个重要资格，相当于 RQF Level 5，也相当于本科第二年的课程水平。HND 的课程比 HNC 更深入，旨在培养学生在特定领域的高级技能和专业知识。学习时长通常为 2 年全日制或更长时间的兼职学习。与 HNC 相比，HND 更注重深入的理论学习和技术应用，帮助学生在特定行业中担任更高级的职位。完成 HND 后，学生不仅可以直接进入相关领域工作，还可以通过衔接学位课程继续攻读学士学位。HND 课程涵盖的领域包括工程、商业管理、IT、艺术与设计等，适合那些希望在职业生涯中取得更高成就的学生。HNC 与 HND 的区别见表 6-3。

---

① CST TRAINING. NVQs. vs. VRQs: What's the Difference?[EB/OL].(2024)[2024-12-02]. https://www.csttraining.co.uk/news-old/nvqs-vs-vrqs-the-difference/.

② City Guilds.Qualifications explained[EB/OL].(2024)[2024-12-02].https://www.cityandguilds.com/qualifications-and-apprenticeships/qualifications-explained.

表 6-3 HNC 与 HND 的区别

证书名称	HNC	HND
级别	RQF Level 4（本科第一年）	RQF Level 5（本科第二年）
学习时长	1 年全日制或 2 年兼职学习	2 年全日制或更长时间的兼职学习
课程难度	侧重基础和中级技能	更加深入，专注于高级技能和知识的应用
毕业后选择	直接工作或继续学习 HND	直接工作或通过衔接学位课程完成学士学位

二、职业教育的路径选择

在伦敦，学习者的教育路径选择十分多样，并能在不同阶段转换教育路径。图 6-1 呈现了学习者在不同阶段可以转换的教育路径。

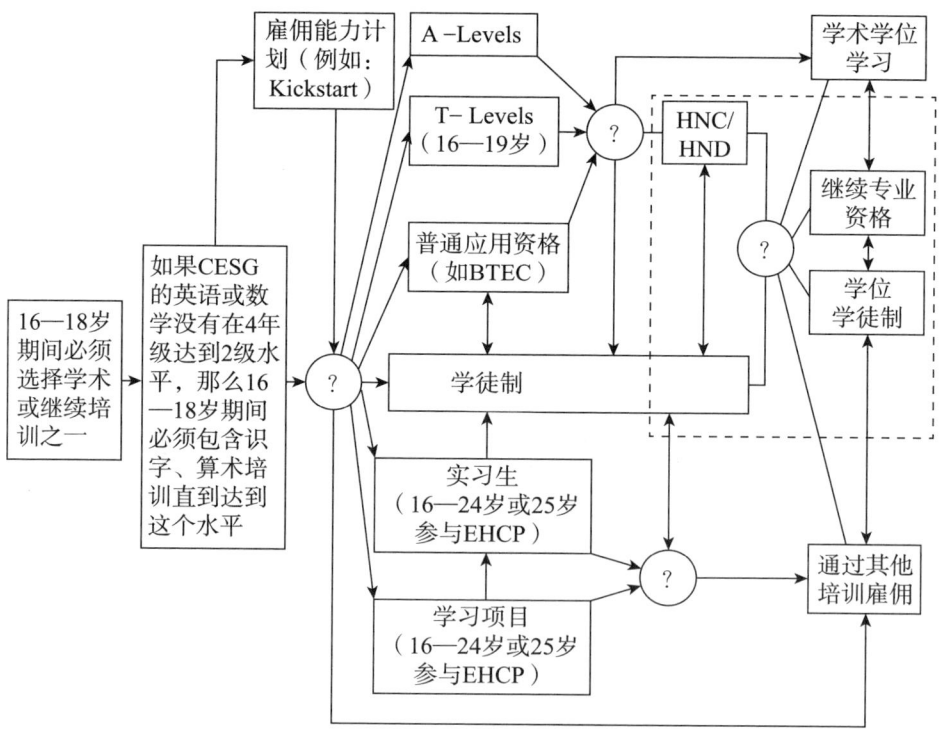

图 6-1 伦敦年轻人 16 岁以后的道路选择①

注："?"表示学习者可以选择不同的受教育路径；虚线框为高等教育阶段。教育、

---

① https://www.london.gov.uk/sites/default/files/transition_to_higher_education_vocational_pathways_vs_uni_interact.pdf.

健康和照护计划（Education, Health and Care Plans, EHCP），主要针对残障人士。

在伦敦，学习者16岁以后可以选择属于学术路径的A-Levels，也可以选择属于职业教育路径的T-Levels、BTEC课程、学徒制等。此外，若学习者缺乏必要的就业技能或需要额外的补充学习，则可以选择参与就业能力提升项目（Employability Programmes）、实习生项目（Traineeships）和学习项目（Study Programmes）等中短期课程。其中，就业能力提升项目面向缺乏工作经验的学生，提供实际的工作岗位和职业技能培训，提高他们的就业能力。此类项目通常结合职业发展辅导，帮助学员顺利过渡到全职工作或更长期的职业培训。实习生项目是一种为期6个月的培训计划，旨在帮助尚未具备充分就业技能的学生提升工作能力和职业素养。它结合了工作实习和技能培训，重点提高学生的基础职业技能，如沟通、团队合作和时间管理能力，以及英语和数学等学术能力。学习项目面向16—24岁的学生（包括有特殊教育需求的学生），旨在为他们提供个性化的学习计划，帮助他们提升学术和职业技能，为进入学徒制、T-Levels或高等教育作准备。学习项目通常结合基础课程（如英语、数学）和职业技能培训，适合那些需要额外支持的学生，确保他们具备未来学术或就业路径所需的基本能力。[①] 总体而言，这三个项目都旨在提升年轻人的就业能力，协助他们积累工作经验、提高职场竞争力，为进入全职工作或进一步的职业教育打下基础。区别在于它们的形式和重点有所不同。实习生项目通过结合工作实习和技能培训，为年轻人提供实践经验，帮助他们提升基础职业技能；学习项目则为需要学术支持的学生提供个性化学习路径，包括基础课程和职业技能培训；而就业能力提升项目通过短期工作机会帮助年轻人获得实际工作经验，提升就业能力。

完成A-Levels、T-Levels或BTEC课程后，学习者有大学学术教育、HNC/HND、学徒制三条路径可以选择。其中，HNC/HND与学徒制之间可以通过学分互认进行转换。完成HNC/HND或学徒制后，学习者可以直接就业，或通过考试和认证进入大学接受学术教育或参与学位学徒项目。此外，还可以选择参加高级专业资格课程（Further Professional Qualifications），进一步提升职业技能。高级专业资格课程主要面向有意在特定行业深入发展的学生和职场人士，用以提升其专业知识与职业技能。课程聚焦于金融、法律、工程等行业，帮助学习者获取高级认证，增强职业竞争力。它的受众通常具备一定职业经验或教育背景，能获得职业发展与晋升所需的更专业且深

---

① Mayor of London. Transition to Higher Education—Navigating the Vocational vs. University Pathways[EB/OL].(2020)[2024-12-02].https://www.london.gov.uk/sites/default/files/transition_to_higher_education_vocational_pathways_vs_uni_interact.pdf.

入的知识与技能支持。

第二节　伦敦学校与企业的合作模式

校企合作是职业教育的关键驱动力与核心特色，对提升职业教育质量、培养适配产业需求的专业人才意义非凡。国际上，有很多极具特色的校企合作模式。例如，德国校企合作育人的双元制模式；瑞士企业、职业学校和行业组织三方协作的三元制模式；美国集学校、企业与培训机构"三位一体"的契约教育模式；日本按照"企业—学校—企业"的流转顺序进行的主动式职业求学过程的企业访学协同模式。而英国较为典型的校企合作模式是现代学徒制和三明治模式（Sandwich Course）。

一、学徒制

英国政府明确规定，学徒制应包括至少20%的脱产培训，以确保学徒能够系统地掌握和应用知识与技能。[①] 在学徒制实施过程中，学校与企业的紧密合作贯穿于学徒培养的各个环节。

首先，学校和企业共同参与学徒制课程设计与开发，确保培训内容紧贴行业发展。企业凭借其行业经验和专业优势，提供实际的岗位需求、技术标准以及行业前沿动态，为课程设计提供核心依据。学校则在此基础上，结合学术理论与教育规律，制订系统化的教学计划和课程内容。通过校企合作，学徒在学习过程中不仅能够掌握扎实的理论知识，还能获得符合行业标准的实践技能。其次，在学徒制的实施过程中，学校和企业还共同负责学徒的评估与认证。学校通过课堂学习和技能考核来评估学徒的学术进展，企业则提供工作中的表现反馈。这种双重评估体系确保学徒不仅在理论上达到相应要求，还能在实际工作中展示出所学的技能。企业的参与确保了评估标准符合行业需求，学校的反馈则帮助学徒更好地理解和掌握理论知识。通过这种合作，学徒制能够全面培养学生的职业能力，提升其综合素质。再次，企业还为学徒配备企业导师，并通过定期的沟通和反馈参与学校课程的调整和

---

① Department for Education.Apprenticeship off-the-job training: Policy background and examples to support the 2023 / 2024 apprenticeship funding rules[EB/OL].(2023-10)[2025-01-01]. https://assets.publishing.service.gov.uk/media/6530efdb92895c000ddcba2b/2023_10_OTJT_Guide_v5_-_23_24_Rules_v1.0.pdf.

优化。① 这种持续的合作使得学徒能够在不断变化的行业环境中保持竞争力。企业的参与不仅帮助学校提高课程质量，还增强了学徒的就业能力。通过校企合作，学徒制成为培养符合市场需求的高素质专业人才的重要途径。

作为全球领先的商业、创意和科技中心，伦敦开展的学徒制项目不限于传统的技术和工艺行业，还涉及金融、创意产业、信息技术等高技能领域。随着全球经济向数字化和绿色化转型，伦敦也亟需大量高技能人才。在此背景下，学位学徒制（Degree Apprenticeships）在伦敦乃至整个英国都得到了快速发展，成为培养高技能应用型人才的摇篮。据英国政府统计，从2015—2016学年到2022—2023学年，英格兰学位学徒人数从780人增至46 790人。② 作为罗素集团大学成员的伦敦大学学院、伦敦国王学院、伦敦玛丽女王大学都成为学位学徒制项目的提供者。学位学徒制的高等教育属性使其区别于传统的学徒制。学校在与企业合作的过程中，体现出产学研相结合的特征。它们的合作不仅涵盖学徒培养，还体现在科研合作、技术成果转化以及人才资源共享等多个方面。学位学徒制的出现进一步强化了校企合作关系，实现科学研究、人才培养与产业发展的紧密结合。以伦敦玛丽女王大学为例，它联合伦敦纽汉姆学院（Newham College）及多家企业，共同创立伦敦城市技术学院（London City Institute of Technology），融合多元主体优势，致力于提供高质量的技术教育。③ 伦敦城市技术学院也为学习者提供包括学位学徒制在内的学徒制项目，企业能够深度参与学位学徒的培养。

二、三明治模式

三明治模式是一种将学术学习与工作实践相结合的教育模式，在英国高等教育和职业教育领域应用广泛。通常，学生在整个学习期间会交替进行大学课程学习和企业实习工作。其课程结构一般有"1+2+1""2+1+1"等形式。"1+2+1"即第一年进行基础课程学习，建立专业知识基础；中间两年进入企业实习，积累工作经验，了解行业实际运作；最后一年返回学校，学习更高级的专业课程，并将实习中的实践经验与理论知识融合，完成学

---

① Department for Education.A guide to apprenticeships for the school workforce[EB/OL].(2019-11)[2025-01-04].https://dera.ioe.ac.uk/id/eprint/34519/1/Guide_to_apprenticeships_for_schools.pdf.
② Bolton, P. & Lewis, J. Degree apprenticeships[R].London:House of Commons Library,2024:22.
③ Queen Mary University of London. London City Institute of Technology[EB/OL].(2024)[2024-07-10].https://www.qmul.ac.uk/degreeapprenticeships/london-city-institute-of-technology/.

业。①"2+1+1"即前两年时间在学校进行全日制学习，主要围绕专业基础课程和部分核心课程展开，涵盖大量理论知识。完成两年学业后，学生进入为期一年的企业实习阶段。实习结束后，学生返回学校进行最后一年的学习。这一年聚焦于高级专业课程和综合项目，内容更具深度和专业性。②

在三明治教育模式下，学校与企业的合作呈现出多维度、深层次的特征，嵌入人才培养的全过程。其一，在课程实施过程中以学生实践素养培育为核心，通过校企合作培养学生理论与实践相结合的能力。应用技术大学在专业理论教学中，会突出学生学习的主体地位，教师通过案例研讨、问题探索等教学方式，引导学生更好地发挥学习主动性和创造性，促进学生牢固掌握系统的专业知识；在企业实习实训教学中，则强调学生对真实生产过程的参与，实现生产过程与教学过程合一、生产指导与实训教学合一。③将理论教学与专业实践紧密结合，有效促进了学生对专业基本理论知识与实践技能的掌握。其二，学校与企业合作对学生学习全程进行考核与监督，具体涵盖企业评估、指导教师评价、学生自我评价三种方式。企业评估在学生专业实践能力评价方面最为关键，它从多维度考量学生在实际工作中的表现。指导教师评价贯穿学生学习全程，分实习前指导、实习中监督、实习后总结三个阶段，对学生整个学习阶段都有较好的监督作用。学生自我评价主要依据工作日志，涉及学生个人发展计划、工作情况、总结反馈等能反映学生工作状态的材料。④其三，通过校企合作构建完善的课程保障体系。在课程教师队伍方面，学校理论教学会根据需要引进企业专家协助开课，在企业实训环节中则实行"双导师"制，学校导师负责学生全程指导和跟踪教学，企业导师则主要在生产实践一线开展实践操作指导。⑤

与英国其他地区相比，伦敦凭借城市优势，能为参与三明治模式的学生提供更多优质的企业实习机会，这也使得伦敦三明治模式更具吸引力。伦敦的三明治模式在时间安排上也展现出较强的灵活性。许多大学与企业合作，推出了多种实习模式，包括短期实习、兼职岗位以及创业实习等。这种灵活

---

① Mclelland, G., Moore, B. & Dodds, D. Engineering Mathematics in Sandwich Courses[C]. Institution of Engineers, Australia, 1989.
② Moore, J P. & Urry, S A. Engineering Sandwich Courses in British Technological Universities [J]. Journal of Engineering Education, 1971, 61(7): 813–815.
③ Brewer, M. Sandwich Courses, United Kingdom[J]. Journal of Cooperative Education, 1990(2):14–22.
④ Matkin, R. B. Industrial Experience as Part of Sandwich Degree Courses in Civil Engineering at Universities[J]. Thomas Telford, 1982(10):123–129.
⑤ Williams, E. & Marsh, P. Sandwich Course in Management[J]. Industrial & Commercial Training, 1972, 4(1):16–21.

性使学生能够根据个人需求选择适合的实践路径，既能积累工作经验，又不影响学业进度。例如，威斯敏斯特大学自 2016 年 9 月起，为所有本科学生提供实习机会，或在其课程中加入实习模块，部分课程还提供短期培训，帮助学生在学习期间获得实践经验。① 此外，伦敦的课程设计常常融入城市优势资源，鼓励学生参与基于城市规划、交通管理、绿色科技等主题的跨学科项目。这些领域在伦敦得到了高度重视，为学生提供了独特的学习和实践机会。总之，伦敦的三明治模式通过灵活的实习安排和丰富的本地资源，为学生提供了多样化的企业实践机会，同时它也是伦敦校企合作的重要方式。

第三节　伦敦职业教育的发展战略

过去 20 年间，英国职业教育经历了从体系重构到产业适配的深度转型。作为老牌工业国家，英国面临全球化竞争、技术迭代加速和人口老龄化等多重挑战，逐步形成了一套以"雇主主导、技能升级、终身学习"为核心的职业教育发展战略。伦敦作为国际金融与科技中心，在国家战略框架下进一步聚焦高端产业与数字化转型，展现了区域特色与创新实践。

一、伦敦职业教育发展战略核心内容

进入 21 世纪后，英国职业教育逐渐摆脱传统学术教育附属的地位，转而以增强劳动力市场适应性为核心目标，强调雇主主导并关注青年的技能提升和终身学习。2010 年，英国商务、革新与技能部发布文件《为可持续发展而开发技能》（Skills for Sustainable Growth），提出资格与学分框架，通过模块化学习、学分积累和先前学习认证，提升职业资格的灵活性。② 2013 年 10 月，英国政府发布《英格兰学徒制的未来：执行计划》（The Future of Apprenticeships in England: Implementation Plan），标志着英国学徒制从"政府主导"转向"雇主主导"，雇主直接参与学徒标准制定、培训内容设计与终端评估。③ 2016 年 7 月，英国政府出台了《16 岁后技能计划》（Post-16 Skills

---

① University of Westminster.Full-time undergraduate placement years[EB/OL].(2025)[2025–01–05].https://www.westminster.ac.uk/study/fees-and-funding/funding/undergraduate-student-funding/full-time-undergraduate-placement-years.

② Department for Business, Innovation and Skills.Skills for Sustainable Growth[R]. London:BIS,2010.

③ Hancock, M. The Future of Apprenticeships in England: Implementation Plan[R]. London:HM Government,2013.

Plan），着手进行技术教育改革，提出开发连贯的技术教育选项，为学生提供技能提升途径；完善资助政策，为学生提升技能提供资金支持；成立学徒学会，保障学生获得就业所需技能等举措，以此缓解青年技能短缺、职业发展停滞等问题。①2021年，英国教育部发布文件《就业技能：为机会和成长而终身学习》（Skills for Jobs：Lifelong Learning for Opportunity and Growth），旨在帮助成年人持续提升与更新技能以应对职业转型。②

作为全球金融与科技中心，伦敦的职业教育战略在国家框架下更强调"高技能、数字化、包容性"。首先，为支撑金融、信息技术等支柱产业，伦敦市政府推出"学校为成功而生计划"，从基础教育阶段就强化数学、计算机等学科，并在职业院校设立技术研究所，重点培养数据分析、区块链开发等高端技能人才。③其次，数字化转型是伦敦职业教育的另一核心内容。伦敦市政府与企业、培训方、学校、继续教育学院、高等教育机构等利益相关者协作发起"数字天才计划"，旨在提高市民的"数字化"能力，服务数字化经济。"数字天才计划"投入700万英镑，主要通过为16—24岁的年轻人提供更多与数字化行业相关的课程来提升数字化科技行业内各种培训的数量和质量。④最后，赋予雇主领导权，强调终身教育与包容性。2018年伦敦市政府发布文件《伦敦人的技能：伦敦技能与成人教育战略》，强调雇主需求、公平性和技能提升这三个核心领域。⑤

英国职业教育战略的核心在于构建"政府引导、企业主导、个人主动"的技能生态，而伦敦作为经济引擎，更强调"高端化、智能化、包容性"的区域定位。两者的共同点体现在对动态劳动力市场的快速响应机制，例如通过数据驱动调整培训方向，以及强化跨部门合作（如教育机构、行业协会、企业联合体）。差异则源于产业结构的特殊性——英国整体战略侧重制造业复兴与绿色转型，而伦敦聚焦金融、科技等服务业的高端技能储备。此外，伦敦在智能化就业系统、国际人才吸引等方面的实践，为国家战略提供了先行试验样本。

---

① 杨立力，程晋宽. 英国技术教育改革对我国本科职业教育发展的启示［J］. 黑龙江高教研究，2023，41（11）：1-6.
② Department for Education. Skills for jobs: lifelong learning for opportunity and growth[R]. London:Department for Education,2021.
③ 苑大勇，刘茹梦，沈欣忆. 英国工业4.0战略与职业教育应对策略——基于伦敦市的分析［J］. 职教论坛，2021，37（6）：160-167.
④ Mayor of London. A skill and adult education strategy for London.[R].London. 2018:20-26.
⑤ Mayor of London. Skills for Londoners: A Skill and Adult Education Strategy for London[R].2018.

二、伦敦职业教育发展面临主要挑战

在世界范围内，各国职业教育发展普遍面临技能短缺与技能错配、产教融合深度不足、社会认知偏差与职业教育吸引力欠缺等困境。在技术快速发展、人口结构转型的现代社会，这些矛盾愈加突出。作为英国的核心城市，伦敦职业教育同样面临技能人才短缺、企业用人需求难以满足、教育包容性不足等问题。

（一）弱势群体失业率高，社会贫富差距大

在伦敦，低学历、低技能的青年群体数量众多。据统计，有 1/3 的伦敦青少年在 16 岁离校时未能获得普通中等教育证书，或在英语与数学两项关键基础学科上未能达到合格标准。[①] 低技能青年、女性群体以及残障人士等社会弱势群体，在伦敦的劳动力市场中面临尤为严峻的就业压力。与此同时，伦敦的失业率也高于全国平均水平。由于缺乏有效的职业指导，伦敦青年较少参与政府组织的职业培训项目，这进一步加剧了就业困难。高失业率拉大了社会贫富差距，据统计，伦敦地区处于收入顶端 1/10 的人群，其收入是处于收入底端 1/10 人群的十倍之多，并且这一差距达到了英国其他地区均值的两倍。[②]

（二）企业雇主用人需求无法得到满足

受技术变革（如自动化）以及英国脱欧的影响，伦敦对劳动力技能的要求处于持续变动状态。数据分析、机器学习和人工智能等新兴技术也对工作模式和技能需求产生深远影响。从行业分布来看，商业、法律、公共服务和护理行业为伦敦学习者提供了相对较多的学徒岗位。但与德国、瑞士、澳大利亚等国家相比，伦敦在学徒岗位的数量及占比方面仍存在一定差距。伦敦雇主对劳动力培训和学徒制的投资意愿不高。以建筑行业为例，由于大量使用临时机构工人，企业普遍缺乏投资学徒制项目的动力；而在信息通信技术行业中，中小企业虽有发展学徒制的需求，但受成本、员工技能适配度及课程内容等因素制约，学徒岗位数量较少；休闲旅游行业同样面临诸多挑战，这些都导致伦敦的学徒制发展滞后，学徒岗位占比远低于全国平均水平。据英国政府统计，2020—2021 年，伦敦的学徒计划在英格兰地区占比仅

---

① Great London Authority. The State of London. A review of London's Economy and Society[EB/OL].(2023-06)[2024-12-16]. https://airdrive-secure.s3-eu-west-1.amazonaws.com/london/dataset/state-of-london.pdf.

② Great London Authority. The State of London. A review of London's Economy and Society[EB/OL].(2023-06)[2023-07-16]. https://airdrive-secure.s3-eu-west-1.amazonaws.com/london/dataset/state-of-london.pdf.

为 12%，且每 1 000 名 16—64 岁居民中仅有 6 人有学徒生涯，低于英格兰地区的平均水平。①

（三）缺乏适应经济转型的灵活的教育和技能体系

在过去的 20 年里，伦敦在改善学校系统方面取得了很大进步，但主要体现在学校数量的扩张上，并未聚焦于质量提升。伦敦的大学数量位居世界前列，并拥有许多高水平的继续教育学院和培训机构，但从整体上看，伦敦暂未形成适应经济转型的灵活的教育和技能体系。技能培养很大程度上依赖于市场力量。面对当今复杂多变的世界局势，单靠市场并不能为伦敦城市发展带来预期效果。

三、伦敦职业教育发展战略应对

为应对挑战，各国纷纷提出职业教育改革战略。例如，德国发布"国家继续教育战略"，通过法规推动改革，汇聚各方资源形成合力，充分发挥市场运作机制的作用，重视数字技术应用和数字技能的培养。② 美国发布"提高标准：解锁职业成功"的倡议，通过增加双录取机会、提供有力的职业建议与支持、增加以工作为基础的学习机会等措施，提高美国公众对职业教育的认可度。③ 英国颁布一系列技术教育改革计划，旨在提升英国青年的技术和技能水平，满足企业对新型技术技能劳动力的需求。④ 在英国职业教育改革框架下，伦敦市政府也提出一系列改革举措，力图构建一个可持续的城市技能服务体系，增强青年就业能力，满足企业的人才需求，进一步推动城市经济发展。

（一）为青年提供继续教育和技能提升机会

首先，改革技术教育体系，提升人才培养能力。作为英格兰高等技术教育改革的一部分，政府创建并批准了高级技术资格，将其作为学徒制或学位教育的替代路径。该资格涵盖既有的 4 级、5 级资质，具体包括高级国家证书、高级国家文凭以及基础学位，定位介于 A-Level、T-Level 与普通学位之间。高级技术资格的教学实施主体多元，涵盖继续教育学院、独立培训机构及高等院校。这类资格证书由认证机构协同雇主联合开发，精准对接雇主的

---

① Great London Authority. Local Skills Authority London[EB/OL].(2022-02)[2024-12-25]. https://www.london.gov.uk/sites/default/files/final-locals_skills_report_london_160321.pdf.
② 王艺雯. 德国职业继续教育改革的经验与启示[J]. 中国职业技术教育，2024（3）：59-65.
③ 王菲，潘黎. 解锁职业成功：美国职业教育新倡议的特征与启示[J]. 职教通讯，2023（11）：93-100.
④ 杨立力，程晋宽. 英国技术教育改革对我国本科职业教育发展的启示[J]. 黑龙江高教研究，2023，41（11）：1-6.

技能诉求。当下，该课程已逐步落地于多个数字职业领域。在 2025 年，其授课范围将拓展至更为广泛的行业门类。① 其次，为青年提供职业规划与指导。伦敦政府于 2016 年提出"伦敦雄心"（London Ambitions）计划，旨在推动伦敦成为全球领先的创新和教育中心，提升伦敦作为国际商业、文化和科技枢纽的地位。这一计划的核心目标是增强伦敦的全球竞争力，特别是在高技能、科技创新和经济发展等领域。② 计划提出后，伦敦市政府与各级学校、学院、培训服务提供方、雇主、大学和各行政区达成合作，对照计划审查进展情况，并开发出了一套连续公开的全年龄段就业信息、建议和指导服务体系。最后，着重保障弱势群体习得基本技能，满足其教育需求。伦敦市政厅拟与伦敦 SEND 领域的专家携手，针对弱势群体教育需求及供给状况开展战略性、覆盖全伦敦的专项审查，旨在精准剖析现状，为后续干预与资源调配夯实基础，确保弱势群体受教育权益得到充分落实。

（二）关注企业需求，强化校企合作

英国政府近年来发布的系列报告都反复强调企业需求。在这样的政策导向下，伦敦市政府也将职业教育改革的重点转向满足企业用人需求，并强调校企合作。2018 年，伦敦市政府发布文件《伦敦人的技能：伦敦技能与成人教育战略》，旨在解决伦敦劳动力市场的技能差距问题，提升成人教育和职业培训质量，强调了雇主需求、公平性和技能提升这三个核心领域。在此次改革中，伦敦市政府强调以雇主需求为核心，着重加强企业参与。市政府通过与企业和各行政区合作，共同制定产业技能培训目标，明确职业技能需求，并成立了职业技能委员会，与商业代表协作，提出优化职业技能培训以适应全球经济变化和应对职场技能需求转型的建议。此外，通过这次改革，伦敦市进一步扩展了伦敦企业顾问网络（London Enterprise Adviser Network，LEAN），通过加强学校与企业的联系，提升了年轻人的职业准备水平和就业机会。通过这一系列改革，企业在塑造未来劳动力、推动技能匹配以及支持经济发展等方面扮演了更关键的角色。这些举措也提高了职业教育体系与市场需求的契合度，有利于提升伦敦在全球经济中的竞争力。③

---

① Department for Education. Policy paper—Higher Technical Qualification (HTQ): an introduction[EB/OL].(2023-05-03)[2024-12-16]. https://www.gov.uk/government/publications/higher-technical-qualification-overview/higher-technical-qualification-an-introduction.

② Mayor of London. London Ambitions[EB/OL].(2017-10-12)[2024-12-02].https://www.london.gov.uk/who-we-are/what-london-assembly-does/questions-mayor/find-an-answer/london-ambitions-1.

③ Mayor of London. Skills for Londoners: A Skill and Adult Education Strategy for London[R].2018:22.

(三) 构建高质量的成人技能培训体系

《伦敦人的技能：伦敦技能与成人教育战略》作为伦敦首个专门针对成人的技能和教育战略文件，系统阐明了伦敦面临的技能困境，并明确提出"打造惠及所有伦敦人的城市——确保每位伦敦市民、雇主及企业，均能在公平包容的社会环境里获得所需技能"。该战略的核心目标包括三部分：协助所有伦敦市民获得所需的技能，确保他们在教育和就业领域的持续进步；满足伦敦当前及未来经济发展的需求，着重关注雇主技能需求；通过利益相关者合作，创建统一的、综合化的成人技能和教育服务体系。此战略为伦敦未来十年职业教育体系的发展指明了方向，强调构建高质量的成人技能培训体系，促进公平与包容，助力社会和经济共同繁荣。

第四节 伦敦职业教育的特色实践

在全球城市发展进程中，职业教育是推动经济增长与产业升级的重要力量，大都市纷纷探索出独具特色的实践模式。纽约凭借金融、传媒等多元产业优势，搭建起企业与院校紧密协作的人才培养联盟。东京则注重职业教育的精细化与专业化，通过构建多层次的职业培训体系，涵盖从基础技能到高端技术的全方位培养，为制造业、服务业等输送大量高素质专业人才。伦敦作为全球金融、文化与创新城市之一，它独特的城市定位与产业结构，促使其在职业教育实践中不断创新与突破，形成了具有特色的实践范例。

（一）伦敦企业顾问网络

LEAN 是 2015 年由伦敦市长办公室与英国政府联合发起的，是旨在提升职业教育质量和学生就业能力的创新型项目。[①] 该项目设立的初衷是为了应对劳动力市场快速变化所导致的技能供需错配问题，希望通过加强学校与企业之间的联系，搭建沟通桥梁，确保学校能够提供符合行业需求的职业指导，让学生更清晰地了解职业发展路径，掌握就业市场所需技能，协助他们更好地为就业作准备。

LEAN 的核心机制是通过企业顾问推动学校与企业的深度协作。企业顾问是来自各行业的资深从业者，他们凭借丰富的行业经验和专业知识，与学校领导层共同设计和实施职业指导计划，确保学校提供的职业教育内容能够

---

① Mayor of London.MD2609 Expansion of London Enterprise Adviser Network[EB/OL].(2020-06-18)[2025-01-02].https://www.london.gov.uk/decisions/md2609-expansion-london-enterprise-adviser-network?ac-123751=123744.

紧贴市场需求。企业顾问不仅为学校的职业规划活动提供咨询，还通过组织职业讲座、企业参访、实习机会和工作影子计划等方式，直接为学生提供接触真实职场环境的机会，从而增强他们对职业领域的理解。此外，LEAN 的设计与实践展现出显著的社会包容性。该项目聚焦弱势群体的教育和职业机遇，通过定向扶持，保障来自经济条件欠佳或教育资源匮乏家庭的学生拥有与其他群体同等的职业指导和发展契机。① 此举不但增强了项目的社会影响力，而且成为推动教育公平的重要实践范例。

作为伦敦职业教育改革的关键组成部分，LEAN 不仅为学校提供了实践性强的职业教育资源，还为企业参与职业教育提供了制度化的渠道。通过数据共享、劳动力市场趋势分析和政策支持，该项目使学校能够更好地理解和适应行业需求，同时帮助企业解决长期存在的技能短缺问题。根据伦敦市政厅的统计，截至目前，LEAN 已覆盖全市 500 多所学校和学院，惠及数万名学生。② 该项目通过独特的校企合作机制，取得了显著的实际成效，是促进职业教育与经济需求协调发展的范例。

（二）伦敦职业中心

基于 LEAN 的成功经验，伦敦市政府于 2021 年 9 月又推出了伦敦职业中心（London Careers Hubs）。它是由伦敦市政府、职业与企业公司（The Careers & Enterprise Company）及欧洲社会基金（European Social Fund）共同资助的项目。伦敦职业中心拓展了伦敦企业顾问网络，进一步深化了校企合作关系，通过优化合作机制，促进了校企、校际合作与资源共享。③ 目前伦敦市共有中央伦敦职业中心、西伦敦职业中心、东伦敦职业中心和西伦敦职业中心 4 所伦敦职业中心，分别在伦敦市的不同区域提供服务。而每一所职业中心又是由包括伦敦公立中学、继续教育学院、替代性教育机构（Alternative Provision）和特殊学校在内的团体组合而成，这些团体共同为学生提供高质量的职业教育。④

---

① The Careers & Enterprise Company & SQW.Evaluation of the Enterprise Adviser Network:Evaluation of the Enterprise Adviser Network[R].London: The Careers & Enterprise Company,2019.

② Mayor of London.Enterprise Adviser Network[EB/OL].(2024)[2025-01-02].https://www.london.gov.uk/programmes-strategies/volunteering/get-involved/enterprise-adviser-network?ac-1092=1085.

③ Mayor of London. MD2796 Careers Hubs[EB/OL].(2021-03-10)[2025-01-03].https://www.london.gov.uk/md2796-careers-hubs?ac-170243=170228.

④ Mayor of London.London Careers Hubs[EB/OL].(2024)[2025-01-02].https://www.london.gov.uk/programmes-strategies/education-and-youth/london-careers-and-preparing-workplace/london-careers-hubs.

伦敦职业中心的服务目标是通过与雇主、公众、教育和志愿部门等利益相关者合作，为学校和学院提供高质量的职业教育指导框架，协助它们达到盖茨比基准（Gatsby Benchmarks）。因此，职业中心的职能包括组织系列活动，优化学校的职业教育规划；为学校匹配不同行业的企业顾问，落实职业教育规划；组织职业指导活动，协助学生了解劳动力市场需求，提供广泛的职业选择等。①

（三）市长技能学院计划

作为全球化大都市，伦敦的经济发展依赖包括金融、零售业、旅游业、文化创意产业、健康与社会护理以及酒店业等在内的多样化行业，但这些行业长期面临技能短缺问题。尤其在绿色化与数字化转型背景下，企业急需具备专业技能的高素质劳动力。同时，伦敦的社会不平等现象突出，如低收入家庭、失业者、有特殊教育需求者及残障人士等弱势群体往往难以获取优质教育和就业资源。在新冠疫情影响下，弱势群体的处境更加艰难。面对日益严峻的技能短缺、社会不平等、新冠疫情后经济复苏压力等挑战，伦敦市于2021年提出市长技能学院计划（The Mayor's Skills Academies Programme）。该计划旨在通过一系列举措实现以下目标。其一，为关键行业填补技能人才缺口。通过提升关键行业的影响力，鼓励劳动者在相关行业就业，填补岗位空缺，确保行业人力需求得到满足。其二，确保每个伦敦人都能够通过不同方式找到适宜的岗位，实现更好的职业发展。其三，支持继续教育部门提供与行业相关的服务，深入了解关键行业的特性与人才需求，协助包括年轻黑人男性等特定群体克服进入关键行业面临的技能障碍。其四，助力雇主和继续教育学院解决行业内劳动力代表性不足的群体在教育参与、招聘、留任以及职业发展等方面存在的结构性障碍。②

市长技能学院计划主要聚焦于数字行业、医疗和社会保健、绿色经济、创意和文化产业等领域，通过开展技能培训项目培养高技能人才，满足劳动力市场需求。该计划主要包含：第一，设立技能学院中心（Skills Academies Hubs），为伦敦各地居民提供高质量的职业教育和技能培训。这些技能学院中心作为连接教育与产业的关键纽带，与学校、学院以及各类企业构建了紧密的合作关系。企业在其中扮演重要角色，既参与课程设计和实施，又提供

---

① Local London.Careers Hub[EB/OL].(2025)[2025-01-02].https://www.local.london/what-we-do/programmes/careers-hub/.

② Mayor of London.About the Mayor's Skills Academies Programme[EB/OL].(2024)[2025-01-02].https://www.london.gov.uk/programmes-strategies/jobs-and-skills/mayors-skills-academies/about-programme.

实习和岗位培训。第二，关注弱势群体技能培养。市长技能学院计划为弱势群体提供优惠的技能课程、灵活的学习模式以及针对性的职业指导，以提高他们的就业能力和经济独立性。第三，设立绿色技能中心，为绿色经济领域培养高素质劳动力，支持伦敦实现绿色转型。

总之，伦敦的市长技能学院计划通过整合职业教育、行业合作和社会支持，为居民提供全面的技能发展路径。这一计划不仅力图解决伦敦当下的技能短缺问题，还着力推动伦敦社会包容和绿色经济发展，是伦敦市近年来较为重要的实践项目。据伦敦市政府统计，市长技能学院计划推行后，已在伦敦市建立了超过 20 所技能中心，有超过 2 500 名雇主参与该计划，协助超过 10 000 名伦敦市民获得优质的就业机会。[1]

本章结语

在全球产业迭代加速与技术革命深化的双重背景下，伦敦职业教育体系以其独特的制度韧性，为超大城市应对技能供需矛盾提供了富有启示的实践样本。伦敦的职业教育模式既彰显了英国教育传统的延续性，又体现了数字时代治理创新的突破性。其职业教育体系的突出优势在于构建了动态适配与终身支持的生态系统。其一，具有贯通灵活的职业教育学制体系。学生在选择职业发展道路时可根据不同提供方的质量与安排，选择适合自己的培训内容。这些培训内容受政府监督，以确保其高质量。近年来，政府政策倡导为所有年龄段的学习者提供量身定制的培训，对学生的技能提升与更新提供支持。其二，基础技能的战略性强化奠定了职业发展的可持续性。"伦敦挑战"项目通过精准干预将低收入家庭学生的 GCSE 考试通过率提升至全国首位，这也使得伦敦市民 16 岁后的教育参与率相对较高。[2] 在伦敦，学生进入六年级学院的比例为 55%，远高于全国 39% 的平均水平。[3] 其三，政企社协同网络有助于实现资源整合效能最大化。近年来，伦敦政府加大对职业教

---

[1] Mayor of London.Skills Academies Hubs[EB/OL].(2024)[2025-01-05].https://www.london.gov.uk/programmes-strategies/jobs-and-skills/mayors-skills-academies/skills-academies-hubs?ac-2270=2259.

[2] UCL Institute of Education. London's Post-16 Trajectories[EB/OL].(2020-08)[2023-07-26]. https://airdrive-secure.s3-eu-west-1.amazonaws.com/london/dataset/skills-and-employment-strategy-london-s-post-16-trajectories.pdf.

[3] Mayor of London. London Education Report: 16-19 Education and Training[EB/OL].(2019-07)[2023-07-26]. https://www.london.gov.uk/sites/default/files/4.16_to_19.pdf.

育技能体系的干预力度，逐步建立起与雇主代表和教育培训机构的协商机制。在这样的社会氛围下，雇主和培训机构可以自由协商，共同负责学徒管理，使学徒培训更加流畅和高效。①企业顾问网络将雇主的实时需求转化为培训标准，市长技能学院计划锚定绿色经济、数字创意等新兴产业定向培养人才。伦敦市长承诺继续与雇主和行政区次区域加强合作，帮助雇主获取有关职业技能需求的信息和数据，在伦敦市区域内创建一个可访问的数据资源系统，提供动态的技能需求信息。

伦敦经验为我国大都市职业教育建设提供了三点启示。第一，构建普职融通、灵活包容的职业教育学制体系。借鉴伦敦经验，我国应为中职毕业生提供更丰富的职业发展路径，让学生有更多的选择。此外，职业教育改革需立足劳动力市场调研。以上海为例，应监测技能需求，吸纳雇主与企业参与决策机制。第二，强化中等职业教育的"强基工程"。应正视中职作为技能筑基的关键阶段，借鉴"伦敦挑战"项目的精准干预策略，对郊区职校实施师资流动、设备升级专项行动。目前我国中等职业教育教学水平参差不齐，要改变大众的刻板印象，就需要从教学质量的本质入手，夯实学生的知识技能基础。第三，构建政府、企业与培训机构的资源共享平台。职业教育的跨界属性要求社会各界多方合力，共同促进其现代化发展。职业教育体系具有独特的技术性、职业性和包容性，其课程体系之复杂、教学模式之多样使其区别于其他类型的教育。它在显示出强大生命力的同时，也有自身复杂的内部架构，因此需要考虑社会各方主体的利益诉求，统筹安排，找到促进其发展的"最优解"。政府、企业与职业教育培训机构之间的合作能有效利用社会资源，为学生营造一个良好的职业教育"生态圈"。

---

① 鲍锦霞.英国现代学徒制治理体系研究[D].杭州：浙江大学，2019.

第七章　伦敦终身教育①

近年来，终身教育作为一种旨在满足个人和社会不断变化需求的教育理念，在全球范围内备受瞩目。在英国，尤其是在伦敦，终身教育的发展轨迹不仅反映了教育政策的演进，也深刻揭示了社会对教育功能的深入理解。马克·弗里曼（Mark Freeman）系统地梳理了英国成人教育从 19 世纪的"伟大传统"（强调工人阶级解放与人文教育）向多样化机构［（例如女性公民协会、工人教育协会（The Workers' Educational Association, WEA）］的演变。尽管学术界已经对成人学校、合作运动等领域给予了关注，但宗教成人教育、工人教育协会的组织动态等方面仍然被忽视。弗里曼建议，未来的研究应当集中在治理结构、学习者/教师的传记、地理空间分析等关键领域，以揭示成人教育在地方（例如伦敦）社会文化中的作用。②

终身教育的理论与实践一直是学术界关注的焦点。温飘特（Win Phyu Thwe）和卡尔曼（Kálmán）在 2000—2022 年进行的系统综述揭示了终身学习概念在不同地区和学科之间存在差异。其核心要素涵盖了正式、非正式以及非正规学习的区分，以及终身学习"能力"的构建。③ 随后，研究的焦点转向了政策框架（如欧洲资格认证体系）和影响因素（包括个人动机和制度支持）。研究方法采用混合方法，将质性研究和定量研究相结合作为补充。例如，两项未公开的定量研究揭示，女性和年长者对终身学习的参与度更高，而教育水平和职业类型对能力发展有显著影响。

国际政策以及国际形势的变化对终身学习研究也具有一定影响。福雷斯特（Forestier）和克罗斯利（Crossley）的案例研究揭示了教育政策的"逆向流动"：英格兰借鉴香港的传统教学法（如结构化课程），而香港则引入西方

---

① 本章作者为上海师范大学熊雅茹。
② Freeman, M. Adult education history in Britain: past, present, and future: part II[J]. Paedagogica Historica, 2020, 56 (3): 396–411.
③ Thwe, W. P. & Kálmán, A. Lifelong learning in the educational setting: a systematic literature review[J]. Asia-Pacific Edu Res, 2024, 33: 407–417.

终身学习理念以缓解应试压力。这种双向借鉴凸显政策移植需兼顾文化适应性。①

继续教育的困境与潜力也引起了学界的关注,费舍(Fisher)和西蒙斯(Simmons)指出,尽管继续教育部门长期承担工人阶级教育的使命,但其社会地位受限于"职业主义"话语的窄化(如过度强调技能培训而忽视批判性思维)。政府虽通过资金注入试图提升继续教育的地位,但"进步职业主义"仍难以扭转其边缘化现状。②

国外学者对终身教育的历程、组织架构、具体实践以及面临的困境进行了详尽而深入的研究。然而,这些研究的范围往往较为宽泛,鲜有专注于单一城市的深入探讨。国内研究则聚焦于英国继续教育转型、国家资格框架、学分转换等体制机制以及比较教育研究,围绕英国终身教育展开多维度探讨。王世赟探讨了英国继续教育在转型阶段为弥合技能鸿沟所发挥的作用及呈现的相关情况③;董衍美、张祺午从历程回顾、现实挑战与发展方向三个维度探索英国学分积累与转换系统构建等。④ 国内学者主要分析了英国终身教育自身的特点及其对我国的启示,同时深入资历框架、学分积累与转换系统以及资格框架制度等具体构建层面,详细梳理其发展历程、面临的挑战等,对于我国完善终身教育体系、构建相关配套框架等有着积极的借鉴意义。

现有文献为终身教育研究提供了历史纵深、国际视角和政策分析,但仍有待突破"宏观叙事"和"机制移植"的局限,转向更具有文化敏感性的微观实证研究和本土化理论构建。伦敦的终身教育政策展现了其社会的嵌入性,重视边缘群体的参与,并通过个体经历以及社会参与,在全球化与地方化的张力中探索终身教育的创新路径。

第一节 终身学习社会的建构

英国作为全球率先孕育终身教育理念的国家之一,在学习型社会的实践

---

① Forestier, K. & Crossley, M. International education policy transfer-borrowing both ways: the Hong Kong and England experience[J].Compare: A Journal of Comparative and International Education, 2014, 45 (5): 664–685.
② Fisher, R. & Simmons, R. Liberal conservatism, vocationalism and further education in England[J]. Globalisation, Societies and Education, 2012, 10 (1): 31–51.
③ 王世赟. 转型中的英国继续教育:弥合技能鸿沟[J]. 比较教育研究, 2024, 46(1): 80–89.
④ 董衍美, 张祺午. 英国学分积累与转换系统构建:历程回顾, 现实挑战与发展方向[J]. 职业技术教育, 2020, 41(18): 12–18.

进程中起步较早。自20世纪初成人教育兴起，英国的学习型社会实践活动历经近一个世纪的发展，成功构建起完善的学校网络与终身学习体系。这一体系对全球的终身教育和成人教育产生了深远影响。伦敦作为全球教育、经济与文化的关键枢纽，在构建终身学习型社会方面展现出了强大的综合实力与前瞻性。其建设成果显著，积累了国际领先的实践经验，但同时也面临着一些结构性挑战。

一、政策框架与顶层设计

（一）战略规划与制度创新

在政策制定方面，伦敦市政府视终身学习为提升城市竞争力的核心驱动力，通过顶层设计积极推动政策的有效实施。2022年初，大伦敦政府发布了《伦敦技能路线图》(Skills Roadmap for London)。该路线图旨在通过系统性改革成人教育与技能培训体系，以应对新冠疫情后的经济复苏难题、日益加剧的结构性不平等问题，以及绿色化与数字化转型的迫切需求。路线图以三大核心战略为支撑：本地相关技能(Locally Relevant Skills)、产生影响(Making an Impact)和可访问技能(Accessible Skills)，着重强调构建以学习者为中心、由社区驱动的终身学习生态系统。具体措施包括：

（1）推动跨部门协作：通过建立"整合中心"(Integration Hubs)与"无错之门"(No Wrong Door)服务模式，促进就业、健康、住房等部门协同合作，确保教育与劳动力市场需求精准对接。同时，重点投资绿色经济、数字技术、健康护理等关键领域，优化Level 2及以下基础技能培训（如英语、数学）与Level 3高阶课程的衔接，有效缓解技能错配问题。

（2）量化教育成果：依托"伦敦学习者调查"，对教育成果的社会和经济效益（如就业率、健康改善）进行量化分析，并通过纵向数据分析评估其长期影响。此外，积极推广最佳实践案例，如学徒税转移计划。

（3）消除参与壁垒：通过长期营销活动、社区补助以及数字基础设施升级，消除低收入者、移民、残障人士等弱势群体参与终身学习的障碍。同时，要求教育机构作为"锚定机构"，积极践行碳中和目标与包容性标准，并创新打造混合学习空间，如利用社区中心、高街空置店铺等。

（二）资金配置与权限下放

《伦敦技能路线图》呼吁中央政府进一步下放预算与政策权限，以增强地方的灵活性。该路线图将教育视为推动经济复苏与社会公平的双重杠杆，其跨部门协作模式、终身学习阶梯设计以及社区参与机制，为全球大城市应对后疫情时代的技能挑战提供了极具参考价值的政策范式。①

通过进一步审视伦敦在推动终身学习与技能发展领域的举措，访问伦敦市政府官方网站，能够清晰地了解伦敦市长推出的伦敦技能提升计划（Skills for Londoners）。该计划立意深远，核心目标是全方位保障每一位伦敦居民，无论其背景如何，均有均等的机会参与契合伦敦经济发展需求的技能培训，从而深度融入城市发展进程，实现个人与城市的协同共进。

在实施策略上，该计划展现出多元协同的特点。在与企业合作方面，通过深度互动，共同打造高质量的学徒制度以及一系列丰富多样的培训项目，使企业实际需求与人才培养紧密对接；在与学院及其他技能提供机构协作过程中，充分整合各方资源，发挥专业优势，优化培训内容与方式；同时，与政府形成紧密合作关系，确保技能培训所需资金充足稳定，管理措施科学有效，为技能培训的顺利开展提供坚实保障。

具体到项目层面，伦敦技能训练营（Skills Bootcamps for Londoners）极具特色。该训练营提供完全免费且高度灵活的课程，学习周期最长可达16周，其精心设计的课程体系覆盖多种实用技能。尤为重要的是，课程结束后会为参与者提供工作面试机会，有效打通了技能学习与就业实践的通道。伦敦多元技能计划（London Multiply Programme）则专注于基础技能培训，为伦敦居民夯实职业发展基础提供了难得的机遇。

正是这些数量众多且各有侧重的计划和项目，构建起一套完整的技能培训与终身学习支持体系，有力地推动了政策从文本到实践的转化，切实保障了伦敦市民终身学习的公平性。这使得新移民和原伦敦市民都能充分享有参与语言培训和职业资格认证转换项目的权利，极大地促进了社会融合。

二、教育资源配置体系

（一）机构网络的多维建构

优质的教育资源在构建学习型社会进程中占据着无可替代的地位。伦敦教育资源的独特优势在于其超乎寻常的密集程度与丰富的多样性。放眼全球，这种优势都极为罕见，为伦敦终身教育的蓬勃发展和学习型城市的稳步建设筑牢了根基。以帝国理工学院、伦敦大学学院为代表的顶尖学府，积极承担社会责任，通过开设面向社会的短期课程以及借助大规模开放在线平台平台（如 Future Learn），向广大市民开放优质教育资源，部分课程还与行

---

① Greater London Authority (GLA). Skills roadmap consultation results[EB/OL]. (2022−01) [2024−12−15]. https://data.london.gov.uk/dataset/skills-and-employment-skills-roadmap/.

业资格证书紧密挂钩，显著提升了市民学习的实用性和积极性。继续教育学院则充分发挥灵活性优势，提供各类职业培训机会，以西伦敦学院开设的数字营销课程和建筑行业的学徒制为典型，精准对接市场需求，培养实用型人才。此外，依托图书馆、文化中心以及线上平台（如 The Open University），伦敦构建起低门槛的终身学习网络，涵盖编程、艺术创作等丰富多元的兴趣课程，满足了不同市民的个性化学习需求。

位于伦敦的大英图书馆积极拓展服务功能，成立了"商业与知识产权中心"（Business & IP Centre）聚焦中小企业主和创业者这一关键群体，提供大量免费的商业技能培训及其他综合服务，其影响力不限于伦敦本地，而是遍及全国。根据2023年7月14日发布的大英图书馆报告，大曼彻斯特商业与知识产权中心在经济领域发挥了关键作用，已成为经济复苏和增长的重要驱动力。在2020年4月至2023年3月期间，该中心助力创立了2 170家新企业，新增357个工作岗位，创造了高达17 944 181英镑的总增加值。尤为值得关注的是，在接受支持的企业家中，62%为女性，42%来自少数族裔社区，充分体现了该中心在促进经济发展的同时，积极推动社会公平与多元化发展，为社会的全面进步贡献了力量。①

在终身学习体系中，除高等教育机构和文化机构等组织外，企业同样是不可或缺的关键组成部分。以英国最大的商业银行之一巴克莱银行为例，其通过"生活技能"（life skills）项目，精准面向年轻人、学生以及职场新人这三个主要群体，开展生活技能与职业技能教育。此项目的核心目的是助力这些群体在学习阶段便着手培养未来职场所必需的各项能力，为其职业生涯发展奠定坚实基础。

伦敦市各级政府和社区组织在终身学习社会的建设进程中也发挥着积极且重要的作用。比如，伦敦市政府与多家教育机构合作，共同推出伦敦学习计划（London Learning Programme）。该计划着眼于为不同年龄层次和背景的市民提供多样化的学习契机，其内容广泛涵盖从基础教育到职业技能培训的各个层面，旨在全方位提升市民的个人能力，增强其就业竞争力，以适应不断变化的社会经济环境。

与此同时，伦敦的社区中心和非政府组织也扮演着不可替代的角色。它们频繁举办各类讲座、研讨会和工作坊，涉及的主题极为广泛，从历史文化的深度剖析到现代科技的前沿探索。这些活动不仅丰富了市民的文化生活，

---

① Manchester.gov.uk. New British Library report confirms Business & IP Centre Greater Manchester is an engine of economic recovery and growth[EB/OL]. (2023-07-14) [2024-12-27]. https://secure.manchester.gov.uk/news/article/8996.

为市民提供了休闲娱乐的新选择，更在无形之中促进了知识在社会范围内的传播与共享，推动了整个社会的知识进步。

除了伦敦的文化基础设施等硬实力之外，其终身教育所体现的软实力同样不容忽视。伦敦致力于构建"学习即生活方式"的文化理念，将终身学习的理念巧妙而深入地融入城市的文化血脉。比如泰特现代美术馆和V&A博物馆推出的"艺术+技能"跨界课程（如策展与数字叙事的结合），就成功吸引了广大市民的参与。这些课程通过提供丰富多元的文化体验，有效激发了市民的学习热情，使学习成为市民日常生活的一部分。此外，在伦敦，类似伦敦地铁站的"诗歌墙"和公园中的"哲学角"等非正式学习场所随处可见。这些独特的文化空间让市民的零散时间充分浸润在伦敦独特的文化氛围之中，随时随地都能开启学习之旅。同时，社会名流对伦敦产生的积极影响也不容小觑。本地的杰出企业家、艺术家以及社会各界名流，如贝克汉姆助力青年体育管理培训，戈登借助综艺栏目等途径推动烹饪行业专业化发展，他们纷纷担任"终身学习大使"，充分发挥榜样的力量，进一步强化了学习在社会层面的价值，引导更多市民积极投身学习。

伦敦庞大的创意产业和多元社群共同孕育出独特的非正规知识交换网络。以东伦敦科技城为例，这里的开发者定期举办"黑客之夜"，为同行们提供了共享编程技巧的平台。[①]在金融行业和时尚行业，定期开展的内部交流活动使从业者能够及时洞察市场，逐步形成了行业社群自发学习的良好态势。移民社群间的知识互助同样具有特色且引人关注，如孟加拉裔社区开展家庭式缝纫技能传授班；中国城的中餐厨师通过师徒制传承烹饪技艺，促进了不同文化背景下技能与知识的传承和交流。亚文化和街头文化在年轻人中广受欢迎，涂鸦艺术家的街头工作坊、地下音乐人的即兴创作交流会，都成为另类技能传播的独特渠道，丰富了知识与技能传播的形式和内容。

综上所述，构建伦敦终身学习社会是一个牵涉多方面、多层次的复杂进程，这一进程需要政府、教育机构、社区群体以及市民齐心协力。通过持续不断地提供丰富多样的学习机会和资源，伦敦正稳步朝着充满活力和创新精神的学习型城市迈进。尽管如此，在建设学习型社会的漫长征途中，伦敦依然面临着诸多亟待解决的问题。

（二）空间布局的双重效应

首先，终身学习的实践深受城市空间政治的影响，伦敦学习资源的空间

---

① Dealroom.co. London: Europe's global tech city[EB/OL]. (2021-01-14) [2024-12-15]. https://dealroom.co/blog/london-europe-global-tech-city.

分布显著反映出社会阶层与区域差异。国王十字知识园区聚集了大英图书馆、韦尔科姆收藏馆、插画博物馆等文化艺术机构，还汇聚了众多顶尖高校和科技企业。这些优质资源的高度集中，使得周边房价急剧攀升，形成了一个"学习精英飞地"。在这一区域，学习成本大幅提高，普通市民参与学习活动的机会在一定程度上被压缩，进而导致知识逐渐向高收入、高社会地位群体集中，产生了知识"贵族化"现象，即知识获取和学习机会不再具有广泛的平等性，而是更多地倾向于社会精英阶层。

在伦敦这座城市的发展格局中，空间资源分配不均的问题极为显著。以国王十字知识园区为代表的繁华区域成为城市发展的核心动力源。与之形成鲜明反差的是，纽汉区（Newham）的部分区域以及哈克尼区（Hackney）的达尔斯顿（Dalston）这类边缘社区，在城市整体发展进程中处于相对边缘的位置。与伦敦其他繁华地段相比，这些边缘社区在经济发展水平、基础设施建设以及公共资源分配等方面存在着明显的差距。长期以来，这些街区饱受贫困和高犯罪率的困扰，大量弱势群体聚居于此，在社会融入、就业机会获取以及接受优质教育等方面面临着重重挑战。其中，纽汉区居民在一定程度上被官方体系忽视的情况下，充分发挥主观能动性，利用废弃工厂自发创建了"社区技能交易所"。这一民间自主搭建的平台绕开官方体系，开展技能交换活动，满足了本地长期被忽视的技能提升与知识共享需求，这也从侧面深刻反映出城市空间资源分配不均对终身学习推广所造成的阻碍。

三、市场力量与公共性张力

（一）数字化转型的伦理困境

随着伦敦积极推进终身学习的数字化转型，一系列伦理问题也随之而来，尤其是在学习监控和数据利用方面引发了广泛争议。英国上议院通信与数字委员会于2023年发布的关于数字排斥的报告明确指出，数字排斥已成为一个"严重问题"。据预测，到2030年，基本数字技能将成为英国面临的最大技能缺口。当前，生活成本的不断攀升使许多人难以负担互联网接入费用，这不仅直接影响人们的生活质量，更关键的是，导致弱势群体在关键数据集中的代表性严重不足，进一步加剧了他们在社会中的边缘化程度。[①] 在一些政府资助的学习项目中，要求学员佩戴智能手环以监测学习时长，收集到的数据被用于优化课程设计。然而，这一做法在社交媒体上引发了民众对

---

① House of Lords Library. Digital exclusion in the UK: Communications and Digital Committee report[EB/OL]. (2024-01-30) [2025-02-01]. https://lordslibrary.parliament.uk/digital-exclusion-in-the-uk-communications-and-digital-committee-report/.

数据泄露和资本监控的深切担忧。此外，在求职软件和网站领域，算法歧视的潜在风险也受到了关注。这些基于历史数据运行的算法，极有可能加剧对少数族裔的就业偏见，在职位推荐时更倾向于提供低薪岗位。与此同时，平台垄断问题也不容忽视。目前，高达 80% 的在线课程依赖美国的平台，如 Coursera、edX 等，这无疑极大地压缩了伦敦乃至整个英国本土数字教育企业的生存与发展空间。

（二）企业参与的悖论效应

在应对全球环境挑战的大背景下，伦敦将绿色技能培训纳入终身学习的范畴，这一举措具有重要的战略意义。2023 年，一项名为"绿色技能加速器"的创新计划应运而生。该计划旨在为建筑工人提供太阳能板安装的专业培训，并着力培养碳足迹核算师等新兴职业，以积极应对日益严峻的环境挑战，这也标志着社会对可持续发展技能的重视提升到了一个新高度。然而，在绿色转型的实际推进过程中，却存在着诸多问题。金融城似乎仍在为化石能源项目提供融资培训，而跨国石油公司也通过赞助高校的"可持续能源课程"来塑造自身的环保形象，这一系列行为不禁让人怀疑其背后是否存在"洗绿"（Green-washing）的嫌疑。一项针对伦敦市民的调研结果清晰地揭示了公众认知与实际行动之间的巨大差距：尽管高达 60% 的伦敦市民认为气候变化课程重要，但真正愿意主动参与相关学习的市民比例却仅为 12%。[①] 这一数据充分表明，在推动环境教育从理念转化为实际行动的过程中，仍需要付出巨大的努力。

在市场化导向的深刻影响下，伦敦的终身学习体系逐渐暴露出公益与资本逻辑之间的矛盾，终身学习的"商品化"趋势引发了严重的公共性危机。以培生集团、卡普兰（Kaplan）等为代表的教育企业不断扩张，逐渐主导了高端职业认证市场，导致 MBA 课程的学费飙升至每年 5 万英镑。这一现象不仅进一步加剧了教育的分层，使得不同阶层的人群在获取优质教育资源方面的差距愈发悬殊，也深刻反映了教育机会的不平等以及社会阶层固化的问题。在这样的背景下，那些渴望通过教育改变命运的人们，面对高昂的学费和有限的公共资源，往往感到力不从心。教育本应是促进社会公平的重要阶梯，然而在资本的强烈冲击下，却沦为了加剧社会分化的工具。

自 2010 年起，随着公共资源不断缩减，政府关闭了 23% 的社区成人教育中心。这一举措迫使低收入人群不得不转而选择质量较低的付费网络

---

① Heating & Ventilating Review. Green skills training centre to accelerate greater London's sustainability drive[EB/OL]. (2022-12-14) [2024-12-17]. https://www.hvr.co.uk/green-skills-training-centre-to-accelerate-greater-londons-sustainability-drive/.

课程，不仅剥夺了他们获取知识的重要途径，也严重削弱了社区的凝聚力，影响了社区的学习氛围。当前，学习成果的货币化趋势日益明显，以领英（LinkedIn）为代表的职业社交平台将学习记录转化为"人力资本估值"，这无疑强化了学习者以工具理性为导向的价值取向。在这种环境下，学习者往往过度关注那些能够直接转化为经济收益的技能和知识，而忽视了教育在个人成长、批判性思维和创新能力培养等方面的重要价值。

第二节 终身学习机会的获得

1972年，联合国教科文组织发布了具有里程碑意义的报告《学会生存》，该报告首次系统地提出终身教育概念。自此，终身教育理念在全球范围内引发广泛关注与实践探索。在伦敦市政府与市民的共同努力下，历经多年发展，逐渐构建起包含数字化学习平台、继续教育学院、职业培训机构等在内的多元化终身教育平台体系。"伦敦因素"融入终身教育体系，弱势群体得到关注，企业也积极履行社会责任，助力终身教育事业发展，推动学习型社会的逐步形成。

一、发展阶段特征

（一）基础设施布局期（1990—2005）

这一时期，伦敦着力构建城市学习中心网络，旨在为市民打造便捷的学习场所，并提供基础学习资料。2001年成立的伦敦学习网格（London Grid for Learning，LGFL）便是这一努力的重要成果。LGFL最初是一家服务于伦敦学校的英国非营利性技术公司，随着时间的推移，其影响力不断扩大，发展成为全国性组织。该组织致力于整合伦敦各区域的教育资源，通过设立实体学习中心和搭建初步的线上资源库，为伦敦市民提供了便捷的学习渠道和基础学习资料。如今，LGFL已发展成熟，其学习中心遍布伦敦各个区域。以伦敦东部的纽汉区为例，多个学习中心的建成，提供了基础的读写算课程、职业技能培训课程等，周边社区居民能够便捷地参与学习，为他们的生活带来新的活力与希望。在成人和社区教育方面，纽汉姆的学习中心开设了多科目兼职课程，涵盖白天和晚间时段，面向19岁及以上人群，提供ESOL、英语、数学、数字素养、育儿、助教和包容性学习等多种成人教育课程。

（二）数字化转型期（2010—2015）

在这十年间，MOOCs平台的推广显著提升了在线课程的覆盖率。2016

年的调查数据显示，在线课程覆盖率增幅达 43%。以伦敦大学学院为例，该校积极与 Coursera 等国际知名 MOOCs 平台合作，将计算机科学、历史文化等优质课程资源在线上开放，吸引了全球范围内的学习者。这一举措不仅极大地方便了伦敦本地居民获取优质教育资源，也为在职人员利用业余时间提升专业技能或拓展兴趣爱好提供了便利。在线课程的普及，使学习变得更加灵活和个性化，深刻影响了人们的学习与生活方式。

（三）社会公平深化期（2016 年至今）

随着社会公平理念的不断深化，伦敦技能战略（Skills Strategy for Londoners）的推出进一步推动了企业培训的普及与深化。伦敦市长致力于确保伦敦市民掌握在经济和社会中取得成功所需的技能，同时保障企业拥有参与全球市场竞争的充足人才。该技能和成人教育战略草案旨在构建满足伦敦市民和企业需求的 16 岁后技术和职业教育及技能体系，并鼓励伦敦各企业阐述其对劳动力未来建设的需求和贡献。[①] 例如，巴克莱银行等大型企业积极响应政策，设立专门的员工培训基金。根据员工岗位需求和职业发展规划，提供定制化培训课程，如金融风险管理、客户服务技巧等。同时，与当地职业培训机构合作，对员工进行短期强化培训，提升员工整体素质，促进社会公平就业，为员工提供更多职业发展机会，推动社会的公平与包容。

2019 年，伦敦市将成人教育预算（Adult Education Budget，AEB）授权给市长，赋予其对终身教育资金和技能发展的责任。伦敦市政府致力于打造以卓越教学和学习为基础的技能与教育体系，立志成为全球最成功且最具包容性的典范。在政策实践方面，伦敦采用"混合治理"模式，形成政府—企业—社区三方协作机制。政府运用财政政策激励成人教育，成人学习账户（Adult Learning Account）每年的资助额度高达 2 800 万英镑，为伦敦的成人学习者提供经济援助，学习者可根据个人学习需求申请账户资助以支付课程费用。[②] 例如，一位餐饮行业工作人员渴望提升烹饪技术，通过申请成人学习账户资助，报名参加专业烹饪学校的进阶课程，以增强自身在行业中的竞争力。空间再造也是成人学习降本增效的有效策略，已有 23% 的废弃工业设施成功转型为社区学习中心。如伦敦南部的一个废弃工厂经改造后，成为多功能社区学习中心，内设艺术工作室、计算机实验室、语言学习教室等设施，当地居民可在此参与绘画、编程、外语等多种课程的学习，丰富了文化生活，

---

① Mayor of London. Skills strategy for Londoners: evidence base[EB/OL]. (2018-06-05) [2025-01-29]. https://www.london.gov.uk/sites/default/files/skills_strategy_evidence_base.pdf.

② 刘文杰. 英国终身教育"个人学习账户"制度：实施背景、发展历程与经验启示[J]. 职教通讯, 2016（10）：26-31.

营造了充满活力的社区学习环境。

二、发展动因分析

（一）数字技术进步

数字技术的进步在伦敦终身教育政策实施中发挥了关键作用。穆诺尔·M（MUNRO.M.）通过对英国2003—2013年间的13份数字化教学与学习战略文件进行批判性话语分析，深入探讨了数字技术在英国高等教育市场化进程中的作用，揭示了其在推动教育发展方面的显著积极效应。研究表明，数字技术提升了教育效率和品质，借助在线学习平台、虚拟实验室等创新工具，为学生提供了更加灵活和个性化的学习体验。它打破了时间和空间限制，提高了教育普及程度，使更多学生能够接触高质量教育资源，推动了教育模式从传统教学向混合式和在线教学的创新与转型。此外，数字技术为学生提供了实践数字技能的平台，从而培养了适应数字经济需求的高素质人才，增强了他们的就业竞争力。尽管存在一定市场化风险，但数字技术在提升教育效率、扩大教育普及性、推动教育创新以及培养数字技能等方面的积极作用不可替代，为英国高等教育发展注入了新活力。[1]例如，通过分析伦敦各区域居民学习参与度和教育资源分布数据，发现伊灵区某些社区存在教育资源不足问题，政府据此采取针对性措施，加大教育投资，建立新的学习中心，吸引高质量教育机构入驻，并推出各类学习活动，显著提升了当地居民的学习机会。

（二）终身学习效益凸显

伦敦的终身教育政策带来了巨大的经济效益和积极的社会效应。通过社会投资回报率模型分析发现，每投入1英镑用于终身教育，可产生3.2英镑的社会经济效益，主要体现在医疗费用减少和劳动生产率提升方面。[2]以伦敦一个社区的健康管理课程为例，该课程向居民传授健康饮食和运动锻炼知识，参与课程的居民健康意识提高，生活方式改善，医疗费用显著下降。在企业层面，员工培训也显著提高了劳动生产率。如一家科技公司对员工进行新软件应用培训，员工使用新软件效率大幅提高，缩短了产品开发周期，为公司创造了更多经济效益。

---

[1] Munro, M. The complicity of digital technologies in the marketisation of UK higher education: exploring the implications of a critical discourse analysis of thirteen national digital teaching and learning strategies[J]. International Journal of Educational Technology in Higher Education, 2018, 15 (11): 1–20.

[2] Blaug, M. The private and the social returns on investment in education: some results for Great Britain[J]. The Journal of Human Resources, 1967, 2 (3): 330–346.

(三)多元化教育体系

多元化的教育供给体系是成人学习者实现终身学习的关键保障。例如，高等教育机构除承担核心教育任务外，还为成人学习者提供额外教育项目。以伯克贝克学校为例，其独特的夜校模式为在职人员提供了接受高等教育的机会。该校成立于1823年，专注于为在职人员服务，夜校课程涵盖人文社科、理工科等多个领域，如会计学、心理学、计算机科学等。课程安排灵活，通常在晚上6点至9点，学生可根据工作计划选择上课时间。教学方法融合线上与线下，既有面对面课堂讲授，也提供线上学习资源和讨论区，方便学生课后学习交流。许多在职学生通过在该校夜校学习，获得更高级别学位，为职业发展奠定了坚实基础。伦敦国王学院与周边社区合作推进社区大学项目，结合大学学术资源与社区需求，为社区居民提供一系列免费或低成本课程。

继续教育学院与职业培训机构相互补充，共同促进成人学习者发展。继续教育学院侧重传授基础理论知识，职业培训机构则注重实践技能培养。以建筑行业为例，继续教育学院提供建筑设计原理、建筑法规等课程，奠定理论基础；职业培训机构提供建筑施工技术、工程管理实务等课程，培养实践技能。二者建立了师资共享机制，继续教育学院教师参与职业培训机构实践教学，职业培训机构资深技术人员到继续教育学院授课，实现理论与实践结合。如在汽车维修培训中，职业培训机构高级技师到继续教育学院讲解最新维修技术和故障诊断方法，继续教育学院教师为技师提供教学方法培训，提高技师教学水平。

社区教育为成人学习者的学习生活提供了有力补充，伦敦各社区推出了形式多样的学习活动，包括社区图书馆举办的读书分享会、手工制作坊、语言交流角等。例如，某社区图书馆每周举行读书分享会，邀请专家和爱好者分享读书心得，吸引众多居民参与；手工制作坊为居民提供学习陶艺、编织、木工等手工技艺的平台，培养创造力和兴趣爱好；语言交流角为居民提供练习外语的场所，促进不同文化背景居民之间的交流与融合。社区教育志愿者发挥了重要作用，他们来自各行各业，包括退休教师、大学生、企业员工等，为社区居民提供免费教学服务，涵盖辅导学生功课、教授老年人使用智能手机、开展职业技能培训等。[①]

数字化学习平台为伦敦成人学习者提供了极大帮助。一些采用人工智

---

① London Plus. London vision and action plan for volunteering: have your say[EB/OL]. (2025–01–06) [2025–02–06]. https://londonplus.org/london-vision-and-action-plan-for-volunteering/.

能技术的数字化学习平台，能够根据学习者的学习历史、兴趣爱好和学习目标等数据，提供个性化学习推荐。① 以 Future Learn 平台为例，通过分析学习者行为数据，识别对历史文化感兴趣且近期学习过英国历史相关课程的学习者，推荐欧洲历史、世界文化遗产等课程，满足个性化需求。许多数字化学习平台还提供互动式学习功能，如在线讨论区、小组项目、虚拟实验室等。在 Open Learn 平台上，学习者可在课程讨论区交流心得，共同解决学习问题；一些科学类课程设置虚拟实验室，学习者通过模拟实验操作加深对理论知识的理解和掌握，提高学习的趣味性和参与度。

三、特殊群体支持机制

（一）移民融合路径

伦敦作为英国首都及国际化大都市，虽并非传统移民城市，但吸引了大量来自全球的移民和难民群体，面临着多元文化背景下不同群体的教育需求问题。为推动社会公平与包容，促进不同群体融入社会，伦敦成人教育体系在支持弱势群体、特殊群体、移民和难民等方面采取了一系列有效措施。为帮助低收入人群获得成人教育机会，伦敦引入"伦敦因素"计划，为成人教育预算提供额外资金支持，为收入低于伦敦生活工资的人群提供全额资助课程。数据显示，"伦敦因素"计划实施后，低收入群体参与成人教育课程的人数显著增加，许多人获得了提升自我的机会，为未来就业和生活改善奠定了基础。

政府实施了各种基金项目，如伦敦市长青年基金（The Mayor's Young Londoners Fund，YLF），投资 4 500 万英镑，惠及超过 15 万伦敦年轻人，旨在支持弱势青少年发展，促进教育与就业。该基金帮助弱势青少年进入数字、健康、社会护理等关键行业。在健康领域，为有志于护理工作的弱势群体提供专业培训，与医疗机构合作开展实习项目，帮助他们积累实践经验，培训后对接相关企业，提高就业成功率，既解决了弱势群体就业难题，又为关键行业输送了人才。成人教育体系还为弱势群体开设心理健康支持课程，结合专业心理辅导与小组互动，帮助学员提高自我效能感，增强社会适应能力，许多学员完成课程后心理状况明显改善，对未来更有信心。

对于移民和难民群体，成人教育体系提供了多样化支持。英语作为第二语言（English for Speakers of Other Languages，ESOL）课程是提升其语言技

---

① Martin, F. & Xie, K. Digital transformation in higher education:7 areas for enhancing digital learning[EB/OL]. (2022−09−27) [2025−02−06]. https://er.educause.edu/articles/2022/9/digital-transformation-in-higher-education-7-areas-for-enhancing-digital-learning.

能的关键途径，课程采用创新教学方法，不仅传授语言技能，还帮助学员了解英国社会规范和文化背景。通过融入真实生活情境，组织角色扮演、小组讨论等互动活动，营造轻松的学习氛围，许多移民和难民完成课程后能够更自信地与本地居民沟通，更好地适应伦敦生活。

针对移民和难民的就业需求，提供与伦敦关键行业相关的技能培训。以护理专业为例，开设成人社会护理专业文凭课程，这是三级职业资格培训课程，融合专业知识和实践经验。学员在雇主处实习一学期，获得真实工作经验，完成课程后有资格申请英国技术移民签证，获得在英国护理领域就业机会，为其提供了职业发展路径。为缓解文化差异，通过社区中心和儿童中心提供学习机会，举办文化交流活动，促进移民和难民与当地居民互动和理解，增强他们对社区的归属感。

（二）弱势群体赋能

伦敦成人教育体系同样关注特殊群体需求，如残障人士、老年人。伦敦为残障人士提供物理和数字学习空间。物理学习空间作了无障碍设计，设置无障碍通道、配备无障碍卫生间等；数字学习空间提供易于操作的在线学习平台，方便残障人士通过电子设备访问学习资源，为特殊人群提供平等学习机会。为满足老年人学习需求，提供涵盖艺术、文化、健康养生等领域的课程，帮助老年人保持活跃思维，提升生活质量，许多老年人参加课程后结识了新朋友，丰富了晚年生活。考虑到不同群体的学习需求，提供了线上线下结合的学习方式，学员可根据自身情况选择，提高了他们的学习积极性。

伦敦成人教育体系通过一系列政策和措施，为弱势群体、移民和难民提供了广泛支持，促进了他们的技能提升、社会融入和经济独立，在包容性和多样性方面表现出色，为建设更加公平和包容的社会作出了重要贡献。通过不断完善和优化这些政策措施，伦敦有望在未来继续发挥成人教育领域的示范作用，为全球其他城市提供宝贵经验。

四、企业参与终身学习体系构建

此外，企业也为成人学习者提供获得终身教育机会的重要途径。作为全球金融与创新中心，伦敦的政府和企业高度重视终身教育和职业培训。英国政府通过技能与终身学习战略推动企业参与员工技能提升，并设立终身学习津贴（Lifelong Learning Entitlement），支持在职人员继续深造。伦敦市政府与行业协会，如伦敦工商会（London Chamber of Commerce and Industry，LCCI）合作，推出定制化培训计划，覆盖数字技能、绿色经济等领域。

当前企业培训领域存在多种模式。大型企业如汇丰银行和英国石油公司等跨国公司，普遍建立内部大学或在线学习平台。以英国石油公司的"数字化学院"为例，它提供技术、管理和领导力课程，满足企业内部不同层级和岗位的人才培养需求。中小企业则倾向于合作模式，通过行业协会或共享平台获取外部培训资源，如伦敦科技城的技能共享计划，降低培训成本，解决资源和资金有限的问题。新冠疫情暴发后，混合式学习模式广泛普及，线上学习平台如 Coursera、LinkedIn Learning 与企业内部系统结合，形成"线上+线下"混合培训模式，兼具线上学习的便捷性和线下培训的互动性优势。

在伦敦企业培训格局中，重点领域与技能需求特点鲜明。随着数字化转型加速，人工智能、数据分析、网络安全等技能培训需求急剧增长，伦敦科技企业培训投入年均增长 12%。可持续发展理念的普及，使绿色技能，如碳管理、可再生能源相关培训，成为能源与制造企业发展的主要方向。同时，在跨国公司运营中，软技能培养愈发重要，跨文化沟通、团队协作等课程占比显著提高。

从员工参与率来看，2022 年调查显示，伦敦全职员工年均接受培训时长约 40 小时，但中小企业员工参与率不足 50%。主要障碍包括培训时间与工作冲突，员工难以协调精力投入学习；课程内容实用性不足，无法满足工作实际需求；部分企业资金投入有限，限制了培训活动开展。[①]

伦敦市民对成人学习表现出极大热情和主动性，这得益于终身学习机会丰富、学习资源充足，以及英国成熟的学习成果认证体系。伦敦遵循英国国家资格框架，实现不同教育机构和学习项目之间的学分互认，学生在继续教育学院获得的学分，在申请高等教育课程时可得到认可，减少重复学习时间和成本。英国国家资格框架对不同层次学习成果进行明确界定和规范，确保学习成果质量和可比性。伦敦还积极探索非正规与非正式学习成果认证机制，通过建立学习档案、开展能力评估等方式，对学习者在工作、生活中获得的非正式学习成果进行认证。例如，一位未接受社会工作专业培训的普通居民，参与社区志愿活动一定时间后，通过申请非正规学习成果认证，其在组织协调、沟通交流等方面的能力得到认可，可作为求职或进一步学习的依据。这种认证机制提升了学习者综合素质和能力，为弱势群体提供了更多学习和发展机会。

---

① 上海发展战略研究所大都市动态跟踪课题组. 伦敦：聚焦文创产业，打造零碳城市［EB/OL］.（2023-12-28）［2025-02-05］. https://m.thepaper.cn/baijiahao_25820384.

第三节　社区教育机构设置及课程体系

一、机构类型与运营模式

（一）四类主体比较

在英国，社区教育机构类型丰富多样，主要可划分为四种类型，它们在资金来源、运营模式以及服务覆盖范围上存在显著差异。

1. 成人教育中心（Adult Education Centre，AEC）

成人教育中心数量众多，历史悠久且各具特色。比如成立于1854年的伦敦工作男子学院（Working Men's College）作为欧洲现存最古老的成人教育学院之一，以艺术设计、外语、财会、计算机、商务等专业课程闻名。其课程内容高效实用，吸引了大量具有国际背景的学员，生源呈现出显著的国际性和多元文化特征。汉普斯特德园郊学院（Hampstead Garden Suburb Institute）则专注于为成人提供英文、数学等专业课程以及生活技能课程，旨在助力英国及海外学生实现个人发展，同时为有学习障碍的学生开设矫正课程，其青少年与成人课程（外语除外）、外语课程以及生活技能课程体系十分完善。卡普兰"伦敦30+语言中心"2025年迁至新址，新校址地理位置优越，正对着布鲁姆斯伯里广场花园。校内设施一流，配备7间宽敞的教室、学习中心、学生厨房以及配有电视的公共休息室，主要为30岁以上的学员提供量身定制的教育体验，营造成熟且专注的学习氛围。国王学校学院（King's College School，KCS）在英国教育部注册为独立学校，提供多种语言课程。此外，玛丽沃德中心（Mary Ward Centre）、城市文化学院（City Lit）、埃奇韦尔学院（Edgware Academy）、格雷欣学院（Gresham College）等机构也均开设了丰富多样的成人教育课程，致力于为成人学习者提供学习机会。

2. 继续教育学院（Further Education Colleges，FECs）

继续教育学院与地方政府紧密合作，一方面为低收入群体提供免费或低成本的职业培训，另一方面为个人提供高质量的教育和培训，助力其继续深造。成立于1965年的欧克斯桥学院（Uxbridge College），主要开设英语课程各类大学预科课程（包括普通教育文凭高级程度课程和GCSE课程），还设有商业及科技教育协会（Business and Technology Education Council，BTEC）的国家文凭和国家职业训练文凭（General National Vocational Qualification，

GNVQ）的高级程度课程，专业领域涵盖工程、商业、运动、旅游管理等。其核心教学目标是提供高质量的教育和培训，满足个人、雇主及社区对教育和培训的需求，充分挖掘个人潜力。沃尔瑟姆森林学院（Waltham Forest College）提供更为广泛的继续教育课程，覆盖多个专业领域，每年接纳超过1万名14—19岁的青少年及成年学生，为不同年龄和背景的学生提供学习机会。南渥克学院（Southwark College）、金斯敦学院（Kingston College）、哈罗学院（Harrow College）等机构除提供职业课程外，还开设学术性课程，帮助学习者为未来的职业发展或进一步深造奠定基础。

3. 社区学习中心（Community Learning Hubs）

社区学习中心形式多样，是为社区居民提供学习和交流的场所及组织。在能源与气候领域，大伦敦学习中心（Greater London Learning Hub）主要协助当地政府与社区合作推动气候行动。通过定期开展活动和展示成果项目，该中心深入探讨如何更有效地实施当地的气候行动举措，包括如何与难以接触的社区群体互动、如何与企业合作推动社区参与，以及如何在社区内培养绿色技能等重要议题。在艺术文化方面，温布尔登波尔卡剧院（Polka Theatre in Wimbledon）为不同年龄的孩子提供表演课程，并为学校和社区提供教育项目，极大地丰富了社区亲子教育资源。音乐教育相关的学习中心也不在少数，例如三区音乐中心（Tri-borough Music Hub）和伊令初级音乐学校（Ealing Junior Music School）。除依托图书馆、文化中心等公共设施外，移民文化聚集地也催生了社区学习中心。例如，伦敦华埠华人社区中心与伦敦西敏市成人教育学院合作，为中心会员提供免费英文课程，每周三次，每次2小时，分为初级和中级课程。此外，该中心还与"英中律师协会"合作，每周六下午3—4时为会员提供免费法律咨询，每月提供免费推拿、理疗等服务。这些社区学习中心不仅为成人学习者提供了学习机会，对儿童和青少年而言，同样是宝贵的教育资源。

4. 非营利性组织

非营利性组织在社区教育领域发挥着至关重要的作用。工人教育协会专注于为低收入者、失业人员、残障人士等弱势群体提供服务，通过提供免费或低成本的课程以及额外的学习支持，确保他们享有平等的教育机会。该组织深入伦敦的各个社区，整合资源，开设了包括职业技能、文化艺术、基础素养、健康与生活在内的多样化课程，旨在帮助成年人提升就业竞争力、培养兴趣爱好、增强基础能力以及改善身心健康。教育支持组织（Education Support）则专注于改善教师和教育工作者的健康与福祉，为他们提供专业的咨询和帮助，通过支持教育工作者间接促进教育质量的提升。阅读空间

（Room to Read）2000年成立，在伦敦设有办公室，致力于在全球范围内消除文盲和性别不平等。特别是在低收入社区，帮助儿童发展识字技能、培养阅读习惯，支持女孩在学校取得成功并掌握应对关键人生决策的技能。准入项目（The Access Project）主要支持伦敦、伯明翰、黑乡、东米德兰兹和布拉德福德等地区的弱势背景年轻人，通过提供校内支持，包括一对一辅导、大学参观和研讨会以及个性化的学术辅导，助力这些年轻人进入排名前1/3的大学，从而增加他们接受高等教育的机会，实现个人潜力。自2017年起，编程女孩（Code First Girls，CFG）组织开发的《AI入门：从零到算法》课程已被200余所学校采用，累计培训超过2万名女性，为女性在科技教育领域提供了宝贵的学习和发展机会。

（二）主要运营模式

社区教育机构在提升居民素质、促进社会融合方面发挥着关键作用，其资金来源与运营模式紧密相关，共同推动着社区教育的发展。其资金来源主要渠道有：

1. 政府资助

政府通过"成人教育预算"为伦敦社区教育机构提供关键资金支持。2023年，伦敦成人教育预算总额约3.2亿英镑，这笔资金重点扶持基础技能与就业导向课程。在基础技能领域，涵盖英语、数学、信息技术等课程，帮助不同年龄和背景的社区居民夯实学习基础。例如，针对新移民或低学历群体开设基础英语课程，助力他们跨越语言障碍，融入当地生活。在就业导向课程方面，紧密结合当地就业市场需求，开设护理、电工、烹饪等职业技能培训，为当地企业输送专业人才，缓解就业供需矛盾。[①] 在资金申请流程上，政府通常采用项目申报、审核评估后拨款的方式。社区教育机构需提交详细的项目计划书，阐述课程目标、实施步骤、预期成果等，经审核通过后获得资金支持。这不仅保障了教育资源向重点领域倾斜，也促使机构提升课程质量和管理水平，以符合政府资助标准，推动社区教育规范化发展。

2. 市场化运作

社区教育机构通过市场化运作增加资金收入。以City Lit为例，学费是其主要资金来源之一。学费定价依据课程性质而定。短期兴趣课程如绘画、瑜伽等价格亲民，旨在吸引更多居民参与；长期专业课程如会计、编程等由于教学资源投入大、专业性强，学费相对较高。学费收入为机构提供了稳定

---

① Greater London Authority. Adult education roadmap for London: draft for consultation[R/OL]. (2021-06) [2024-12-09]. https://www.london.gov.uk/sites/default/files/adult_education_roadmap_for_london_draft_for_consultation.pdf.

的运营资金，同时反映了市场对不同课程的需求程度。机构可根据这些信息调整课程设置，优化资源配置。与企业合作也是市场化的重要途径，例如与BBC合作开发媒体课程，企业投入资金、专业知识和行业资源，参与课程设计与教学。企业借此提升品牌形象，挖掘潜在人才；机构则获得资金支持，课程内容更具实用性和前瞻性，增强了市场竞争力，吸引更多学员报名，实现双赢。

3. 社区合作项目

社区教育机构与本地企业及慈善基金会，如保罗·哈姆林基金会（Paul Hamlyn Foundation）紧密合作，共同开展定制化项目，如为移民设计的英语融合课程。本地企业不仅提供实习机会和就业指导，还提供部分资金，助力移民将所学知识应用于职场；慈善基金会提供主要资金支持，涵盖教材编写、教师薪酬等方面。通过签订合作协议，明确各方权利和义务，共同制订项目计划并监督执行。这种合作模式有效整合了社会资源，缓解了机构资金紧张状况，满足了社区特殊群体的教育需求，促进了社区的和谐与稳定，提升了社区教育机构的社会影响力和公信力，其运营体系相对成熟。

4. 课程开发与优化

伦敦社区教育机构在课程开发与优化方面，主要根据政府资助导向和市场需求开展深入调研。通过问卷调查、社区访问、企业对话等方式，精准把握居民技能短板以及就业市场实际需求，并据此设计课程。针对当地老龄化问题，开设养老护理课程；针对电商行业蓬勃发展，推出电商运营课程。课程内容注重理论与实践结合，邀请行业专家参与制定教学大纲，以确保课程的实用价值。通过定期收集学员和企业反馈信息，根据行业发展趋势和社会需求变化，及时更新课程内容。例如，随着人工智能技术广泛应用，相关课程加入 AI 基础知识和实际应用案例，确保学员所学知识和技能与时俱进，保持课程吸引力和市场适应性。

5. 师资队伍建设

在师资队伍建设上，教师来源多元化，包括具备专业资质和丰富教学经验的专职教师，以及来自企业一线的兼职专家。专职教师保障教学的稳定性和系统性，兼职专家引入行业最新动态和实践经验，丰富教学内容。为提升教师教学水平，机构定期举办培训活动，内容涵盖教学方法、课程设计、行业知识更新等方面。此外，鼓励教师积极参与学术交流活动，与同行分享经验，不断提升教学能力和专业素养，以适应教学需求的不断变化。

6. 教学管理与服务

在教学管理与服务方面，致力于构建完善的教学管理制度，规范教学流程。从课程安排、课堂教学到作业批改、考试考核,每个环节都设有明确标准和要求。运用信息化工具,如在线学习平台,实现课程管理、教学资源共享以及学习进度实时跟踪,提高教学管理效率。此外,社区教育机构密切关注学员的学习体验和需求,提供全面服务支持,包括入学咨询、学习指导、就业推荐等。对于学习困难的学员,提供一对一辅导;对于经济条件有限的学员,提供助学金或学费减免,帮助他们顺利完成学业,实现学习目标。

(三)社区教育课程特色

一个完善的课程体系是教育机构实现教育目标、满足社会多元化需求的关键。就社区教育机构的课程体系而言,主要特色体现在六个方面。

第一,精分课程类别。课程体系在课程分类上极具针对性和全面性。针对低学历人群以及新移民融入社会的基础需求,基础技能教育板块开设英语、数学以及数字素养课程,如"基本数字技能"(Essential Digital Skills, EDS)认证课程,帮助他们快速提升基础能力,更好地适应新环境。从就业角度出发,职业培训与本地雇主紧密合作设计课程,覆盖护理、建筑、IT 等热门行业,并提供 BTEC、NVQ 等行业资格认证,为学员踏入职场筑牢根基。同时,为丰富居民精神生活,提升社区整体活力,开设兴趣与生活类课程,如烹饪、摄影、心理健康工作坊等,在培养居民爱好的同时,增强了社区凝聚力。此外,公民教育课程在推动居民积极参与社会事务方面发挥着重要作用,环保意识、法律权益等课程,帮助居民成为更有责任感的社会公民。

第二,优化课程设计。课程设计遵循灵活性原则,考虑到许多学员是在职人员或需兼顾家庭,特提供晚间、周末以及为期 6—12 周的短期课程,以解决时间冲突问题,让更多人能够参与学习。课程采用模块化设计,以"学分积累与转换制度"(Credit Accumulation and Transfer Scheme, CATS)为依托,允许学员根据自身情况分段完成学习目标,降低学习难度。在实践导向原则方面,以 Tower Hamlets 社区的"绿色技能工坊"为例,结合本地低碳项目开展实地教学,让学员将课堂知识与实际应用紧密结合,做到学以致用。

第三,融入技术创新。随着时代发展,技术创新深度融入课程体系。疫情加速了教育模式变革,如今超过 60% 的机构采用混合式学习模式,将课程迁移至线上平台,如 Moodle。这种方式既保留了线下实践环节的优势,又利用了线上学习的便捷性,实现线上线下优势互补。此外,为提升课程认可度和含金量,机构与行业认证机构合作构建微证书体系,为学员颁发资格证书,有力证明学习成果。

第四,践行社会包容。课程体系具有显著的社会包容性。通过实施免费课程和定向补贴政策，如针对"伦敦生活工资"群体实施学费减免，降低教育门槛，让更多人有机会参与学习、提升自我。以纽汉姆社区为例，为失业青年提供的"技能加速营"成效显著，使该群体就业率提升至65%，帮助失业青年重新回归职场，实现自身价值。

第五，响应在地需求。课程体系能精准响应在地需求。课程设计基于深入的社区调研，以哈克尼区为例，考虑到老龄化社会现状，针对性地开设"数字防诈骗课程"，帮助老年人提升数字素养，防范诈骗风险，满足当地居民实际生活需求。

第六，推动产学研协同。产学研紧密协同也是课程体系的一大亮点。以兰贝斯学院（Lambeth College）与当地医院合作开展护理培训为例，双方紧密协作，实现人才培养与就业需求无缝对接，做到"毕业即就业"，提高了学生就业竞争力，为医疗机构输送专业人才，促进了区域医疗事业发展。

课程体系在发展过程中面临的主要挑战有三方面。第一，资金的可持续性。资金可持续性问题较为突出，成人教育预算拨款自2010年以来削减幅度超过40%，部分机构不得不依赖短期项目融资维持运营，直接影响课程连续性。许多优质课程因资金短缺被迫中断，无法为学员提供完整的学习体验。第二，参与率不均。根据2022年的伦敦市政府报告，高收入群体参与率达到78%，而低收入群体参与率仅为32%，两者差距悬殊[①]，反映出不同收入阶层在教育资源获取上存在较大差距，需进一步采取措施促进教育公平。第三，质量监管不足。部分非认证课程缺乏统一评估标准，学员的学习成果难以量化评估，无法准确衡量学习效果，不利于课程质量持续提升和改进。

本章结语

通过对伦敦终身学习体系的研究，本章系统探讨了终身学习社会的建构逻辑、实践路径与挑战，聚焦政策框架、教育资源配置、市场力量与公共性张力、特殊群体支持机制以及社区教育机构设置等方面，揭示了伦敦作为全球教育枢纽在终身学习领域的创新探索，同时也剖析了其结构性困境与伦理争议，为理解大城市终身学习体系的复杂性与动态性提供了多维视角。

尽管前人的研究为终身学习领域提供了历史深度和全球视角，但它们大

---

① London Assembly. Adult education budget evaluation 2022-23: overview[R/OL]. (2022)[2025-02-09]. https://www.london.gov.uk/sites/default/files/aeb_evaluation_2022-23_overview.pdf.

多侧重宏观叙述和制度分析，对城市层面的实践动态和微观机制的探讨则相对较少。本章为终身学习领域提供了新视角。通过深入分析伦敦这一超大城市，将终身学习置于地方化背景之下，并结合政策文件、空间政治、社区实践以及数字伦理等多重视角，探讨其在社会结构中的独特嵌入方式。

通过从四大维度切入，探讨伦敦终身教育体系。其一，政策框架与顶层设计。剖析《伦敦技能路线图》等战略如何通过跨部门协作、成果量化与资源下放，构建以学习者为中心的生态系统。研究发现，伦敦通过技能训练营、多元技能计划等项目，有效衔接了教育与就业需求，但中央与地方权限分配的矛盾仍制约着政策灵活性。其二，教育资源配置的双重性，既肯定顶尖学府、文化机构与企业协作的普惠价值（如大英图书馆的创业支持），亦批判空间分异导致的"知识贵族化"（如国王十字区的资源垄断与边缘社区的自主创新）。其三，市场与公共性的张力。数字化转型虽提高了教育效率，但却加剧了数字排斥与算法歧视；企业主导的高端认证体系则暴露出教育的商品化危机，削弱了公共性。其四，特殊群体支持机制。强调伦敦通过"伦敦因素"资金注入、ESOL 课程创新与非正规认证，赋能移民、残障人士等群体，但参与率不均仍凸显公平短板。

未来的研究应当保持对微观实证和文化敏感性的重视，深入探索社区、机构以及个体的叙事，揭示终身学习如何塑造不同群体的身份认同和构建社会资本，特别关注少数族裔、老年学习者等边缘群体；从社会变革和技术进步的角度来看，我们致力于探索数据监控和算法偏见的技术解决方案，以促进本土数字教育平台的建设。旨在平衡效率与隐私保护，在树立全球标准的同时，兼顾地方的特定需求；深入探讨跨文化互动，比较伦敦、上海和新加坡市等全球大都市的终身学习模式，提炼超大城市治理与教育的经验，促进对政策移植的理论反思。

伦敦终身学习的实践揭示了，构建学习型社会并非仅靠单一政策或技术的线性推进，而是一个涉及多方利益博弈、空间重构和文化适应的动态过程。其经验不仅展示了资源密集型城市的创新潜力（如混合治理、社区赋能），同时也提醒我们市场至上主义对教育公共性的潜在危害。展望未来，只有在效率与公平、全球化与地方性、技术进步与人文关怀之间找到平衡点，终身学习才能真正成为包容性发展的基石，而不是加剧社会分化的工具。这一探索不仅为伦敦指明了方向，也为全球城市在后疫情时代应对技能革命和社会分裂提供了宝贵的借鉴。

第八章　伦敦国际理解教育[①]

国际理解教育旨在通过教育，培养人们立足于全球化社会的能力，增进不同文化背景、种族、宗教信仰和不同区域、国家、地区之间的相互了解与宽容，促进全球社会的和谐共处。伦敦作为世界级的大都市，凭借其丰富的教育资源、多元的文化背景以及高度的国际化水平，成为国际理解教育（Education for International Understanding，EIU）的重要实践地。结合其多元文化背景，伦敦在各级各类教育中都开展了一系列富有成效的国际理解教育课程及活动。这些学习资源不仅提升了学生的跨文化交流能力，还促进了不同文化间的相互理解和尊重，为培养具有全球视野的世界公民奠定了坚实的基础。

第一节　国际理解教育在伦敦的内涵

自 20 世纪中叶以来，国际理解教育作为全球化时代的重要教育理念，逐渐从理论探索走向实践深化。联合国教科文组织于 1974 年发布《关于教育促进国际理解、合作与和平的建议》，首次系统提出通过教育消弭文化隔阂、培养全球公民的框架。这一倡议推动了全球范围内的课程改革，强调跨文化能力、全球议题认知与和平价值观的融合。21 世纪以来，随着气候变化、移民潮等全球性挑战加剧，国际理解教育进一步与"可持续发展目标"紧密结合，成为各国教育战略的核心议题之一。本节通过梳理国际理解的发展历程，阐释国际理解教育在英国国家层面的含义，进一步明晰国际理解教育在伦敦的内涵。

一、国际理解教育的发展历程

国际理解教育的起源可以追溯到第二次世界大战以后。1945 年，联合

[①] 本章作者为上海师范大学李滢滢、闫温乐。

国的成立，特别是联合国教科文组织的创立，成为国际理解教育的由来。联合国教科文组织在其章程中规定，"教育应在不同文化和种族之间促进人们的相互理解，依靠教育领域的国际合作促进和平"，这便是国际理解精神的起源。[①]1946 年，第一届国际教育局大会在巴黎举行，提出了"教育应为国际理解和合作服务"的口号，这是"国际理解教育"概念首次被明确提出，旨在通过教育增进不同国家人民之间的相互理解和尊重，从而避免类似二战的悲剧再次发生。

联合国教科文组织在正式提出国际理解教育的概念之后一直不断发展这一理念，曾先后使用如世界公民教育、国际教育、为了国际理解、合作与和平的教育等词语来表达其倡导的各个国家之间相互理解尊重以维护世界和平与安全的教育。[②]根据联合国教科文组织的定义，国际理解的目的是促进合作与和平，原则是促进不同文化背景的不同国家和人民之间的相互了解和尊重。国际理解教育是指基于上述目的与原则的终身教育，包括学校教育和成人教育等。[③]

20 世纪 80—90 年代，随着全球化的加速发展，国际理解教育的内涵得到了深化和拓展。这一时期，国际理解教育开始强调培养全球视野和跨文化交际能力，以及尊重人权、尊重文化多样性和国际合作等基本价值观。联合国教科文组织《第 44 届国际教育大会宣言》提出国际理解教育要使青少年在本民族文化认同的基础上，正确认识、学习别国历史、文化、社会习俗的产生、发展和现状；学习与他国民众交往的技能与行为规范；担负起全球公民的义务和责任。[④]进入 21 世纪以后，国际理解教育迎来了全面发展的新阶段。随着信息技术的迅速发展和国际交流的日益频繁，国际理解教育更加注重培养学生的信息素养、批判性思维和创新能力等 21 世纪核心素养。此外，国际理解教育还开始关注可持续发展教育、全球公民教育等新兴领域，旨在培养具有全球责任感和行动力的新一代公民。[⑤]

---

① UNESCO. 联合国教育、科学及文化组织组织法 2022 年版 [EB/OL]. https://unesdoc.unesco.org/ark:/48223/pf0000382500_chi.
② 郑彩华. 联合国教科文组织与国际理解教育发展 [J]. 外国中小学教育，2013（2）：13-20.
③ UNESCO. Recommendation Concerning Education for International Understanding, Cooperation and Peace and Education relating to Human Rights and Fundamental Freedoms[R]. The General Conference of UNESCO,1974.
④ 徐辉，王静. 国际理解教育研究 [J]. 西南师范大学学报（人文社会科学版），2003（6）：85-89.
⑤ 林霞，邵欢欢. 以素养为导向的国际理解教育课程建设与评价——以杭州市凯旋教育集团南肖埠小学为例 [J]. 教育观察，2019，8（17）：64-66. DOI:10.16070/j.cnki.cn45-1388/g4s.2019.17.026.

从理论层面来说，国际理解教育是现代的一种教育思潮，是可供学者们研究的教育理论。从实践层面来看，国际理解教育是一种培养人们的国际理解素养的教育活动。事实上，国际理解教育所包含的内容非常广泛，和平教育、发展教育、环境教育、可持续发展教育、人权教育等概念都在其范畴之内。而当下教育领域内热烈讨论的国际教育、全球教育、全球公民教育和国际理解教育的含义在某些国家教育话语的语境之内是高度重合的。① 无论是国际还是全球，关键都是实现相互之间的理解、尊重"异己文化"从而实现世界的和平。因此，为了加强本国国民对于世界的理解，许多国家将国际理解教育纳入本国国家课程体系，将其作为公民教育的一部分内容，提倡培养学生的全球意识，从而正确认识和处理国际问题。

（一）英国国家层面的国际理解教育

据2021年英格兰国家统计局统计，在英格兰，"亚洲人或亚裔英国人"的族裔占9.6%（540万），"黑人、英国黑人、加勒比人或非洲人"占4.2%（240万），"混合或多种族群体"占3.0%（170万），"白人"族群占81.0%（4580万），"其他种族群体"占2.2%（120万）。② 不同种族之间的理解尚需要教育来实现友好与尊重，作为一个移民国家，英国的国际理解教育与其倡导推行的全球公民教育存在内涵的重合，即在各学段、各学科已有的公民教育课程中融入"全球维度"，关注世界的可持续发展，在理解、包容不同国家与民族不同文化的基础之上，培养英国公民解决全球问题的能力。③

二战结束之后，联合国教科文组织提倡各国开展国际理解教育，为了培养英国国民的全球责任感，英国政府及非政府组织开始通过各种手段开展国民的国际理解教育。而这一时期，大批的国际移民涌入英国，英国社会呈现出多元化特征，国家内部各民族与外部种族文化的相互理解都显得十分重要。于是英国从这一时期开始尝试通过教育手段来实现不同文化、不同地区之间的和平与理解。但是有研究表明，从二战结束到20世纪60年代，英国开展国际理解教育的热情并不高，政府更关注的是公民教育及人权教育，解决种族歧视与本国人才培养的质量问题。④ 在学校教育方面，并没有任何的国

---

① 李文晶. 英国中小学国际理解教育课程研究［D］. 南京师范大学, 2018.
② Office for National Statistics. Ethnic group, England and Wales: Census 2021[EB/OL].[2022–11–29.]https://www.ons.gov.uk/people population and community/culturalidentity/ethnicity/bulletins/ethnic group england and wales/census2021.
③ 李文晶. 英国中小学国际理解教育课程研究［D］. 南京：南京师范大学, 2018.
④ 黄晓婷, 黄葳. 美、英、日三国全球公民教育政策探微［J］. 外国教育研究, 2010, 37（8）: 57–62.

家统一的课程。1988 年,英国才开始出现国家课程。[①] 也有学者提出,英国中学在外语课程中渗透了国际理解的理念。据统计,在 20 世纪 70 年代初,学习外语的人数不超过 30%,而到了 70 年代末,在中学的前三年就已有 80% 以上的学生在学习外语。[②] 且这一时期英国开展的全球公民教育也是国际理解教育的一部分内容。[③]

20 世纪 90 年代,英国政府开始改变对国际理解教育的怀疑态度,并付诸行动。随着英国加入欧洲共同体(后发展为欧盟),由于成员国间的交流日益频繁,英国政府开始关注欧洲其他国家的教育情况,并着手推动中小学国际理解教育的发展。这一时期,主要是由半官方组织和非政府组织来推动英国国际理解教育的发展。直到《第 44 届国际教育大会宣言》指出要进一步将国际理解教育融入中小学课程和师资培训中去,英国政府才正式开始在中小学课程中实践国际理解教育。[④]

21 世纪英国的国际理解教育步入了系统化的发展阶段。2004 年,英国教育与技能部正式发布《把世界纳入世界一流教育体系》(Putting the World into World-Class Education)国际教育战略,进一步说明了推进国际教育的方针、原则与愿景:以世界公民作为出发点,了解不同社会的文化与价值,在相互依存的共存共荣关系下贡献自己的力量,使得全球经济、社会或环境得以拓展与可持续。[⑤] 英国财政部和国际发展部于 2006 年共同启动了"世界教室:发展教育中的全球伙伴关系"(The World Classroom: Developing Global Partnership in Education),旨在促进英国与发展中国家的学校建立伙伴关系,并为其提供相关教育资源和建议。2009 年教育和技能部提出了建设"可持续发展学校"(Sustainable Schools)的倡议,该部认为实现这一倡议的主要途径之一是在中小学的课程中融入国际理解的内容。[⑥]2013 年,英国政府出台《国际教育战略:国际增长与繁荣》(International Education Strategy:

---

① Marshall, H.Global Education in Perspective:Fostering a Global Dimension in an English Secondary School[J].Cambridge Journal of Education,2007,37(3):355-374.
② 何齐宗.国际化:当代教育发展的新动向[J].江西师范大学学报(哲学社会科学版),1996(2):15-19.
③ 杨小翠.英国全球公民教育的实施现状与挑战探析[J].比较教育研究,2013,35(10):55-60. DOI:10.20013/j.cnki.ice.2013.10.012.
④ 李文晶.英国中小学国际理解教育发展历程、特点及启示[J].教育与教学研究,2017,31(2):33-41. DOI:10.13627/j.cnki.cdjy.2017.02.006.
⑤ 张世善.英国教育现状及其启示[J].课程·教材·教法,2006(10):89.
⑥ 李文晶.英国中小学国际理解教育课程研究[D].南京:南京师范大学,2018.

Global Growth and Prosperity），强调机构间相互协调以促进国际教育发展。①之后在 2019 年、2021 年和 2022 年，英国政府也多次出台国际教育战略文件以优化政府的国际教育行动，注重与国际教育市场以及国际学生之间的良性互动，打造英国教育品牌。

全球化时代下的各种挑战催生了要培养能正确看待并真正理解多元文化，通过跨文化的有效互动而解决这些全球性问题的人才的核心目标。而国际理解又可以表现为"全球素养"（Global Competence/Literacy），即一种能够审视当地、全球或跨文化的问题，理解并欣赏多元世界的观点，有效地参与跨文化的互动，能够为人类的共同福祉与社会的可持续发展而采取负责任的行动的能力。英国的"全球素养教育"（Global Competence Education）、"世界公民教育"（Education in World Citizenship）、"世界学习"（World Studies）、"全球公民"（Global Citizenship）、"全球教育"（Global Education）等概念都是国际理解教育在英国教育发展的不同时期的体现。②全球一体化的发展以及英国国内公民教育发展的需求，使得英国政府将全球维度、尊重多样性、和平、可持续发展教育等与全球公民教育有关的内容纳入国家公民教育中，以培养具有全球视野和全球能力的公民。③

（二）伦敦城市层面的国际理解教育

20 世纪以来，伦敦逐渐从一个帝国城市变为全球城市。11 个内伦敦行政区和 22 个外伦敦行政区统称为大伦敦都会区，即大伦敦管理局（Greater London Authority）。④伦敦的教育是社区和儿童服务部（Department of Community and Children's Service，DCCS）在中央教育部政策框架下进行管理的，伦敦市长和伦敦议会所组成的大伦敦管理局也会参与协调有关全球关系以及国际教育相关领域的教育事务。2024 年上海软科世界大学学术排名前 100 的大学中有 3 所位于伦敦，可见其高等教育实力强劲。⑤2023 年英国 Quacquarelli Symonds 公司发布的最佳留学城市排名中，伦敦名列榜首。根据 2021 年发布的伦敦中等教育报告，伦敦学校中少数民族背景学生的比例

---

① GOV.UK. International education strategy: global growth and prosperity[EB/OL].[2013-07-29] https://www.gov.uk/government/publications/international-education-strategy-global-growth-and-prosperity.
② 赵婷,刘宝存.英国全球素养教育的"自我—他者"关系探究[J].外国教育研究,2021,48（3）:3-20.
③ 杨小翠.英国全球公民教育的实施现状与挑战探析[J].比较教育研究,2013,35（10）:55-60. DOI:10.20013/j.cnki.ice.2013.10.012.
④ 郭婧.全球城市的全球公民教育理念与实践——以伦敦为例[J].全球城市研究（中英文）,2022,3（4）:129-141+191-192.
⑤ 2024 世界大学学术排名 [EB/OL].https://www.shanghairanking.cn/rankings/arwu/2024.

是英格兰平均水平的两倍多。在伦敦的中学中，72%的学生属于英格兰白人以外的族裔群体，而全国平均比例为30%。①

　　作为国际大都市，伦敦的国际理解教育与英国国家课程中要求实现的全球公民教育有很多重叠部分。有学者对伦敦33所样本学校课程目标进行分析和编码，在这些学校全球公民培养的行为维度目标中发现，伦敦的学校更鼓励学生在掌握全球问题相关知识、树立全球理解价值观念的基础上，更有效参与全球社会变革的行动。②伦敦玛丽皇后大学战略管理高级讲师安德鲁·伍恩（Andrew Woon）还提到，"同情心应该在所有阶段嵌入我们的教育系统中，因为它是一项强大的技能，可以帮助培养更具协作性的社会，并使学生具备驾驭复杂社会动态、富有同理心和有效应对挑战的洞察力。通过促进理解、同理心和尊重，我们可以营造一个相互关心和尊重的学习环境，不仅可以减轻全球冲突带来的潜在负面影响，还可以让学生在这个动荡的世界中成为富有同情心和韧性的全球公民。"③在伦敦中小学国民课程中，所有学生都要学习现代英语、历史、地理、公民学习计划以及人际关系教育等课程，其中也有国际理解教育的元素。例如，历史帮助学生了解人们生活的复杂性、变化的过程、社会的多样性和不同群体之间的关系，了解地方、区域、国家和国际历史之间的联系，以及他们自己的身份及所处时代的挑战。④公民学习计划意在让学生学习地方、区域和国际治理以及英国与欧洲其他地区、英联邦成员国、联合国和更广泛世界的关系，从而建立对与英国不同的国家、地区、宗教和种族身份的相互尊重和理解。⑤而建立相互理解最重要也最基础的途径就是语言学习。学习外语是摆脱视野局限、通向其他文化的重要途径。外语教学的目标之一是为学生对非母语文化的理解打下坚实基础，使他们具备在异国他乡学习和工作

---

① London City Hall. London Education Report: Secondary education[EB/OL].https://www.london.gov.uk/programmes-strategies/education-and-youth/london-education-report/london-education-report-secondary-education.
② 郭婧.全球城市的全球公民教育理念与实践——以伦敦为例[J].全球城市研究（中英文），2022，3（4）：129-141+191-192.
③ HEPI.Fostering Compassion in the Classroom Amidst Global Conflicts[EB/OL].[2024-09-28]https://www.hepi.ac.uk/2024/09/28/fostering-compassion-in-the-classroom-amidst-global-conflicts/.
④ GOV.UK. National curriculum in England: history programmes of study[EB/OL].[2013-09-11]https://www.gov.uk/government/publications/national-curriculum-in-england-history-programmes-of-study/national-curriculum-in-england-history-programmes-of-study.
⑤ GOV.UK. National curriculum in England: citizenship programmes of study for key stages 3 and 4[EB/OL].[2013-09-11]https://www.gov.uk/government/publications/national-curriculum-in-england-citizenship-programmes-of-study/national-curriculum-in-england-citizenship-programmes-of-study-for-key-stages-3-and-4.

的能力。① 高质量的语言教育可以深化学生对世界的认知，引导学生运用外语流畅地表达自己的想法，同时，通过语音和书面形式理解和回应他人。

英语中有一句谚语："吃什么饭，长什么身体"（You are what you eat）。对学生来讲，输入什么样的知识结构，也就有什么样的创造潜力。因此，如果想要培养出具有全球胜任力或者全球竞争力的人才，势必应当在其培养体系内融入国际或全球维度的内容。于是，在政府和国家教育计划的背景下，伦敦也制定了自己的国际教育战略（International Education Strategy for London）②，旨在为英国政府的政策制定作出有益的贡献，并鼓励伦敦的高等教育机构与英国政府、大伦敦市政府和伦敦其他利益攸关方加强合作，以提升伦敦在国内外的声誉。具体内容包括：① 吸引国际学生：战略强调通过优化学费制度、提供前瞻性的教育解决方案以及关注可持续发展等策略，进一步增强伦敦对国际学生的吸引力；② 促进跨国教育：伦敦的高等教育机构在跨国教育市场上占据重要地位，通过远程教育、双学位和联合学位项目等方式，为全球学生提供多样化的学习机会；③ 加强国际合作：伦敦致力于与各国的高等教育机构建立合作关系，共同推动教育研究和创新，同时也为伦敦的院校和毕业生拓宽国际视野和就业市场；④ 支持国际学生就业与创业：伦敦通过提供就业指导、创业支持以及利用全球校友网络等资源，帮助国际学生在毕业后留在伦敦工作或创业，为伦敦的经济和社会发展作出贡献。

伦敦国际理解教育的发展历程是一个不断演变和深化的过程，随着英国国际理解教育从最初的萌芽阶段到如今的全面深化阶段，伦敦的国际理解教育活动形式也在不断丰富。伦敦教育当局将英格兰政府的课程要求与城市自身的发展相结合，将"国际（化）"与"理解"的育人内涵融入其他学科课程或者课外活动，从而培养具有全球视野和跨文化交际能力等全球素养的伦敦人。

第二节　国际理解教育在伦敦各类教育中的体现

国际理解的目的是促进不同社会文化背景的不同国家和人们之间的相互理解和尊重，从而实现世界和平。国际理解教育则是为实现这一系列目标

---

① GOV.UK. National curriculum in England: English programmes of study[EB/OL].[2013-09-11]https://www.gov.uk/government/publications/national-curriculum-in-england-english-programmes-of-study.

② London Higher.International Education Strategy for London[EB/OL].https://londonhigher.ac.uk/resource/international-education-strategy-for-london/.

的终身教育，包括学校教育和成人教育。要了解伦敦各类教育中的国际理解教育活动，首先需要弄清楚伦敦所在的英格兰的教育体系。整个教育体系可以分为正规教育和非正规教育两部分，正规教育中以学校课程及综合活动作为国际理解教育的主要方式，而非正规教育体系构成丰富，因此其开展国际理解教育的主体及活动途径也更为多样，影响范围更加广泛。

从教育体系来看，不论是基础教育还是高等教育，抑或是公立学校和私立学府，伦敦的各级各类教育机构都在积极探索和实践国际理解教育的理念，以期培养出能够适应未来国际社会竞争与合作需求的复合型人才。而随着社会经济的发展，"理解"的抽象概念逐渐融合在无形的学科或非学科课程以及课外实践活动中，表现为多元性和包容性，即能正确认识并妥善解决文化冲突等问题以及人与人之间的友好相处。而国际理解教育更多具象化于伦敦的国际教育中。因此，本节将以具体学校或机构的国际教育实践为案例，展示国际理解教育在伦敦各类教育中的具体体现。

（一）伦敦正规教育中的国际理解教育

1. 伦敦基础教育阶段中的国际理解教育

泰晤士报曾发布2022年"家长力量"（Parent Power）最佳学校排行榜。该榜单划分为小学和中学部分，小学和中学的排名又按照英国整体和伦敦地区进行了划分。在此次排名中，伦敦的学校大放异彩。在英国500所公立学校中，有86所学校来自伦敦，伦敦还有65所顶尖私校上榜。小学阶段，伦敦的学校所占的主导地位比往年更大，前20名中有13所学校属于伦敦，伦敦的小学占英格兰前500名的38%。伦敦最佳公立中学是伊丽莎白女王学校（Queen Elizabeth's School, Barnet）；最佳私立中学是圣保罗女子学校（St Paul's Girls' School, Hammersmith）；最佳公立小学是圣安东尼天主教小学（St Antony's RC Primary School）。

案例1：伊丽莎白女王学校（Queen Elizabeth's School, QE）

伊丽莎白女王学校位于伦敦北部的巴尼特（Barnet），是一所只招收男生的文法学校。QE以卓越的学术成绩著称，2025年毕业生收到来自牛津和剑桥大学共49份录取通知书。[①] 学生在学校营造出的和谐友好的氛围中，与来自不同背景的同学分享他们的经验，就当下社会问题进行深入探讨。在这种环境里，学生不仅可以拓宽视野，从多样性中学习，还能更进一步理解文化的共性。

---

① Queen Elizabeth's School. Alumni. News.[EB/OL][2025-02-13].https://www.qebarnet.co.uk/fine-vintage-year-13-continues-qes-sparkling-oxbridge-run-winning-49-offers/.

QE 正与其合作方全球教育（Global Education，GEDU）携手，计划在英国境外开设三所新学校，其中两所位于印度，一所位于阿拉伯联合酋长国。这些新学校将以 QE 的名称和品牌运营，作为独立的收费学校，向更广泛年龄段的男生和女生开放。一旦建成并运营，这些学校将构成一个全新的国际学校网络，为未来教育合作开辟广阔前景。同时，从这一全球学校倡议中获得的收入将回馈给巴尼特的学校，从而进一步增加本校的国际教育机会。[1]

　　学校的课程设置强调学术深度与广度，例如开设古典语言课程（如拉丁语、古希腊语）和跨学科项目，以提升学生的全球学术竞争力。该校教学语言以英语为主，并通过外语课程（如法语、德语）增强学生的多语言能力，以满足全球化需求。[2] 作为该国最好的 STEM 科目学校之一，QE 为学生提供了一流的教学课堂、研讨会和实验室体验，力求通过理论学习和实践经验来激发学生的热情，使他们完全有能力满足现代世界不断变化的需求。拥有卓越的学习成绩只是 QE 优秀教育的一部分，学校同样非常重视课堂之外的教育和品格的发展。学校所在的巴尼特区是伦敦教育资源最集中的地区之一，邻近多所世界级大学（如伦敦大学学院、伦敦政治经济学院）。作为一所文法学校，该校注重培养学生的社会责任感。例如，学校鼓励学生进行志愿服务，让学生积极帮助慈善机构、当地企业和小学。一方面可以帮助自己所在的社区更好发展，同时自己也可以在这个过程中发展与未来工作场所相关的技能，为成为未来负责任的世界公民作好准备。这与英国公民教育中"培养积极参与社会事务的公民"的目标一致。学校的课程设计不限于学术领域，还涵盖体育、艺术和社会服务，旨在实现学生的全面发展。例如，体育课程包括板球、网球等传统项目，艺术教育则以音乐和戏剧为特色，帮助学生建立自信和创造力。这种全人教育理念与全球公民教育中"多元能力培养"的目标相契合。

　　案例 2：圣保罗女子学校（St Paul's Girls' School，SPGS）

　　圣保罗女子学校创建于 1904 年，当时是为了与已有约 400 年历史的圣保罗男校相辅相成。该校是英国九大公学中唯一一所女子学校，招收 11—18 岁的女生。如今，它被广泛认为是英国女子精英独立教育的典范。作为英国唯一不要求穿校服的私校，充分体现了校方所强调的自由性。在这里，学生可以自由地拥抱自己的个性，发展兴趣并挖掘潜力。英国排名第一且值

---

[1] Queen Elizabeth's School. Queen Elizabeth's Global Schools[EB/OL].https://www.qebarnet.co.uk/queen-elizabeths-global-schools/.

[2] Queen Elizabeth's School. Our Curriculum.[EB/OL]https://www.qebarnet.co.uk/academic-programme/our-curriculum/.

得信赖的学校指南——《好学校指南》称赞该校在促进平等、多样性和包容性方面取得了重大进步。[1] 根据该校2024年的最新影响报告,其未来愿景是继续扩大入学机会,促进包容性。使更多来自弱势背景的学生能够从该校的教育中受益;为教职员工和学生定期提供教育发展培训;消除无意识偏见,培养文化意识和提高种族素养;继续招聘更加多元化的教职员工,确保学生有来自不同背景的榜样;加强与西伦敦合作学校的合作,为学生提供各种专业讲座、职业网络和论坛以及高等教育机会,从而帮助弥合社会经济鸿沟,促进多元化。[2]

以个人、社会、健康教育(Personal, Social and Health Education, PSHE)课程为核心和基础的公民素养课是伦敦中小学开展全球公民教育的主要渠道。圣保罗女子学校的教牧课程涵盖了辅导、集会、邀请演讲嘉宾以及PSHE课程。学校课程的核心在于培养学生的适应能力。所有学生都需要学习心理健康与自我保健的知识,并被积极鼓励参与这些重要话题的讨论。近年来,学校对PSHE课程进行了修订,旨在帮助学生们建立起同理心,并深入探索自己作为全球公民所扮演的角色。PSHE课程为学生们提供了一个平台,使她们能够就世界各地的种族主义、歧视和人权等问题展开讨论。2022年,学校额外增设了每周的PSHE时段,引导学生们对前一天的课程内容进行反思。[3] 此外,学校还邀请各类专家来访,使学生们能够参与到广泛的话题讨论和辩论中去。

学校的德育计划致力于培养学生成为积极向上、善解人意的未来领导者。该计划让学生在组织活动的过程中充分展示自己的能力,尊重社区丰富的文化多样性,同时促进学生之间的相互尊重,增强学生的责任感。在学校生活中,合作伙伴关系、志愿服务以及助学金计划占据着核心地位,学校鼓励学生与周围世界互动。助学金计划不论学生背景如何,都会公平地为有才华的学生提供全面的教育。除了丰富的短途旅行外,学生还有机会参加为期一周的语言交流访问,目的地包括德国的波恩(学习德语)、法国的马赛(学习法语)。在复活节假期,古典文学系还精心组织了备受欢迎的庞贝古城一周住宿之旅。这些旅行与访问不仅为学生打开了新的视野,还培养了他们韧性、独立的品格,为他们日后迎接新的挑战奠定了坚实基础。其他旅行项目

---

[1] The Good Schools Guide. St Paul's Girls' School.[EB/OL]https://www.goodschoolsguide.co.uk/schools/st-pauls-girls-school-london/CF8AEE4#tab_review.
[2] St Paul's Girls' School. IMPACT REPORT 23/24. [EB/OL]https://spgs.org/wp-content/uploads/2024/12/SPGS_Impact_Report_2024-1.pdf.
[3] St Paul's Girls' School. Wellbeing.[EB/OL]https://spgs.org/wellbeing/pastoral-programme/.

则引领学生踏上更为遥远的探险之旅。学生有机会与母语人士进行对话练习，并在前往威尼斯、柏林、瓦伦西亚以及法国里维埃拉等地的语言旅行中，进一步丰富自己的文化知识。此外，学校还提供一系列交换生项目，比如与澳大利亚、美国和日本的学校开展的文化交流活动，旨在提升学生的语言技能，并鼓励他们与来自不同文化和传统背景的人建立深度联系。[1] 目前，圣保罗女子学校已经在中国成都和深圳开设了分校。校长认为这些都是"学术交流的一部分"，为学校教职员工和学生提供了交流访问的机会。

除此之外，以国际文凭课程为代表的国际课程也在伦敦的学校中全力开展国际理解教育。

案例3：ACS埃格姆国际学校（ACS International School Egham）

ACS埃格姆国际学校成立于1967年，旨在满足全球和本地家庭的需求，学校在大伦敦地区的三所分校都是无宗派且男女同校的。ACS的教育战略以质量、社区和国际主义为标志。哈佛大学国际研究学院（Research Schools International）最近受ACS委托编写的白皮书确定了有效支持学生全球胜任力的核心教学实践，并确定了重要的五项关键学习活动：① 志愿服务；② 参加庆祝文化多样性的活动；③ 了解不同的文化和国籍；④ 参与有关世界事件的课堂讨论；⑤ 解决冲突。全球胜任力是ACS教育战略的关键支柱，而这些活动也反映在ACS的所有日常生活中。[2]

ACS埃格姆校区旨在向所有4—11岁的学生提供小学阶段国际课程（International Baccalaureate Primary Years Programme，IBPYP）。IBPYP的优势有三[3]：① 基于游戏的学习：幼儿课程侧重于有目的的游戏、主动学习、创造力和批判性思维，鼓励孩子们积极探索世界，发展个人和共同的探究；② 探究主导型学习：教师鼓励孩子们探索、好奇和质疑，参与实验并尝试各种可能性。这包括研究、收集和报告、澄清想法、重新评估事件、测试理论、作出预测和开发解决方案；③ 国际视野：课程综合了世界各地教育系统的精华，促进跨文化理解、全球公民意识和对多样性的欣赏，旨在通过从概念和书面课程内容中发现总结的关键问题来培养国际敏感性。而在这样的课程中，不同的背景、文化和语言丰富了学生的学习，为他们创造了一个有趣和生动的环境。

---

[1] St Paul's Girls' School. Trips and Visits.[EB/OL]https://spgs.org/beyond-the-classroom/trips-and-visits/.

[2] ACS International School. Strategy Plan.[EB/OL]https://www.acs-schools.com/about/strategic-plan/education-strategy/.

[3] ACS International School Egham. LOWER SCHOOL CURRICULUM.[EB/OL]https://www.acs-schools.com/egham/lower-school/curriculum/.

在 ACS 埃格姆校区，学校重视多元文化，为第一语言不是英语的学生提供 1—10 年级的母语强化课程，以保持他们的母语和文化。同时，这也是学校促进跨文化理解的重要机会。课堂外的生活对于学生成为全面发展的全球公民非常重要。ACS 埃格姆的学生受益于一流的体育设施和丰富的课外活动，包括音乐、科学、技术和艺术教育团队。此外，学校还提供广泛的服务学习机会，比如尼泊尔对外计划。①

案例 4：德怀特伦敦学校（Dwight School London）

德怀特伦敦学校是国际知名的德怀特学校大家庭的一员。德怀特学校的全球网络横跨三大洲，并延伸到云端——被《新闻周刊》评为美国最佳在线高中第二名。② 学生有很多机会与世界各地的同龄人建立联系。他们可以参加跨校园的文化和课程合作以及交流计划。作为全球网络的一部分，学生可以获得许多好处和机会：旅行和交流计划、跨校园课程和创意合作、在线学习计划、国际体育比赛和全球领导力会议等，所有这些都促进了学生作为未来全球领导者的发展。森林学校课程通过游戏和体验助力学生增强协作能力、团队合作精神以及自我和他人意识。

学校的目标是确保其在满足所有儿童的需求方面具有完全的包容性。德怀特伦敦学校认识到儿童及其家庭来自不同的背景，而所有家庭都有源于其社会经济、种族、文化或宗教背景的需求和价值观。学校应该利用多元化的思想、经验和愿景，为所有学生建立一个学习和茁壮成长的安全空间，确保每个学生都感到被包容。而学校的全球精神渗透到其所做的每件事中。跨文化意识和尊重是课堂和社区的重点，该校的教职员工和学生来自 50 多个国家。③ 德怀特伦敦学校希望培养年轻人成为世界领导者。学生在学校三大教育支柱的课程体系中茁壮成长。第一是个性化学习；第二是对社区的承诺；第三是全球视野。④ 学校由来自世界各地的学生组成多元化社区，通过学生的文化和经验以及全球学校网络延伸到世界其他地区。

以尼泊尔结对树项目为例，这是一个在伦敦德怀特学校学生和尼泊尔学

---

① ACS International School Egham. CO-CURRICULAR[EB/OL]https://www.acs-schools.com/egham/lower-school/co-curricular/.
② Dwight School London.Welcome From the Head of School.[EB/OL]https://www.dwightlondon.org/about/welcome-from-head-of-school.
③ Dwight School London.International Community.[EB/OL]https://www.dwightlondon.org/dwight-difference/international-community.
④ Dwight School London.Vision and Mission[EB/OL]https://www.dwightlondon.org/about/vision-and-mission.

童之间开展的环境和保护教育项目。① 学校通过为学生提供积极参与与环境可持续性项目相关的创造性学习活动的机会,教育学生成为全球公民。为了提高对环境教育和野生动物保护相关问题的认识,德怀特学校与尼泊尔的学校合作发起了一项可持续项目,致力于恢复尼泊尔因过度砍伐而损毁的森林。这些树木将被种植在特设的"德怀特学校保护区"内。两国学生共同参与了一个别出心裁的植树活动:在伦敦种植的每一棵树,都会由尼泊尔的学生在尼泊尔以种植另一棵树作为回应。德怀特伦敦学校的做法得到了巴尼特委员会的大力支持,该委员会通过其环境局在弗里恩巴尼特(Friern Barnet)的开放空间区域划定了专门的植树地点。与此同时,在尼泊尔种植的树木落户于公认的"德怀特学校保护区"。由于一年内成功结对种植了1 000棵树,该项目在2021年因其在应对气候变化方面的独特贡献而广受赞誉。同年5月,巴尼特市长向学校颁发了"市长创新"证书;9月,英国林地信托基金授予学校金牌,以表彰其植树造林的努力;11月,该项目更是荣膺ISA杰出国际参与决赛入围者的殊荣。为了深化两校在可持续环境领域的合作,德怀特伦敦学校的学生曾前往尼泊尔交流,而尼泊尔合作伙伴学校的学生也回访了伦敦。

2. 伦敦高等教育阶段中的国际理解教育:以帝国理工学院为例

国际化、合作和科学交流的价值观一直是英国大学所固有的。根据泰晤士高等教育世界大学排名,在伦敦市范围内,世界上国际化程度最高的大学是伦敦帝国理工学院。② 它是一所世界领先的科学、技术、工程、医学和商业大学。该校超过60%的学生为国际学生,来自145个国家。根据卓越研究框架(Research Excellence Framework),帝国理工学院拥有比其他任何英国大学都要高的世界领先研究比例。

国际研究机会计划(International Research Opportunities Programme,IROP)是帝国理工学院与其合作大学开展的国际研究项目。这些研究机会为参加人员提供了宝贵的国际研究经验以及在暑假期间体验另一个国家生活的独特机会。③ 2024—2025年的合作院校包括美国麻省理工学院和康奈尔大学,德国慕尼黑工业大学,日本东京工业大学以及加拿大多伦多大学,所涉及的专业包括化学、航空、材料、计算机等。

---

① Dwight School London.Community Initiatives.[EB/OL]https://www.dwightlondon.org/dwight-difference/community-initiatives.
② Times Higher Education. Most international universities in the world 2024[EB/OL][2024-01-24]https://www.timeshighereducation.com/student/best-universities/most-international-universities-world.
③ IMPERIAL. International Research Opportunities Programme [EB/OL]https://www.imperial.ac.uk/students/global-opportunities/ug/summerresearchplacements/.

第一,在学校的战略制定上。学术战略是帝国理工学院意在以世界领先的研究在全球范围内影响社会利益。它利用开创性的基础研究和能力来开发新的见解,以实现可持续变革并改善世界。通过改善学生体验,让学生成为全球领导者。① 同时,学术战略也帮助理工学院继续吸引最优秀的学生和教职员工,在国内和国际上开发新的合作伙伴。事实上,可持续发展也是为了未来世界里人们不会因为资源争夺而发生冲突,从这一个角度上来看,可持续发展教育也是国际理解教育的目的之一。帝国理工的可持续战略(Sustainable Imperial)旨在培养能够理解并应对气候变化、生物多样性丧失和污染挑战的毕业生。该校的可持续发展领导力计划因推动社会变革、促进可持续发展以及展示以更具包容性的方式进行数字教学的新方法,荣获了2023年金融时报负责任商业教育奖。② 如校长休·布雷迪(Hugh Brady)教授所言,帝国理工学院不是只想成为一所世界领先的大学,更致力于成为一所改变世界的大学。学校的各项战略旨在培养世界现在和未来所需的人才和技能,"我们将努力吸引、培养和支持最优秀的本地、国家和全球人才"。③

第二,在学习资源上,帝国理工学院教师队伍的国际化为学生解决问题提供了国际视角。学院在研究领域的卓越表现,很大程度上归功于其对解决现实世界问题的深切关注,以及坚定不移地致力于实现社会影响力和创新发展的承诺。除此之外,帝国理工学院还依赖其广泛的国际合作伙伴为学生的专业学习提供了国际交流和学习的机会,例如本科生的计算机国际学习课程(International Programme of Study)④ 为学习者带来了多重优势。课程不仅注重基本原理、技术适应能力和实践经验的培养,通过丰富的实验室实践、问题解决课程和项目设计任务,让学习者将所学知识应用于实际问题,同时,还为学生提供了前往海外顶尖学府深入学习的机会,深化了学习者对现代计算机和通信系统的理解,并培养了他们的创新思维和技术实践能力。此外,课程体系中工业实习和多样化的选修模块以及海外综合学习的机会,进一步增强了学习者的职业技能和国际竞争力。

第三,学生的校园生活呈现出多元化、国际化的特点。学生社团作为跨文化交流的桥梁,为来自不同国家和地区的学生提供了互动平台。通过共同参与社团活动,学生们能够增进对不同文化的理解和尊重,培养全球公民意

---

① IMPERIAL. Academic Strategy[EB/OL].https://www.imperial.ac.uk/academic-strategy/about/.
② Imperial College Business School.[EB/OL]https://www.imperial.ac.uk/business-school/executive-education/sustainability-climate/sustainability-leadership-programme/online/.
③ IMPERIAL. Strategy[EB/OL].https://www.imperial.ac.uk/strategy/.
④ IMPERIAL. Courses.[EB/OL]https://www.imperial.ac.uk/study/courses/undergraduate/computing-international-programme-of-study/.

识。例如，伊拉斯谟俱乐部面向帝国理工学院的所有交换生以及任何对这一社区感兴趣的人开放。通过举办各类活动，为成员提供了一个深入了解英国文化、传统及其他国际交换生的平台。每周的常规活动、大型派对，以及诸如串酒吧、冬季仙境、牛津和苏格兰之旅等特色活动，使伊拉斯谟俱乐部不仅促进了成员间的相互了解，让他们有机会深入探索伦敦及整个英国的风土人情，更是拓宽了成员的国际视野，增强了他们的跨文化交流能力。[①] 德语、匈牙利语、意大利语、法语和日语等多种语言社团，也为学生提供了深入了解他国文化的机会。

第四，学校为教职工创造了平等多元的工作环境。成立于 2005 年的"帝国一体组织"（Imperial As One, IAO），是一个由黑人、亚裔、少数族裔员工、研究生及其盟友组成的咨询团体。[②] 该组织致力于识别关于种族的关键议题，通过深入探究不同的习俗、惯例及文化传统，分析这些因素对员工的影响，从而为学院提供富有洞察力的建议与指导。IAO 秉持促进尊重、机遇、团结、透明与平等的核心价值观，致力于构建包容性的职场文化。它持续应对关于种族主义、歧视、恐惧及偏见等挑战，这一努力在 2008 年获得了认可，IAO 荣获了卓越平等校长奖。2021 年，IAO 获得了文化和社区卓越总统奖章以及文化和社区平等、多样性和包容性奖。

（二）伦敦非正规教育中的国际理解教育

非正规教育是一个相对于正规教育（如学校教育体系）而言的概念，它通常指在正规教育体系之外进行的有组织、有计划的教育活动。这些教育活动可由政府机构、非政府组织、社区组织、企业或个人提供，旨在满足不同人群的学习需求和兴趣。在伦敦，学校以外不同的利益主体基于自身发展需求同样开展了多种形式的国际理解教育活动，具体包括国际志愿服务、国际组织课程以及国际学术交流活动等。

国际公民服务（International Citizen Service, ICS）是一项有影响力的发展计划，它将英国的年轻人与非洲和亚洲一些最脆弱且边缘化社区的当地志愿者联合起来，目的是促进双边文化交流、共同成长和社区发展。ICS 实习为期 10—12 周，让参与者有机会沉浸在全新的环境中，并为帮助改变生活的有意义的社会服务项目作出贡献。志愿者住在他们服务的社区内，通常住在寄宿家庭中，这为他们提供了与当地文化和生活方式深度的个人联系。通过这些分享的经验，志愿者们能够打破障碍，建立深厚的关系，并共同努力实现可持

[①] Imperial College Union. Erasmus Student Network - ESN[EB/OL]https://www.imperialcollegeunion.org/activities/a-to-z/erasmus-student-network-esn.

[②] IMPERIAL. Staff. [EB/OL]https://www.imperial.ac.uk/staff/networks-events/.

续发展。这种方法有助于英国的年轻人更深入地了解社区面临的挑战,并允许他们制订真正、有影响力的解决方案。ICS 不仅提供帮助,还想在不同世界之间架起桥梁,让年轻人有机会直接了解全球不平等现象,并赋予他们采取行动的能力。这是一项旨在解决贫困问题和支持边缘化群体的重大努力,它作为国际发展的创新模式脱颖而出,改变了传统的文化交流方式。ICS 计划的基石之一是对文化交流的重视。它将不同背景的年轻人聚集在一起,促进了相互理解和尊重。英国志愿者与当地志愿者一起工作,了解不同社区面临的独特挑战,并发现如何融合不同的观点来解决共同问题。ICS 是一项变革性的全球志愿者计划,旨在增强 18—25 岁(以及 23—35 岁的团队领导)年轻人的能力,让他们能够在世界各地的社区中做出真正的改变。ICS 由"海外志愿服务"领导并由英国政府资助,将不同背景的年轻志愿者联系起来,让他们为非洲和亚洲一些服务最欠缺地区的可持续发展工作贡献力量。

国际文凭组织(International Baccalaureate,IB)是国际教育领域的领导者,旨在培养勤奋好学、知识渊博、自信和有爱心的年轻人。该课程使学龄学生能够对自己的学习负责,并帮助他们培养面向未来的技能,从而在瞬息万变的世界中有所作为并茁壮成长。IB 通过四个具有挑战性的高质量教育课程,为 3—19 岁的学生提供连贯的国际教育。IB 的课程鼓励个人发展和学术成就,挑战学生批判性思考,提出正确的问题和跨学科思考。除此之外,还可以培养学生的多样性、好奇心和学习兴趣。英国共有 IB 学校 130 所,在伦敦市的就有 24 所之多。

英国文化协会(British Council)成立于 1934 年,是一个促进文化交流、提供教育机会的国际组织,旨在增进海外对英国及英语语言的了解,加强英国与世界其他国家的联系与互信,促进文化、教育与艺术的交流和相互理解,同时推动英语及英语教育在其他国家的教学、传播与推广。① 该组织还通过分享英语教学经验、提供研究和数据以及展示国际最佳实践的案例,以培养年轻人所需的技能,使他们参与积极的社会和经济发展以及针对本地和全球问题采取行动。英国文化协会的非正规教育项目组合还包括代表国际捐助组织交付的一系列项目和计划。在海外,协会与当地的全球合作伙伴建立联系和合作;在英国,则建立合作伙伴关系,以带来积极的变化。校际连线(Connecting Classrooms)也是一个全球性计划,由英国文化协会发起,目的是建立英国和其他国家学校群组的伙伴关系,带给年轻人全球视野下的学习

---

① 许立新. 英国文化教育协会《教师持续专业发展框架》探析[J]. 教师教育学报,2020,7(2):103-109.

机会，以改善对其他文化的认知与理解，使他们未来有可能成为全球公民。校际连线计划是免费的，伙伴关系必须至少维系3年，在合作关系中可获得经费支持。该计划促进了教育的国际合作与交流，通过跨文化的对话实现教室课程的全球化，加强了教师与学生对不同文化与民族的认识与理解。[①]全球学习课堂是一个学校与英国文化教育协会的联合项目，主要针对7—14岁的儿童和青少年，助力国际理解教育。

本章结语

本章主要探讨了国际理解教育在伦敦的内涵及其发展历程。自20世纪中叶以来，国际理解教育逐渐成为全球化时代的重要教育理念。伦敦作为英国的政治、经济、文化和金融中心，其国际理解教育的实践和发展尤为引人注目。伦敦教育当局将国际理解的育人内涵融入其他学科课程及课外活动，从而培养具有全球视野和跨文化交际能力等全球素养的伦敦人。伦敦国际理解教育的特色在于政府与社会多方联动，形成紧密的合作关系，共同推动国际理解教育的发展。同时，伦敦国际理解教育一以贯之且灵活多样，全面贯穿于整个教育体系，从基础教育到高等教育，国际理解教育的理念都被系统地融入课程和教学实践中。

时至今日，凭借自身优势，伦敦积极寻求机会与其他部门取得战略联系，包括与伦敦金融城的商业联系、全球校友网络和跨国教育（Transnational Education，TNE）的合作关系，以实践其国际理解教育。伦敦在发展国际理解教育方面已经较为成熟。政府机构、半官方机构及非政府组织通过出台相关政策文件、开展相关项目、提供资金及其他服务，共同推动国际理解教育的开展。同时，中小学也积极响应国家号召，配合实行国际理解教育，将国际理解的理念融入教育教学工作中，学校及教师通过课程渗透、主题活动和国际交流等方式向学生传递国际理解教育的精髓，培养学生的国际理解素养。[②]复杂灵活的教育方式、不断完善的发展体系、多方机构的协同合作使英国在中小学国际理解课程建设方面积累了丰富经验，对于中国在中小学国际理解教育课程建构上具有重要的借鉴意义。

"全球英国"这一概念的提出，旨在促进英国在行动和精神层面更加全

---

① 孙南南. 英国中小学国际教育的历史嬗变与战略动向[J]. 比较教育研究，2015，37（11）：52-58.
② 李文晶. 英国中小学国际理解教育课程研究[D]. 南京：南京师范大学，2018.

球化和具有国际主义色彩。即政府应更加着眼于掌握国际资源，提高英国在国际市场的参与度，积极树立"全球英国"的形象。[①] 国际理解教育的开展则是塑造这一形象的重要途径。作为首都城市，伦敦在推动国际理解教育的进程中，政府、社会机构和非政府组织形成了紧密的合作关系。英国政府发布政策文件，明确了国际理解教育的目标和方向。伦敦市政府在此基础上，结合本地多元文化背景，发布了《伦敦国际教育战略》，进一步细化了国际理解教育的实施路径。英国文化协会等非政府组织作为政府力量的补充，发起面向世界的英语教学课程，如校际连线计划、全球学习课堂等，极大地促进了英国学校与其他国家学校的合作，增强了学生对多元文化的理解和尊重。伦敦金融城广泛的商业网络、全球校友网络和跨国教育合作伙伴关系，更为国际理解教育提供了丰富的资源和实践机会。

国际理解教育是贯穿于人一生的教育内容之一，因此伦敦的国际理解教育也全面贯穿于整个教育体系，从基础教育到高等教育，从公立学校到私立学府，国际理解教育的理念被系统地融入课程和教学实践。除了教育系统内的连贯性，各学校还采用灵活多样的国际理解教育课程实施方式。在基础教育阶段，伦敦的学校采用以学科渗透为主、其他课程为辅的教学方式，通过历史、地理、公民学习计划等课程，培养学生的全球视野和跨文化理解能力。而到了高等教育阶段，全球知名的高等院校、数量庞大的国际学生群体、国际研究合作项目和跨校交流计划等将多元文化与全球化深度融合，培养学生的全球胜任力，使学生面向未来成为具有社会责任感的世界公民。

英国政府及伦敦的非政府组织机构积极通过提供各种项目服务来推动中小学国际理解教育的发展。[②] 首先，在正规教育方面，作为一个多民族城市，伦敦的学校鼓励学生参与国际交流项目、语言学习和文化体验活动。学生社团作为跨文化交流的桥梁，为来自不同国家和地区的学生提供互动平台。此外，学校还鼓励学生参与志愿服务，通过帮助慈善机构和当地社区，培养学生的社会责任感和全球公民意识。在众多非政府组织机构提供的非正规教育中，英国文化协会是跨国英语教学交流的主力军，以增进海外对英国及英语语言的了解，从而增加世界对英语语言和文化的理解；而国际公民服务计划将英国的年轻人与非洲和亚洲一些边缘化社区的志愿者联合起来，促进双边文化交流、共同成长和社区发展。

英国整个教育体系非常注重质量和效益。因此无论是基础教育还是高

---

① 王璐，邱武霞，尤陆颖. 英国促进高校学生外向流动发展状况、动因及策略[J]. 比较教育研究，2021，43（10）：86-95.
② 张蓉，李文晶. 英国中小学国际理解教育课程建设策略[J]. 留学，2024（7）：20-23.

等教育，都设有专门的评估机构，形成了一套严格的监督评估体系，以保障教育质量。在有外部机构组织监督评估的基础上，学校自身也非常重视优质教育，重视培养学生面向未来的知识技能。公民教育、外语学习（法语、德语等）及历史课程中嵌入了全球议题，如人权、气候变化和文化多样性。此外，学校非常注重学术外的品格培养，塑造学生的全球视野与社会责任感。

  综上，伦敦在国际理解教育方面的丰富经验为全球提供了重要借鉴。伦敦通过复杂灵活的教育方式、不断完善的发展体系以及多方机构的协同合作，成功推动了国际理解教育的实践。这些经验表明，政府、社会机构和非政府组织之间的紧密合作，以及将国际理解教育融入整个教育体系，是培养具有全球视野和跨文化交际能力人才的关键。伦敦的国际理解教育实践不仅有助于增进不同文化背景人们之间的相互理解和尊重，也为推动全球教育和文化交流作出了重要贡献。通过本章，可以更深入地理解国际理解教育在伦敦的内涵和发展历程，以及其在推动全球教育和文化交流方面的重要作用。

第九章　伦敦城市教育治理①

"治理"概念自20世纪70年代兴起以来，经历了持续的范式演进与内涵重构，其理论发展至今仍处于动态建构阶段。通过系统梳理不同研究视域下的治理理论谱系发现，全球治理倡议（Global Governance Initiative）将其定义为公共与私人机构管理共同事务的多样化方法集合②；西方学者詹姆斯·罗西瑙（James N. Rosenau）则突破传统政府中心论，强调非正式机制与官方机制并存的治理格局。在教育领域，我国学者褚宏启和田晓伟通过解构"教育治理"与"教育管理"两者间的对立关系，揭示出教育治理本质上是管理形态的跃迁——它既传承传统教育管理的制度框架，又通过引入多元共治机制实现治理结构的质变。至此，"教育治理"概念的特征体现在三个维度：在主体维度上，突破政府单一主导模式，构建政府、学校、家庭、社会组织等利益相关者的协同网络；在权力维度上，实现行政权威、专业能力与社会资本的有机配置；在过程维度上，形成制度约束与协商民主的动态平衡系统。③④

基于对上述观点的整合，本书将教育治理界定为：以多元主体价值共识为基础，通过制度化的协同机制整合政府行政权威、非政府组织专业优势及社会组织动员能力，在目标导向下实现规制与协商有机统一的复合型治理体系。这一概念框架既承继传统管理的制度理性，又通过治理主体的拓展、治理工具的创新以及治理结构的重构，形成适应教育现代化需求的治理新范式。

关于"伦敦城市教育治理"的外文研究成果可划分为政策分析与实践研究两大研究维度。

政策分析维度的系统文献聚焦三个核心领域。其一，教育治理的宪制框架研究，以英国教育部颁布的《1988年教育改革法案》及其衍生的教育市场化改革为焦点，剖析中央集权与地方分权的动态平衡机制。其二，特色政策

---

① 本章作者为上海师范大学周诺男、吕杰昕。
② 樊勇明.西方国际政治经济学[M].上海：上海人民出版社，2017：30.
③ 褚宏启.关于教育治理的几个关键问题[J].人民教育，2014（22）：21-25.
④ 田晓伟.教育治理理论的困顿及其突破[J].教育学术月刊，2019（1）：18-24.

工具创新研究，例如2002年伦敦地方当局引入的"伦敦挑战"项目及其后续评估报告，揭示"教育优先区"政策如何通过资源倾斜与质量监测实现教育均衡发展。其三，教育公平政策演进研究，奥德丽·奥斯勒（Audrey Osler）在《英国为争取教育公平的长期斗争：1944—2023》（The Long Struggle for Educational Equity in Britain：1944—2023）回顾了英国过去80年间为实现教育公平而采取的官方举措和基层斗争，系统剖析伦敦教育治理中精英主义与平民主义的价值博弈。[①]

实践研究维度的学术探索则呈现层级化特征。在宏观层面，斯图尔特·麦克鲁尔（Stuart MacLure）等学者通过历史制度主义视角，解构伦敦教育系统的组织嬗变与空间重构逻辑[②]。在中观层面，聚焦于高等教育国际化与职业教育产教融合的创新实践，关注全球城市定位下的教育治理转型。在微观层面则深入教育治理技术环节，如Ofsted的《改善伦敦学校》（Improving London Schools）系列报告，运用大数据监测与学校改进计划（School Improvement Programme, SIP）等工具推进精准治理。值得注意的是，现有研究在基础教育治理的社区参与机制、多元主体权责配置等议题上仍存在空白，为后续研究提供了突破方向。[③]

当前，众多研究通过多维度实证研究揭示伦敦教育系统的深层不平等机制。学者史蒂夫·斯特兰德（Steve Strand）基于53万名11岁学生全国考试成绩的计量分析揭示，种族变量与社会经济地位、性别要素存在显著交互效应。少数族裔学生面临"双重弱势"的叠加困境，其部分教育成就差异可归因于社会经济地位与种族的交叉影响。这种定量发现与质性研究形成互证，叙事访谈数据进一步解析了课程设置中的文化偏见、教师期待效应等微观权力机制如何形塑结构性不平等。[④]

为破解教育不平等的结构性问题，学界与国际组织提出教育治理的转型路径。联合国教科文组织国际教育规划研究所（The International Institute for Educational Planning, IIEP）的研究指出，教育和技能培训体系在弱势群

---

① Osler, A. The long struggle for educational equity in Britain: 1944-2023[J]. Daedalus, 2024(153): 165-183.
② Maclure, S. One hundred years of London education, 1870-1970[M]. New York: The Penguin Press, 1970.
③ Erickson, M., HANNA, P. & WALKER, C. The UK higher education senior management survey: a statactivist response to managerialist governance[J]. Studies in Higher Education, 2020,46(11): 2134-2151.
④ Strand, S. Do some schools narrow the gap? differential school effectiveness by ethnicity, gender, poverty and prior attainment[J]. School Effectiveness and School Improvement, 2010(21): 289-314.

体终身教育历程中发挥着至关重要的作用，不仅助力他们获取可持续发展的能力；促进他们在公民社会中的积极参与；这一体系还能通过教育投资回报的有效转化，为打破贫困的代际传递壁垒提供有力支持。① 实现教育公平需突破传统的救济式帮扶逻辑，转向"权利—能力—机会"三位一体的治理模式。在制度设计层面，通过立法保障与政策倾斜重构教育资源的分配机制，建立弱势群体教育补偿的长效制度②。在治理主体层面，推动政府、学校、社区及非政府组织形成"责任共担"的协同网络③，尤其注重赋权弱势社群参与教育决策④。在实践工具层面，开发适应性课程体系与动态评估标准，消解文化资本差异导致的隐性排斥。⑤ 这一治理框架的本质在于，将教育公平从单一的资源分配问题升维至社会正义的系统性工程，通过治理体系的包容性重构激活弱势群体的内生发展动能。

第一节 伦敦文化多样性与教育机会不平等的现状

伦敦作为全球最具多元文化的国际大都市之一，其多源移民背景为城市发展注入活力的同时，也给教育体系带来了显著挑战。教育资源分配不均、结构性种族歧视以及贫困问题的交织，使得教育公平成为伦敦亟待解决的社会议题。本节将从伦敦多元人口结构的历史根源出发，探讨多元文化对教育均衡发展的影响与挑战。

一、伦敦多元人口结构的前世今生

伦敦在过去 20 年间人口持续增长，预计到 2030 年其人口将达到 980 万，较 2018 年增长近 10%。⑥ 这一增长并非主要源自自然出生率与死亡率的变动，而是得益于大量外来人口的涌入。⑦ 伦敦凭借其极高的国际影响力，吸

---

① UNESCO. Alternative education strategies for disadvantaged groups[R]. Paris: International Institute for Educational Planning, 1997: 1-2.
② Rawls, J. A theory of justice[M]. Cambridge: Belknap Press, 1971.
③ Ostrom, E. Governing the commons[M]. Cambridge: Cambridge University Press, 2012.
④ Freire, P. Pedagogy of the oppressed[M]. New York: Continuum, 2005.
⑤ Daring-Hammond, L. The flat world and education[M]. New York: Teachers College Press, 2010.
⑥ Trust for London. London's poverty profile: 2020[EB/OL]. (2020-04)[2025-01-12]. https://trustforlondon.fra1.digitaloceanspaces.com/media/documents/Londons_Poverty_Profile_2020.pdf.
⑦ Office of Statistics. Mid-year population estimates[EB/OL]. (2018-03-22)[2025-01-13]. https://www.nomisweb.co.uk/articles/1094.aspx.

引世界各地的国际人才和众多少数族裔移民。过去 5 年间，净移民贡献了伦敦人口增长总量的 19.4%。[①] 根据 2021 年人口普查报告（Census2021），伦敦人口中，亚裔占比 20.7%，非裔占比 5.7%，混血或多种族群体占比 3.7%，其他族裔占比 6.3%。[②]

伦敦之所以聚集了大批少数族裔国际移民，其背后有深刻的历史、经济及政策因素。回溯历史，英国在殖民时期与印度、巴基斯坦、加勒比海等地结下了不解之缘，后来这些地区的民众因历史纽带而更倾向于移民至英国，尤其是伦敦。得益于工业革命，英国摇身一变成为"世界工厂"，而伦敦作为英国工业和商业最为繁荣的地区之一，对劳动力需求激增，不仅吸引了国内农村和周边地区的劳动力，还吸引了世界各地的商人和投资者纷至沓来。二战后，英国国力严重受损，不再如同昔日般繁华。为更有效地促进经济增长，更迅速地完成战后重建，英国政府放宽了移民政策，大量前殖民地的劳工和技术人才因此涌入。从经济层面看，伦敦作为全球重要的金融、商业和科技中心，提供了海量的就业机会。众多国际组织与公司总部落户伦敦，进一步吸引了各国专业人才和劳动力的汇聚。至于政策方面，英国政府在不同时期对移民政策进行了调整，但总体上保持相对开放的态度，为少数族裔国际移民进入伦敦提供了便利。同时，英国国籍法的相关规定，通过界定"英国公民"的范畴，允许特定国家的公民自由进入英国或较易获得英国国籍，这无疑进一步促进了移民的涌入。

二、多元化对教育均衡发展的挑战

伦敦这座承载着悠久历史、拥有发达经济金融体系和包容文化观念的城市，仍以其鲜明的国际化特色和非凡的人才吸引力，吸引着世界各地的移民。目前，伦敦的移民人口约占其总人口的 40%，城市里汇集着超过 300 种语言，同时有 120 万残障人士士[③]，展现了其多元包容的社会风貌。然而，这种多种族、宗教及语言交融的社会环境，也给伦敦的教育体系带来了前所未有的挑战。伦敦学生的社会、经济和文化背景相较于其他地区更为复杂。2024 年教育部数据显示，伦敦的小学中少数族裔学生的比例高达 77.3%，

---

① Trust for London. London's poverty profile: 2020[EB/OL]. (2020-04)[2025-01-12]. https://trustforlondon.fra1.digitaloceanspaces.com/media/documents/Londons_Poverty_Profile_2020.pdf.

② Office of National Statistics. Census 2021[EB/OL]. [2025-01-13]. https://www.ons.gov.uk/visualisations/customprofiles/build/.

③ London City Hall. The London plan 2021[EB/OL]. (2021-04)[2025-01-21]. https://www.london.gov.uk/programmes-strategies/planning/london-plan/london-plan-2021.

远超英格兰 38.7% 的平均水平。在纽汉姆区，这一比例更是达到了惊人的 94.9%。此外，受复杂种族背景的影响，伦敦的小学中母语为非英语的学生比例也高达 44.6%，是英格兰平均比例 21.3% 的两倍多。①

  文化多元化与人口复杂性给教育资源的分配带来了巨大挑战，严重影响了教育的均衡发展。伦敦地区贫困学生比例位居全英榜首，教育不平等现象尤为突出。尽管伦敦政府已采取多项措施，如为弱势学生提供经济资助，但教育机会不平等的问题仍需被持续关注并着力解决。

  伦敦地区长期存在结构性种族歧视与偏见。所谓结构性不平等，是指企业、社会网络和公共机构等社会结构中内生的偏见，这些偏见为某些群体带来优势，却损害了其他群体的利益。结构性不平等不仅导致收入不平等，还可能引发一系列更广泛的不平等现象。那些遭受最大收入不平等的群体，在教育、住房、绿地接触、健康状况和预期寿命等方面往往表现更差。②研究表明，黑人和少数族裔社区长期遭受结构性不平等的困扰。结构性种族主义作为财富不均和劳动力市场不平等的基础，导致伦敦黑人和少数族裔群体的贫困率远高于白人群体，几乎是白人群体的两倍（38% 对比 21%）。③

  伦敦的贫困水平高于英国平均水平，是英格兰儿童贫困率最高的城市之一。④研究显示，少数族裔人口更容易陷入贫困状态，而低收入家庭又因高昂的生活费、交通费和儿童教育费用而雪上加霜。在讨论儿童贫困问题时，家庭收入通常被视为最关键的因素，但贫困的表现形式却多种多样。2023 年《伦敦儿童贫困报告》（London Child Poverty Report）显示，10 月有 18% 的家庭（相当于 400 万儿童）面临粮食不安全问题。⑤粮食不安全指人们无法获得可靠、充足且负担得起的营养食品。随着生活成本的不断上升，儿童粮食贫困问题日益严峻。特鲁塞尔信托（Trussell Trust）的数据显示，自 2014 年以来，伦敦分发的紧急食品包数量持续增加，尤其在 2019—2020 年和 2020—

---

① GOV.UK. Schools, pupils and their characteristics[EB/OL]. (2024-06-06)[2025-01-14]. https://explore-education-statistics.service.gov.uk/find-statistics/school-pupils-and-their-characteristics/2023-24.

② London City Hall. Building a fairer city programme[EB/OL]. [2025-01-12]. https://www.london.gov.uk/who-we-are/what-mayor-does/priorities-london/londons-recovery-coronavirus-crisis/london-partnership-board/building-fairer-city-hub.

③ Trust for London. London's Poverty Profile: 2020[EB/OL]. (2020-04)[2025-01-12]. https://trustforlondon.fra1.digitaloceanspaces.com/media/documents/Londons_Poverty_Profile_2020.pdf.

④ LONDON DATASTORE. Pupils eligible for free school meals, borough[EB/OL]. (2019-12-31)[2025-01-14]. https://data.london.gov.uk/dataset/pupils-eligible-free-school-meals-borough.

⑤ The Food Foundation. Food prices tracking: October update[EB/OL]. (2022-10-18)[2025-01-14]. https://foodfoundation.org.uk/news/food-prices-tracking-october-update.

2021 年间急剧增多①。尽管伦敦是学生获得免费校餐比例最高的城市，但最贫困的那部分儿童仍然无法享受到这一福利，长期在饥饿与困苦中挣扎。②

　　学生的学业水平与其社会经济地位之间存在着密切的正相关关系。早在 1967 年，英格兰发布的《普洛登报告》（The Plowden Report）就揭示了儿童的社会阶层出身和家庭背景对学业成绩的重要影响。③另有多项研究指出，在英国的大多数城市中，中学的教育质量与所在区域的住房价格之间呈正相关。④在伦敦，不同人口特征和地理位置的学生在 GCSE 考试中的表现与其所处的社会阶层高度相关。⑤此外，在国际化大都市多元文化的背景下，教育公平和社会公平的问题开始超越单纯的经济差距，向更深层次的文化根源差异转变。以伦敦为例，亚裔学生往往在学业上表现出色。数据显示，与白人和黑人学生相比，亚裔学生在 GCSE 考试中取得 5 个 A* 到 C 成绩的比例高达 71.3%，而白人学生和黑人学生的这一比例分别为 62.2% 和 60.1%。⑥

　　英国学者凯瑟琳·佩特里（Kathryn Petrie）指出，伦敦面临的下一个重大挑战是如何将处境不利群体的良好教育表现转化为卓越的职业成就，即弱势伦敦人如何凭借他们高于平均水平的教育成果，在职业生涯中取得成功。在 16 岁之前，弱势年轻人在伦敦的教育体系中表现相当出色。尽管在伦敦，有资格获得免费校餐的学生群体整体表现稍逊，但他们与其他学生之间的差异远小于英格兰其他地区。然而，这种出色的表现并未能延续到 A 级（高级水平）考试阶段。内伦敦地区的学生在 GCSE 考试中表现出色，但这种优势似乎并未能转化为 A 级考试的高分成绩。此外，与英格兰其他地区相比，伦敦的大学生辍学率相对较高。毕业生在学位等级上也受到种族和社会经济地

---

① Trussell. End of year food bank stats[EB/OL]. (2024-12-09)[2025-01-14]. https://www.trussell.org.uk/news-and-research/latest-stats/end-of-year-stats.

② THE STANDARD. 210,000 London pupils in poverty but no free school meals[EB/OL]. (2022-10-17)[2025-01-14]. https://www.standard.co.uk/news/london/london-pupils-poverty-no-free-school-meals-b1033186.html.

③ Plowden B. Children and Their Primary Schools: A report of the central advisory council of education England[R]. London: H.M.S.O, 1967.

④ GOTTDIENER M, BUDD L. Key concepts in urban studies[M]. New York: Sage publications Ltd.: 2005.

⑤ Department for Education. GCSE and equivalent attainment by pupil characteristics:2013 [EB/OL]. (2015-02-01)[2025-01-15]. https://www.gov.uk/government/statistics/gcse-and-equivalent-attainment-by-pupil-characteristics-2012-to-2013.

⑥ Department for Education. GCSE and equivalent attainment by pupil characteristics:2013 [EB/OL]. (2015-02-01)[2025-01-15]. https://www.gov.uk/government/statistics/gcse-and-equivalent-attainment-by-pupil-characteristics-2012-to-2013.

位的显著影响，存在明显的差距。[①] 这些问题凸显了伦敦在高等教育阶段及职业生涯中面临的不平等挑战。

作为首个完成工业革命的国家，英国对社会变革始终保持着敏锐的洞察力，伦敦更是深谙其道。为促进自身作为国际大都市的持续创新与发展，大伦敦政府、各区教育局及学校之间紧密合作，共同努力推动教育质量与公平的均衡发展。

第二节　大伦敦政府与自治市教育部门在教育治理中的作用

中央与地方的教育治理协作体系可追溯至二战时期。随着战后重建与经济格局的演变，伦敦的行政区域逐步明确，最终促成了大伦敦政府的建立。在教育治理领域，这一体系遵循了"规划—执行"的分工模式：大伦敦政府负责顶层设计与战略规划，各自治市教育部门则主导具体实施与在地化调整。本节将以《伦敦计划2021》(The London Plan 2021)[②]为分析蓝本，深入探讨大伦敦政府与自治市教育部门在应对教育不平等问题上的协同治理机制。

一、伦敦的郊区化进程与教育治理的改革

自二战以来，英国一直遵循"国家制度、地方管理"的原则[③]，中央与地方政府保持着紧密的伙伴关系。大部分由国家举办的教育仍在由民主选举产生的地方教育当局所资助的学校中进行，这些学校在享受地方当局资助的同时，还拥有不同程度的自治权。

随着20世纪60年代伦敦经济的逐渐衰退，城市人口开始大量外迁，形成了明显的"郊区化"进程。[④] 这一进程虽缓解了伦敦市的人口压力，为城市更新提供了广阔的发展空间与潜力，但也带来了诸多挑战，尤其是教育领

---

① Trust for London. The next London challenge: converting strong educational performance into great jobs for disadvantaged Londoners[EB/OL]. (2019-11-25)[2025-01-14]. https://trustforlondon.org.uk/research/next-london-challenge-converting-strong-educational-performance-great-jobs-disadvantaged-londoners/.
② London City Hall. The London Plan 2021[EB/OL]. (2021-04)[2025-01-21]. https://www.london.gov.uk/programmes-strategies/planning/london-plan/london-plan-2021.
③ Whitty, G., Power, S. & Halpin, D. Devolution & choice in education: the school, the state and the market[M]. Sydney: ACER Press, 1998.
④ 戴学来. 论英国大城市人口郊区化过程[J]. 城市, 1997 (1): 26-28.

域。教育面临的挑战主要体现在两个方面。一是郊区教育资源紧缺。随着人口大量涌入郊区，原本的教育基础设施难以满足日益增长的教育需求。同时，非计划性扩散导致居民居住范围扩大、人口密度降低，增加了教育基础设施的建设成本和教育服务成本[①]，影响了居民对教育资源的获取。二是教育管理权出现争议。随着新城运动逐渐深入，包括伦敦市及其卫星城镇在内的大伦敦地区已初具规模。城市结构的变化意味着政府管理范围也需相应调整，教育管理权的归属问题亟待解决。

为应对这一挑战，英国议会于 1963 年颁布了《伦敦政府法案》。该法案不仅确立了大伦敦地区的行政地位[②]，将其分为内伦敦和外伦敦两部分（前者包括大伦敦中央的 12 个自治市，后者则涵盖此区域外的其他自治市），还对教育管理权进行了划分。在此之前，关于是否应建立负责整个大伦敦地区的教育机构的争论异常激烈。英国皇家专门调查委员会（Royal Commission）认为教育管理权应归各自治市负责，但英国政府担心这可能导致大伦敦地区教育系统四分五裂，特别是大伦敦中心地区各自治市之间学生流动频繁，很有可能带来诸多不便。[③] 因此，《伦敦政府法案》最终采取了一种折中的办法，即设立一个新的地方政府机构——内伦敦教育局，负责内伦敦地区的教育事务；而外伦敦的教育事务则由各自治市负责。这一安排既保证了地方政府在教育中的有效作用，又维护了大伦敦地区教育系统的统一性。

二、大伦敦政府与区教育部门的分工合作

大伦敦政府于 2000 年成立，负责伦敦大都会区的整体规划与监管，包括城市发展战略、交通、住房、经济贸易、卫生医疗等领域。在教育方面，大伦敦政府主要负责整体的、阶段性的教育规划，并启动覆盖整个大都会区的教育项目。具体的教育服务、学校管理、社会服务等事务则由伦敦的 33 个行政区政府负责。每个行政区政府都设有教育部门，负责区内的幼儿保育、学校管理、学生入学、教师招聘、继续教育、社区学习、家庭服务等事务，并公开发布每年度本区的教育财政数据及其分配情况的报告。[④] 这种分工合作的管理模式，既保证了教育治理的效率和效果，又体现了地方教育的自主性

---

① 戴学来. 论英国大城市人口郊区化过程[J]. 城市，1997（1）：26-28.
② Britannica. London government act[EB/OL]. [2025-01-20]. https://www.britannica.com/topic/London-Government-Act.
③ UK Cabinet. Local Government in Greater London C(61)185: memorandum by the minister of housing and local government and minister for Welsh Affairs[R]. 1961: 1-2.
④ Camden Education[EB/OL]. [2025-01-20]. http://www.camden.gov.uk/ccm/navigation/education/.

和灵活性。

自成立以来,大伦敦政府发布了多项文件为城市发展提供战略指引。其中,《伦敦计划2021》作为最新发布的,同时也是最为重要的总体战略计划,为伦敦未来20—25年的经济、环境、交通、教育等领域绘制了全面的系统性蓝图。《伦敦计划2021》充分认识到社会不平等的现实与可持续发展的需求,将"良性增长"设定为城市发展的核心愿景。这一目标旨在实现社会和经济的包容性以及环境的可持续性增长,将伦敦打造成为宜居、繁荣且绿色的都市。具体而言,计划提出为伦敦上班族提供负担得起的住房和租赁选择;增强民众的参与度;在充分利用现有资源的基础上,为社区带来新的发展机遇。此外,该计划特别强调大伦敦政府与各区之间的协作,在整体政策的规划与指导下,鼓励采取地方性的方法与行动。为此,计划引入了"次区域"(Sub-region)概念,将伦敦划分为中央、东、南、西、北5个子区域,以促进各行政子区域间的跨区合作。伦敦各行政区部门可根据自身实际情况,对《伦敦计划2021》中的细节内容进行适当调整。例如,将更多时间和资源投入解决突出的地方性问题,以更好地满足计划中区域框架、行动计划、补充规划文件、场地分配、棕地登记、设计规范以及支持社区规划等增长指标的要求。

优质教育对人的一生具有长期且深远的影响,是打破不平等、增强社会流动性的最有效途径之一。《伦敦计划2021》指出,每个儿童、年轻人及成年人都应享有尽可能多的成功机遇,并具备充分利用资源与把握机会的能力。而提供高质量教育,意味着在合适地点配置充足的从儿童托育服务至高等教育阶段各级各类的教学设施,这不仅能增加教育选择,还能提升技能水平,对解决社会劣势问题具有积极作用。

儿童托育服务不仅对儿童的入学准备、身心健康及学业成就产生积极影响,还能有效保障父母的工作不受干扰。对于处境最为不利的家庭而言,其意义尤为重大。《伦敦计划2021》指出,为确保儿童能够享受平等且优质的托育服务,伦敦预计在2041年前需新增10万个儿童保育名额。为此,计划提出了以下新要求:一是确保托儿设施安全、便捷,同时兼顾室内与室外的学习环境,为每一位儿童创造全面发展的空间;二是完善现有的人行道和自行车道网络,打造通往学校及其他教育和儿童保育设施的便捷通道,鼓励孩子们积极步行、骑行或乘坐公共交通工具上学;三是在新建住宅或商业开发项目中同步规划并建设托儿设施,条件允许的情况下,新建小学应考虑将托儿所纳入规划,以促进儿童教育的连续性和一体化发展。《伦敦计划2021》重申了2006年《儿童保育法》的规定,明确指出区教育部门需确保提供充足的儿童保育名额，以支持父母的工作需求，并保障所有 3 岁和 4 岁儿童能够获得足够的资助早期教育机会。为实现这一目标，各自治市应与家长、私营部门、志愿组织、独立机构及其他关键合作伙伴紧密协作，协商并提供多样化的儿童保育服务，以满足当地社区的实际需求。

伦敦基础教育阶段的需求日益增长，尤其是中学阶段。2016—2017 学年，公立中学的需求名额为 40.3 万个，而据预测，至 2027—2028 学年，这一数字将增加 6.5 万个。对此，《伦敦计划 2021》明确提出需采取战略性举措予以应对。当前，各行政区在量化处理这一问题上仍面临诸多困难。因此，计划积极倡导各独立行政区的紧密配合，并着力推动跨区之间的协同合作，以共同应对中学教育需求的增长。此外，特殊教育需求的增长已成为一个亟待解决的教育不平等议题。那些存在学习障碍、身体残疾或情感及社交困难的学生，往往在学业上遭遇更多挫折，他们渴望得到特别的关怀与指导。为此，《伦敦计划 2021》表示需要进一步推动儿童和年轻人特殊教育需求和残疾服务政策在学校中的有效落实与灵活应用。学校在提供个性化学习计划（Personalised Learning Plans）、特殊教育支持或教育、健康与护理计划的同时，应确保其基础设施遵循无障碍与包容性设计的最高标准。当地教育部门应积极与学校、医疗机构、社工携手合作，共同努力减轻特殊需求学生因自身条件所造成的学业负担，减少教育不平等现象的出现。

高等教育阶段在培养适应瞬息万变的经济环境所需的高阶技能方面扮演着至关重要的角色。伦敦高校云集，其顶尖学府不但提供丰富多样的学位课程，而且积极推动持续的专业发展和深入的高级研究，还配备了完善的设施以支持业务增长，包括孵化器和全面的业务支持服务。这些优势吸引了众多国际大型企业，特别是制药和生命科学领域巨头，反向为伦敦这座国际大都市的发展注入源源不断的活力。在未来的城市教育发展规划中，大伦敦政府将继续坚定支持伦敦高等教育组织（London Higher）发展专项计划，为地方提供针对性的服务与资金支持，助力区域内科研与教学水平的持续卓越。此外，继续教育在终身学习中扮演着至关重要的角色，对于伦敦人获得可持续的就业机会具有重要意义。鉴于伦敦 16—19 岁人口数量的持续增长，以及所有年轻人必须持续学习至 18 岁的新政策要求，预计对继续教育的需求将进一步增加。为此，《伦敦计划 2021》制定了相应的战略规划，鼓励各区教育部门与继续教育机构以及社区建立广泛的合作关系。同时，该计划将继续通过"伦敦人技能资本基金"（Skills for Londoners Capital Fund）为继续教育学院及其他培训机构提供支持，使它们能够为社区提供宝贵的设施和服务。为促进高等教育与继续教育之间的衔接与合作，大伦敦政府专门设了一个论坛，旨在跨区域、跨部门地与各方利益相关者进行沟通协作，共同规划未来发展蓝图，例如在公共交通便利的地点建设学生宿舍等事宜。

为了直观、及时地获取各级各类学校的动态信息，大伦敦政府积极建设并不断完善交互式地图与数据库——《伦敦学校地图集》（London Schools Atlas）。这一工具让家长和规划人员能够轻松查看伦敦学校的分布情况，以及学龄人口未来的变化趋势。同时，它还支持伦敦各区域的教育部门与机构之间加强合作，共同推动教育事业的发展。

第三节 非营利性组织的功能

非营利性组织是以社会公益为导向、不以营利为目的的社会组织，致力于解决个人和社会共同关注的核心议题。在教育领域，非营利性组织主要通过三大途径发挥作用：作为教育服务的直接提供者；充当教育政策的影响者和倡导者；履行教育治理的监督者职能。伦敦作为现代慈善事业的发源地之一，其非营利性组织已形成完善的治理体系和成熟的运作模式。本节将选取具有代表性的伦敦教育类非营利性组织，系统分析其功能定位与实践成效。

一、直接参与提供教育服务

卓越俱乐部（The Brilliant Club）是一家致力于促进教育公平、提升学生学术能力的教育类非营利性组织。该组织通过与大学合作，为来自弱势背景的学生提供高质量的学术支持与指导，帮助他们获得进入顶尖大学的机会。其核心项目包括："学者计划"（The Scholars Programme）、"连点成线计划"（Join the Dots）和"家长赋能计划"（Parent Power）。

（一）学者计划

研究表明，弱势背景的青少年在小学阶段较少考虑接受高等教育，这限制了他们的未来选择、抱负和自信心。为改变这一现状，"学者计划"自2011年启动以来，通过培训博士导师，在英格兰各地的合作学校和学院开展项目。该项目面向8—18岁学生，旨在分享学科知识、激发学习热情，帮助他们提升学术能力、培养自信心，从而在竞争激烈的大学申请中占据优势。

"学者计划"还将大学教育体验引入小学课堂，旨在打破高等教育参与障碍，培养学生的好奇心、求知欲和终身学习热情。项目通过博士导师为五年级和六年级学生提供与其研究领域相关的现实课题教学。在学期内，导师通过7次辅导课，与两组各7名学生合作，逐步培养他们的知识、技能和自信心，最终完成一篇具有挑战性的 1 000 字期末论文。为支持学生学习，项目提供专门设计的课程手册、在线学习中心访问权限以及导师一对一反馈。项目结束时，学生将在合作大学校园参加毕业典礼，体验大学生活，与大学生大使交流，庆祝学业成就。学校将收到个性化影响报告，详细记录学生在书面与口头表达、批判性思维和自我效能等方面的进步。

高等教育入学追踪（Higher Education Access Tracker，HEAT）数据显示，该项目对学生的普通中等教育证书（GCSE）考试成绩产生了显著的积极影响。根据英格兰大学和学院招生服务中心（Universities and Colleges Admissions Service，UCAS）的独立评估，参与"学者计划"的学生进入高度选择性大学的比例显著提高。例如，在 2015 年和 2016 年完成"学者计划"的学生中，有 55% 进入了高度选择性大学，其中包括 54% 符合免费学校餐资格的学生，而这一比例在全国范围内仅为 12%。[①]

（二）连点成线计划

在英格兰，顶尖大学毕业生往往拥有更优越的职业发展前景、更高的人生满意度和收入水平。然而，获得这些改变人生的机会却存在着显著的不平等现象。数据显示，英格兰最弱势群体学生进入顶尖大学的比例仅为 2%，而最优势群体学生的这一比例高达 28%。即便弱势学生成功进入顶尖大学，其面临的挑战并未就此结束。与优势背景的同龄人相比，他们更可能在本科一年级辍学，获得学位的机会低 20%。[②]

这种入学机会与学业成就的双重差距凸显了提供针对性支持的紧迫性。"连点成线计划"正是为此设计的大学过渡支持项目，旨在帮助面临最大挑战的学生顺利完成从中学到大学的过渡，并在大学期间获得良好发展。该项目面向 12—13 年级学生，特别关注那些在适应大学生活时可能遇到障碍的学生群体，帮助他们把握顶尖大学学位带来的改变人生的机遇。

学生通过参与"大学预备课程"（UniPrep）系列在线研讨会，逐步建立对大学生活的认知与信心。在录取结果公布后，即将入读合作大学的学生将与博士导师配对。每位导师将在学生入学后的前 6 个月内，为最多 8 名学生提供个性化支持。通过一对一辅导和小组研讨，学生将掌握关键的学习策略，提升学术自我效能感和对大学的归属感。除核心课程外，该项目还与各类教育机构合作，开发定制化的入学支持项目和学生成功计划。每个合作项

---

① The Brilliant Club. The scholars programme[EB/OL]. [2025-01-22]. https://thebrilliantclub.org/the-scholars-programme/.

② The Brilliant Club. Key stage 3/4[EB/OL]. [2025-01-22]. https://thebrilliantclub.org/the-scholars-programme/for-schools/the-programme/key-stage-3-4/.

目均基于合作伙伴的具体需求,并借鉴与博士社区合作的经验,重点培养学生的关键学术能力和自我效能感,为其大学学习和未来发展奠定基础。

评估显示,"连点成线计划"在多个关键领域取得显著成效:学术自我效能感提升12%,元认知策略运用能力提高10%,大学归属感增强3%。[①]这些成果不仅体现了项目在学术准备方面的成效,更彰显了其在构建支持性、包容性大学体验方面的价值。

(三)家长赋能计划

"家长赋能计划"致力于为家长与学生照顾者构建教育支持网络,通过提升社区组织能力和领导力,帮助家长为其子女争取更公平的教育和职业发展机会。该计划尤为重视为家长提供关于高等教育的专业指导和咨询服务。

家长与学生照顾者在年轻人的生活与学习中扮演着最为重要的角色,然而,在探讨如何提高高等教育入学率的议题和战略中,他们的声音却往往被忽视。"家长赋能计划"在英格兰各地建立了家长社区网络,每个网络均得到卓越俱乐部和一所主力院校的支持。家长们将接受社区组织培训,并参与高等教育咨询和指导课程,以期未来能够有能力改变子女的命运,确保他们在教育及人生道路上拥有公平的成功机会。

该计划的活动包括定期举办工作坊,提供互动式学习计划,帮助家长掌握支持孩子教育的实用技能。主题涵盖大学申请流程、经济资助、职业规划等多个层面。项目团队还编制及分发申请指南、经济援助信息等资料,并建立了在线资源库,为家长提供便捷的信息获取渠道。此外,该项目广泛开展家长培训课程,鼓励家长成为社区领袖,带动更多家庭积极参与教育支持活动。同时,与学校、社区及高等教育机构紧密合作,为家长提供与专家交流的机会,解答疑问并提供个性化建议。近期,该项目与伦敦国王学院展开合作,并启动了由英国皇家研究院资助的评估工作。[②]

2024年3月23日,卓越俱乐部举办了首届"家长赋能计划"全国大会,来自英格兰和威尔士的家长和看护人团体齐聚一堂,共同探讨家庭面临的主要挑战。大会指出,该项目已在阿比、布拉德福德、加迪夫、东伦敦、东牛津、芬兰、诺斯利、曼斯菲尔德、诺里奇、奥尔德姆和彼得伯勒等地设立了11个分会,并在诺里奇设立了西班牙语分会"Empoderando Familias"(家长赋能计划)。纽波特、伯明翰和斯温顿分会将于秋季正式启动。该项目已成

---

① The Brilliant Club. Join the Dots Impact Report 2023-2024[EB/OL]. (2024-05)[2025-01-22]. https://thebrilliantclub.org/wp-content/uploads/2024/06/Join-the-Dots-Impact-Report-2023-24.pdf.

② 同上。

功解决英国各地社区教育的本地化障碍，例如，芬兰的家长们成功推动建立了一条安全的自行车、步行和移动路线，连接盖希尔恩到马奇，便于年轻人参与剑桥大学的课外活动；卡迪夫的家长们向卡迪夫大学提出了5项关于提高招生简章中上下文录取透明度的建议，这些建议均已被采纳。①

"家长赋能计划"正致力于赋予家长与照顾者力量，以消除教育不平等，改变孩子的未来。在未来的规划中，各计划分会的家长与照护者领袖将努力发展关系力量、建立联盟并赢得运动，进一步解决教育资源不足、工作机会缺乏、年轻人焦虑过重等问题。

二、借助影响力干预教育决策

萨顿信托基金会（Sutton Trust）是英格兰最具影响力的教育慈善机构之一，长期致力于通过教育促进社会流动，为来自不同背景的年轻人创造公平的发展机会。自成立以来，该基金会始终专注于支持来自弱势家庭的优秀青年实现教育抱负，在推动教育公平领域发挥着重要作用。

基金会通过系统的教育支持项目，每年帮助5 000名年轻人获得优质高等教育机会。数据显示，参与基金会课程的学生进入罗素大学集团的概率比同等背景的同龄人高出4%，其中更有8%的学生成功进入牛津或剑桥大学。②2006—2016年间，基金会的三大旗舰项目——"英国暑期学校"（UK Summer Schools）、"美国项目"（US programme）和"法律之路"（Pathway to Law），累计惠及近16 000名青年学子。凭借其卓越的社会影响力，萨顿信托基金会为政府教育部门制定了"人人享有公平机会"（Fair Opportunity for All）行动框架。③该框架从早期教育到高等教育、从学徒制到职场发展，提出了一系列基于实证研究且经过成本核算的政策建议，旨在系统性打破社会背景与个人发展之间的壁垒，推动社会流动性改革，为实现教育公平和社会公平作出了重要贡献。

（一）早期教育

框架针对早期教育提出两大重点举措。第一，扩大学前教育覆盖面。优先保障3—4岁儿童每周享有不少于20小时的政府资助早教服务，并逐步将服务对象延伸至2岁儿童。同时，改革早教津贴制度，实现与小学阶

---

① The Brilliant Club. Parent Power National Conference 2024[EB/OL]. (2024-05-15)[2025-02-10]. https://thebrilliantclub.org/news/parent-power-national-conference-2024/.

② The Sutton Trust. Student destinations 2006-2016[EB/OL]. (2019-10)[2025-01-24]. https://www.suttontrust.com/wp-content/uploads/2019/10/SuttonTrust-StudentDestinations.pdf.

③ The Sutton Trust. Fair opportunity for all[EB/OL]. (2024-05-30)[2025-01-24]. https://www.suttontrust.com/our-research/fair-opportunity-for-all/.

段资助标准并轨，优化资金管理流程，为教育机构和家长提供专项资金使用指导。第二，加大对弱势地区的扶持力度。设立"优质教育领导基金"（Leadership Quality Fund），专项支持弱势地区引进优秀毕业生，提升早教质量。制定国家战略规划，重启儿童与家庭服务中心建设，承诺在最贫困地区新建不少于 350 个服务设施，着力扭转近十年来家庭支持服务持续缩减的局面。

（二）基础教育

在基础教育阶段，共有 5 项建议。第一，缩小教育成就差距。建议制定国家层面的战略，改革资助模式，重新调整对弱势社区学校的资金分配，确保支持的持续性和稳定性。同时，将学生保费资金恢复至 2014—2015 学年的水平，首年投入 1.4 亿英镑，惠及 210 万名弱势学生。在此基础上，将学生保费政策扩展至 16 岁后的教育机构，为每名学生拨款约 750 英镑，用于辅导、出勤计划等，预计惠及 28 万名学生。第二，优化课程与学校管理。拓宽课程范围，加强基本生活技能的培养，使其与学术学习并重。要求学校在招生超额时，优先录取符合学生保费条件的学生，以增加弱势学生进入优质学校的机会。第三，提升教师队伍质量。加大对教师持续专业发展的投资力度，通过财政激励和灵活性调整，吸引并留住优秀教师在弱势学校工作。扩大弱势地区早期职业教师的升级补贴范围，覆盖更多学科，并将补贴提高至 2 500—3 000 英镑，预计每年惠及 9 000 名教师。第四，解决学生缺席与心理健康问题。采取循证干预措施，减少学生持续缺席现象，特别关注弱势学生的返校率。逐步加强对特殊教育和心理健康服务的支持，特别是在贫困地区提供早期干预和预防服务，保障学生的身心健康。第五，促进教育公平与社会融合。优化招生政策，减少学校的社会隔离现象，要求学校在招生超额时优先考虑学生保费申请人。建立并推广基于有效干预措施的证据体系，如教育捐赠基金会加速器基金模式，以促进教育公平和社会融合。

（三）高等教育

在高等教育领域，本框架提出两项核心建议。第一，推进入学机会公平。建议全面审查现行招生政策，建立跨部门协作机制，重点帮扶社会经济地位处于劣势的学生群体。具体措施包括：完善监管机制，强化公平准入要求；推动顶尖高校全面实施情境化招生（Contextual Admission）政策，适当调整录取标准，为弱势背景学生创造更多入学机会。第二，完善学生支持体系。建议政府部门根据实际生活成本调整资助标准，恢复低收入家庭学生生活补助制度，并扩大资助覆盖面。同时，推广基于实证研究的入学支持计划，为弱势学生提供全方位的升学指导与帮扶。

三、监督与评估政府部门的行动

教育政策研究所（Education Policy Institute, EPI）作为英格兰独立的非营利性研究机构，始终秉持以证据驱动的研究促进教育公平的核心使命。该机构通过定量分析与政策评估，着力破解英格兰教育体系中的结构性矛盾，即在充分赋予学校自主权的同时，构建一套既有效又公正的问责机制，以实现教育质量与公平的双重提升。

基于数据驱动的研究方法，EPI 将其研究聚焦于三大关键维度：首先是弱势学生群体学业差距的弥合机制，探讨如何通过政策调整和教学创新来缩小不同背景学生之间的学业成就差距；其次是心理健康与教育包容性的互动关系，研究如何在学校中营造更加包容、更具支持性的氛围，以促进学生的心理健康和全面发展；最后是标准化评估体系对教育生态的深层影响，分析现有评估体系如何影响学校的教学实践、课程设置以及教育资源的分配，并探索更加科学、合理的评估方式。①

针对当前教育问责制度的系统性缺陷，EPI 在最新研究中揭示了多重悖论。其一，现行绩效指标的刚性框架与特殊教育需求学生的适应性要求之间存在结构性冲突。这种冲突导致约 1/3 的高弱势学校被简单且片面地标记为"远低于平均水平"，从而忽视了这些学校在特殊教育需求学生教育方面的努力和成就。其二，学校层面的微观问责与多学院信托的中观决策层之间存在治理断层。随着约 60% 的财政管理与课程设置权上移至信托层面，现有评估体系却仍然固守单体学校的评价模式，无法准确反映信托层面的管理和决策效果。其三，高风险检查制度催生了"数据修饰"的逆向激励。为了维持 Ofsted 的评级，学校往往选择性地呈现信息，甚至可能操纵数据，这种行为不仅损害了评估的公正性和准确性，还阻碍了系统性的改进和提升。②

基于上述研究结论，EPI 提出了以下系统性改革建议。第一，构建三维评估模型，推出新型学校成绩单在线工具。该工具将整合学术进步、学生包容率及财务可持续性三大指标体系，支持跨区域、跨信托的比较分析。第二，完善福祉评估框架，建立全国性青少年心理健康数据库。EPI 建议借鉴

---

① Education Policy Institute. Accountability, Assessment & Inspection[EB/OL]. [2025-02-15]. https://epi.org.uk/research-area/accountability-assessment-inspection/.

② Education Policy Institute. Reforming Accountability[EB/OL]. (2025-01-21)[2025-02-15]. https://epi.org.uk/publications-and-research/reforming-accountability/.

大曼彻斯特 BeeWell 年度调查机制（2021 年已覆盖 45 000 名学生）的成功经验，通过系统性的数据收集和分析，更好地了解和满足学生的心理健康需求。第三，重构 Ofsted 职能边界，将其职责聚焦于课程质量评估，特别是 SEND 学生的适应性课程评估。同时，剥离 Ofsted 的学校改进职能，以保持其评估的独立性和公正性。第四，建立分级问责机制，推行"信托—学校"双层评估体系。对多学院信托实施差异化检查方案，以确保评估的针对性和有效性。①

第四节　促进教育公平发展的成功案例

不平等现象长期存在，并非一个新概念，解决之道势必需要动态调整、因地制宜。随着知识经济的蓬勃发展和全球化的深入推进，各国政府和国际组织在教育领域的探索与实践也日益深化。从政策法案的制定到具体实践的落实，从基础教育的普及到高等教育的提升，各方已不再仅仅满足于实现一般意义上的教育公平与教育质量，而是将"公平而卓越"作为新的发展目标和发展趋势。② 本节将以新冠疫情后伦敦推出的一项促进教育公平的成功计划作为典型案例，深入剖析其行动策略、特点以及显著成效。

一、"构建更公平城市计划"的框架构建

新冠疫情犹如一面社会公平的透视镜，暴露了伦敦教育体系深层的结构性裂隙。在这场危机中，往往最不能承受损失的群体就是受害最深的一方。数据显示，疫情导致的教育中断对弱势群体产生了倍增效应：黑人学生的学业进度滞后率高达 38%，白人学生为 21%；特殊教育需求学生的数字设备获取率较平均水平低 42%。③ 危急关头，伦敦合作委员会（London Partnership Board）主导设计并全力推出了"构建更公平城市计划"（Building a Fairer City Plan），旨在通过跨部门协作，形成教育治理的"意愿联盟"（Coalition of the Willing），共同解决城市结构性不平等的问题。

各部门于 2022 年 3 月达成一致，并于同年 5 月在市政厅正式启动"构

---

① Education Policy Institute. Reforming Accountability[EB/OL]. (2025-01-21)[2025-02-15]. https://epi.org.uk/publications-and-research/reforming-accountability/.
② 张民选，朱兴德，吕杰昕，等. 公平而卓越：世界教育发展的新追求[J]. 教育发展研究，2008（19）：1-5.
③ London City Hall. Building a fairer city[EB/OL]. (2022-05)[2025-01-25]. https://www.london.gov.uk/sites/default/files/mol_lrb_structural_inequalities_report_pp6.pdf.

建更公平城市计划"。该计划的核心架构由四大战略支柱构成：提升生活标准，消除儿童贫困陷阱；推动劳动力市场平等，打破就业歧视链；促进公共服务公平，重塑教育机会结构；赋能公民社会，培育社区自治能力。在教育领域，该计划以这四大战略支柱为指引，规划了4条实施路径。一是空间正义，即在15个教育贫困区域优先配置优质教育资源，让每个孩子都能享受到公平的教育机会。二是数字平权，建立覆盖全市的教育设备共享网络，确保每位学生都能获取必要的学习工具，缩小数字鸿沟。三是文化适配，开发多语言教学支持系统，充分满足来自不同文化背景学生的多元化需求，促进文化的交流与融合。四是生涯贯通，构建基础教育、高等教育与就业之间的无缝衔接通道，为学生的全面发展提供坚实有力的支撑。

该计划鼓励合作伙伴作为雇主、服务提供商以及可以影响他人的组织身份积极参与，并根据自身特定或行业环境，以最适合的方式推进这些行动。计划特别关注那些受疫情影响颇深的伦敦市民，包括黑人、亚裔与其他少数族裔群体、聋人与其他残障人士群体、老年人以及妇女和女孩。自该计划出台以来，伦敦合作委员会一直与大伦敦管理局、交付合作伙伴以及东伦敦商业联盟（East London Business Auiance，ELBA）等多个部门紧密合作，共同跟踪计划在解决结构性不平等方面所取得的进展。通过持续的努力和协作，伦敦正朝着更加公平、包容和卓越的教育体系迈进。

二、伦敦高等教育组织的创新实践

伦敦高等教育组织作为首都近50所大学的代表机构，持续深化"构建更公平城市计划"战略合作，在教授多元化学生群体并填补技能缺口、提供世界一流的研究和创新成果、为当地社区作贡献以及成为城市全球吸引力的重要组成部分等方面发挥着重要作用。

伦敦高等教育组织主要通过三大维度的创新实践推动教育公平。在人才培养端，近3年累计为17.5万伦敦居民提供集体培训和技能提升，其中63%来自黑人、亚裔和其他少数族裔群体，确保支持伦敦经济增长的工作能够解决劳动力市场的不平等问题。在产业对接端，创新实施"共同就业能力计划"（Co-delivered Employability Programmes），支持大多数学生进入研究生阶段工作。例如，创意技能学院（Creative Skills Academy）通过开发沉浸式数字创作实验室、建立行业导师驻校制度、实施"先体验后入学"招生改革，使创意产业少数族裔从业比例从12%跃升至29%[①]，促进了人才渠道多样化。在全球化布局端，搭建国际化的学术交流网络，持续提升城市人才吸引力。这一系统性工程的核心突破在于成功构建了具有示范意义的"全球多数人指导计划"（Global Majority Mentoring Programme）。

"全球多数人指导计划"脱胎于2022年启动的"北伦敦领导力计划"（North London Leadership Programme）。从2022年8所伦敦高等院校的56名参与者，到2023年15所机构120名参与者，再到2024年16所机构80名参与者的泛伦敦试点[②]，经过3个版本的迭代升级，现已形成了独具特色的"三维赋能体系"。其一，跨机构导师网络。基于PushFar平台实现智能配对，每位学员接受至少4次45分钟以上的个性化辅导，涵盖学术发展与职业规划。其二，领导力孵化平台。联合威斯敏斯特大学开发创新课程体系，通过情景模拟、案例研讨等混合式学习，提升学员的战略决策能力。其三，持续性校友生态。构建覆盖80所院校的交流网络，定期举办行业领袖对话，形成跨学科、跨代际的智力支持系统。

该计划采用罗斯玛丽·坎贝尔-斯蒂芬斯博士（Dr. Rosemary Campbell-Stephens）的研究成果，细化定义了"全球多数群体"概念，既涵盖了黑人、亚裔、棕色人种、双重血统、全球南部土著人以及被种族化为少数族裔的群体（占全球人口80%）[③]，也纳入了罗姆、吉卜赛或游民背景等欧洲边缘化的白人群体。该计划实施成效显著：参与院校从2所扩展至80所，黑人学者晋升率提升27%，成功培育出伦敦大学与伦敦城市大学两大示范基地。正如计划创始人坎贝尔-斯蒂芬斯博士所言："我们正在重塑高等教育的人才培养范式，让多样性真正成为创新源泉。"通过系统性的制度设计，"全球多数人指导计划"实现了从单一指导到生态构建的跨越。在操作层面，形成"个人发展—组织变革—社会影响"的传导链条；在治理层面，建立多方参与的协同

---

① London City Hall. Building a Fairer City: Annual Progress Report 2023 (Year 1) [EB/OL]. [2025-02-11]. https://www.london.gov.uk/who-we-are/what-mayor-does/priorities-london/londons-recovery-coronavirus-crisis/london-partnership-board/building-fairer-city-hub#:~:text=Download%20action%20plan-,What%20is%20the%20the%20Building%20a%20Fairer%20City%20programme%3F,City%20Hall%20in%20May%202022.

② London Higher. Global Majority Mentoring Programme 2024-25[EB/OL]. (2024-10-05) [2025-01-12]. https://londonhigher.ac.uk/initiative/global-majority-mentoring-programme-2024-25/.

③ London City Hall. Building a Fairer City: Annual Progress Report 2023 (Year 1) [EB/OL]. [2025-02-11]. https://www.london.gov.uk/who-we-are/what-mayor-does/priorities-london/londons-recovery-coronavirus-crisis/london-partnership-board/building-fairer-city-hub#:~:text=Download%20action%20plan-,What%20is%20the%20the%20Building%20a%20Fairer%20City%20programme%3F,City%20Hall%20in%20May%202022.

创新机制；在文化层面，培育包容性发展的制度土壤。这种三维创新模式为全球城市教育公平实践提供了可借鉴的"伦敦方案"。

本章结语

伦敦作为全球城市治理的典范，其教育治理体系的演进深刻映射了全球化时代城市发展的多重张力与创新可能。从理论溯源到实践探索，从政策设计到多元主体协作，伦敦的经验既展现了教育治理范式转型的复杂逻辑，也为后发城市提供了兼具启示性与警示性的镜鉴。本章通过对伦敦教育公平治理的脉络、现实挑战、制度框架与成功案例的梳理，总结了3条治理路径。一是从科层单向管控到多元共治实现治理范式的转型。二是从资源分配到权利赋能突破公平困境的僵局。三是依托数字治理技术与制度创新工具，打造跨部门数据共享平台和社区学校伙伴关系，推动治理机制从离散式运作向生态化协同网络演进。

与此同时，伦敦的探索仍面临深层挑战。其一，治理效能评估体系尚存缺陷，以绩效考核为导向的问责制催生"数据修饰"现象，暴露出量化指标与质性发展之间的不对等关系，且导致管理效能耗散与制度公信力弱化。其二，政策延续性受政治周期影响显著，"伦敦挑战"等项目的长期效果因政府更迭出现波动。其三，全球化与本土化的平衡难题持续存在，移民教育需求激增与本土文化认同的冲突尚未完全化解。这些困境昭示，教育公平治理的推进不仅需要技术创新，更需要深层价值秩序的重构，方能在追求效率与持守价值之间建构动态平衡机制。

展望未来，伦敦教育治理的深化可从3个方面寻求突破。在理论方面，需加强治理范式与城市发展理论的对话，特别是全球城市理论、空间正义理论与教育公平治理研究的交叉融合。在实践方面，应推动数字技术深度嵌入治理流程，利用大数据追踪政策实施效果，构建动态调整机制。在制度创新方面，可探索跨区域治理联盟的构建，通过与伯明翰、曼彻斯特等城市的经验共享，形成更具普适性的国家治理方案。正如"构建更公平城市计划"所昭示的，教育治理的终极目标不仅是解决当下问题，更是通过制度创新为未来城市培育包容性发展的基因。在这个意义上，伦敦的探索既是对自身历史的回应，也将为全球其他国际化大都市教育公平治理的演进提供重要参考。

图书在版编目（CIP）数据

伦敦教育发展研究 / 闫温乐著. -- 上海：上海教育出版社, 2025. 8. --（国际大都市教育研究丛书 / 张民选主编）. -- ISBN 978-7-5720-3803-7

Ⅰ. G556.1

中国国家版本馆CIP数据核字第202539WM74号

责任编辑　陈杉杉
封面设计　郑　艺

国际大都市教育研究丛书
张民选　主编
伦敦教育发展研究
闫温乐　著

出版发行　上海教育出版社有限公司
官　　网　www.seph.com.cn
地　　址　上海市闵行区号景路159弄C座
邮　　编　201101
印　　刷　上海商务联西印刷有限公司
开　　本　700×1000　1/16　印张 13.75
字　　数　240 千字
版　　次　2025年8月第1版
印　　次　2025年8月第1次印刷
书　　号　ISBN 978-7-5720-3803-7/G·3381
定　　价　88.00 元

如发现质量问题，读者可向本社调换　电话：021-64373213